[**또 하나의 문화**]

「또 하나의 문화」는
인간적 삶의 양식을 담은
대안적 문화를 만들고 이를 실천해 가는
동인들의 모임입니다.
이 모임은 남녀가 진정한 벗으로 협력하고
아이들이 자유롭게 자랄 수 있는 사회를 꿈꾸며
특히 하나의 대안 문화를 사회에 심음으로써
유연한 사회 체계를 향한 변화를
이루어 갈 것입니다.

[또 하나의 문화]
제14호

새로 쓰는 청소년 이야기·2
틈새내기

[또 하나의 문화]
제14호

도서출판
또 하나의 문화

책을 펴내며

1.

우리는 동인지 13호 『새로 쓰는 청소년 이야기 · 1』을 내면서 어른과 청소년들의 멀어진 마음이 가까와지고, 서로 토론을 시작하는 계기가 이루어지기를 바랐다.

첫 책이 나가고, 또 출판 기념회로 청소년 문화제를 열자 청소년 문제로 골머리를 앓던 '어른들'의 반응은 실로 대단했다. 책과 행사를 소개한 일간지 기사들의 타이틀을 적어본다. 「가정, 학교를 떠난 아이들 찾아」, 「청소년들 눈에 비친 자신들의 '자화상'」, 「"아이들이 없다." 잃어버린 '청소년'을 찾아서」, 「유흥, 연예, 가상 공간, 10대가 말한다」, 「내 길은 따로 있는데 / 공부만 하고 못살아 / 결코 '문제아' 아닙니다 / 청소년 문화제의 반란」, 「어른들이여, '눈높이'를 낮추세요」, 「가부장 사회의 '질식' 호소 : 청소년 자화상 진솔히 담긴 동인지」, 「우리 사회에 과연 청소년은 존재하는가」. 이런 식으로 문자 매체가 홍보를 한 후에 「아이들이 없다」는 표어는 주요 TV 방송국 9시 뉴스 특집 제목으로 등장했고, 「공부만 하고 못살아」 또한 특집 다큐멘터리 타이틀로 인기를 모았다. 애초부터 출판 매체를 통한 사회 운동을 천명해 온 우리로서는 매체가 앞다투어 이 주제를 다루는 데 대해 때맞추어 할 일을 하고 있다는 즐거움을 누리게 된다. 그러나 문제는 그리 단순하지 않았다. 책이 나가기가 무섭게 우리들에게 날아온 기대하지 않았던 화살은, 청소년들과 책에 실린 글을 단순한 흥미거리로 상품화하려는 각종 매체의 취재열이었다. 때문에 절실한 마음으로 글을 써주었던 글쓴이들이 이리저리 끌려다니고 피곤해 하는 모습을 보면서 착잡한 마음을 감출 수 없었다.

과연 '어른들'은 우리 교육의 현실을 청소년들의 입장에서 심각하게 고민하고 있는 것일까? 여전히 어른으로서의 권력을 내세우며 청소년들이 만들어 가려는 그들의 자치 공간을 심하게 억압하고 있는 것은 아닐까? 지난 10월 한달 내내 특수 목적 고등학교 학생들이 현행 대입 제도 아래에서는 불이익을 당한다고 해서 학부모들이 집단 행동에 나섰고, 이에 일반고 학부모들도 질세라 집단 행동에 나서 주요 일간 신문에 경쟁적으로 광고를 내고 대중 집회들을 가졌다. 실로 교육의 모순은 뜻하지 않은 곳에서 터졌다! 그런데 그 어디에도 당사자인 '학생' 자신들의 소리는 없었다.

2.

이번 호『새로 쓰는 청소년 이야기·2』는「틈새내기」라는 주제하에 청소년들의 삶의 자리를 변화시켜 보려고 애쓰는 어른들과 아이들의 대안 모색 과정을 담았다. 편집 초반부터 1권에서는 청소년 자신들의 소리를 싣고, 2권에서는 대안을 담아내자고 편집을 한 터이지만 1권이 나간 이후의 반응을 보면서, 특히 청소년 당사자들이 별로 움직이지 않음을 보면서 편집진이 너무 낙관적이었다는 생각을 갖지 않을 수 없었다. 정말이지 '청소년'들은 개개인으로는 한 가정의 왕자, 공주이고 상업적으로는 대단한 구매력을 가진 소비자일지 모르지만 공적 영역에서는 무기력하기 짝이 없는 존재들이다. 학교에서 교사 폭력은 왜 지속되며, 모두가 입시 '지옥'이라고 힘주어 말하면서 그런 입시 체제는 왜 그렇게 흔들림 없는가? 지금 청소년/십대 학생들에게는 자신의 삶에 대해 말할 수 있는 최소한의 발언권도 주어져 있지 않다. 이 사회는 철저하게 기성 세대 /가부장/있는 계급 위주로 움직이고 있음을 다시 한번 절감한다.

책의 첫머리에는 논설들을 실었다. 최병건의 글은 아이에게 공부만을 강요하는 억압적 게임 구조를 '인간의 도리'라는 개념을 중심으로 정신 분석적으로 풀어내고 있고, 박복선의 글은 한계선을 넘어버린 교육 현장을 보여주면서 절망에서 희망을 찾고 있다. 조은영은 제도 밖으로 뛰어 나온 아이들을 어떻게 사랑하여야 할 것인지를 상담 전문가로서의 경험을 통해 가르쳐 준다.

「내일을 위해 오늘 쓰는 편지」는 조한혜정과 김현진이 주고받은 글이다. 조한혜정은 영화 감독이 되고 싶어하는, 그 꿈을 위해 고등학교를 자퇴할 수밖에 없었던 현진이에게 미래 사회의 어두운 지도를 펼쳐 보이며 함께 길을 그려 보자고 권한다. 특히 더 이상 '인간'으로 남기가 힘들어지고 있는 고도 관리 사회이지만, '인력'이 되기를 거부하고, 새로운 문명의 전환을 이룰 기틀이 되어 줄 것을 부탁하는 그에게 현진은 '난해한' 글을 이해할 능력도 의지도 점점 사라지는 듯한 위기감을 고백한다. 전지구적 위기 속에서, 또 난파선 같은 한국적 위기 상황에서 몹시 힘들고 지쳐 하면서도 서로를 의지하고 믿는 두 세대의 만남이 따뜻하게 느껴지는 글이다.

특집 「틈새내기 1」은 현장에서 일하고 있는 교사들의 이야기를 담았다. 김성애는 교과서에 나온 성교육 지식쯤은 이미 다 알고 있는 학생들이 정말 알고 싶어하는 것은 어떤 것인가를 보여 주었고, 김서경례는 무기력감에 빠진 아이들을 집단 프로그램을 통해 자아 찾기에 나서게 하는 방안을 보여주고 있다. 조민정은 암중모색하여 찾아낸 연극이라는 형식이 어떻게 아이들의 마음을 열게 하는지를 이야기하고 있다. 백신영애의 '교실 카페, 그 신나는 이야기'는 아이들이 유흥가에 간다고 한탄하고 흥분할 것이 아니라 어른들이 앞장서서 조그만 공간 하나 마련해 주는 정성만 보이면 얼마나 많은 변화를 일으킬 수 있나를 체험으로 말해 준다. 여기에 실린 사례들은 다른 교육 현장에서도 쉽게 시도해 볼 수 있는 방법들이다.

해방 후 50여 년이 지나도 우리 나라 학교 건물의 모습, 교무실의 배치는 놀랍도록 변하지 않고 있다. 「틈새내기 2」에서는 약간의 변화를 보이기 시작한 몇몇 교무실을 신수진이 민감하게 포착해 냈다. 아울러 신체에 맞지 않는 작은 의자에서 공부하는 학생들이 학교를 새로 짓는다는 가정 아래 상상의 날개를 펴고 설계해 본 도면과 글을 실었다. 또, ‘가슴, 시각개발연구소’에서 만든 카페, 집, 정원 등 일곱 개의 가상 공간 그림도 우리의 상상력 훈련에 도움이 될 것이다.

　　「적응과 성장」에는 언제나 그렇듯 사적 공간과 공적 공간을 연결해 내는 이야기들이 실려 있다. 조한혜순은 고등학교를 중퇴한 아이를 통해 학벌 제일주의가 얼마나 허망한 것인지, 이 시대에 아이를 건강하게 기른다는 것이 어떤 것인지를 다시 근본적으로 생각해 보게 한다. 서광선은 이 사회에서 감히 겁없이 아이들에게 ‘자유’를 가르쳐준 대가를 심하게 치르는 아버지의 아픔을 고백하고 있다. 한편 모범생과 우등생의 등식에 매여 있는 이들에게 조정은은 우등생의 아이들도 실은 얼마나 힘겹게 학교를 참았으며 괴로워했는지를 자기 아들의 사례를 통해 보여 준다. 우등생이라 불리운 아들의 소명 자료를 함께 실은 이 글은 아무도 이기지 않는 게임, 다시 말해 모두가 지는 게임을 이제는 정말 그만두자는 메시지를 담고 있다. 어머니 송미옥과 아이 윤총현이 함께 쓴 글은 ‘서태지와 아이들’의 노래를 통해 대화의 물꼬를 튼 한 건강한 가족의 이야기다. 스승과 제자 사이인 정랑호와 조정민의 글에는 숨쉬기조차 힘든 학교 생활에서 숨통을 터보려 안간힘을 쓰는 학생들이 등장한다. 그들은 조금만이라도 ‘아이성’이 남아 있는 어른과 만나면 금방 새 세상을 만든다. 그 어른은 물론 딱히 학교 교사가 아니어도 좋다. 정랑호 씨는 학원 교사이다. 전교조 사건으로 스승을 빼앗긴 경험이 있는 조선아는 그 자신이 경험한 ‘상실’을 청소년 단체의 자원 봉사자가 됨으로써 ‘스승’이 있는 사회를 만들려는 참여의 계기로 삼는다. ‘참교사’의 기억은 소중하며 강한 생명력을 가진다. 고등학교를 갓 졸업하여 다시 청소년기/고등학교 시절을 되돌아본 사회학도 정제호/홍철기 그리고 이상의 글은 입시 교육 공간에서 작은 틈새를 확보하는 것의 의미를 생각하게 해준다. 특히 청소년 문화의 '발화'를 위해 우선 특별 활동 공간을 열어가는 것이 시급함을 보여 준다.

「지구촌 학교」에서는 다른 사회의 청소년들의 삶과 교육 현장에 대해 알아보았다. 먼저 일본에서는 기존 학교 체제가 역기능적이고 학교를 가지 않는 아이들이 늘어남에 따라 어떤 식의 교육 운동이 일었고, 특히 대안 학교들이 어떻게 발전해 왔는지를 살펴보았다. 다음으로 후기 산업 사회적 맥락에서 프랑스 청소년들에게 어떤 변화가 생겨나고 있는지를 알아보았다. 프랑스에서는 청소년 문화와 학업 문화의 분화와 분절이 더욱 심각해지고 있으며, 이 둘의 통합이 난제로 대두되고 있다고 한다. 하루 열네 시간을 입시 위주의 학업 문화 속에서 보내야 하는, 그래서 진정한 의미의 '청소년 문화 공간'이 부재하다시피 한 우리에게는 참으로 먼나라 이야기지만 자본주의화의 급격한 진행 속도로 보아 우리에게도 곧 닥칠 문제일 것이다.

마지막으로 창작과 평을 실었다. 박혜란이 직접 쓰고 출연한 모노 드라마는 교육 개혁 바람에 어쩔 줄 모르는 '보통' 학부모들을, 이은성의 '아줌마 조직'은 고액 과외로 아이들을 좌지우지하는 무서운 어머니들을 풍자한 글이다. '교육 개혁의 새 길라잡이'는 조혜정이 『학교를거부하는 아이아이 를거부하는사회』에서 모색한 대안에 대한 교육 일선의 긴급 동의로서 읽으면 된다. 끝으로 『새로 쓰는 청소년 이야기·1』에 대해 쏟아져 나온 서평 중 몇 편을 골라 실었다.

3.

이번 책도 역시 오랜 진통 끝에 나왔다. 아이들과 함께 고민하고 성장하려는 어른들, 아이들에게 권력을 행사하지 않으려고 안간힘을 쓰는 어른들, 어른을 피하지 않고 함께 좋은 세상을 만들어 가기 위해 진지한 모색을 해온 아이들과 함께, 아이와 어른을 나누지 않고 같이 이 세기말의 문제들을 해결해 나가려는 건강한 시도들을 찾아 보려고 애썼다. 다시 어떤 파장을 가져 올지 모르나 또한 차례 화제거리로 끝나지 말았으면 하는 바람 간절하다. 확신하건대 이제는 청소년들의 문화 공간이 마련되어야 할 때이다. 자기 이야기가 있는 청소년들에게 거는 교사와 부모들은 21세기를 살아갈 '아이'의 행복은 '성적순'이 아니라 십대에 그가 누린 '문화 생활'의 수준에 달려 있음을 분명히 하자. 여기서 '문화'란 딴 것이 아니라 '삶의 이야기를 풀어 내는 능력'이다. 편집진이 '자기 이야기'가 있는 청소년들에게 각별한 애정을 갖는 이유가 여기에 있다.

■ 이 책에서 글쓴이들 가운데 성을 한 글자 더 쓴 이름을 가진 이들은 '부모성 함께 쓰기' 캠페인에 동참하여 부계성과 모계성을 함께 사용한 경우이다. 이 운동은 제도적으로는 성차별적인 생명관에 의해 저질러지고 있는 여아 낙태의 현실을 타파하기 위해 호주제와 동성 동본 금혼을 명시한 가족법을 개정하고, 문화적으로는 부계 혈통주의 절대성을 흔들려는 취지에서 일고 있다.

[또 하나의 문화]
제14호

새로 쓰는
청소년
이야기 · 2

틈새내기 / 차례

창작과 평

표지 사진 / 우리교육 류우종
면지 그림 / 장정예
북디자인 / 안희옥 외
본문 그림 / 성은경, 장정예
본문 사진 / 구수길, 백신영애, 송무용, 신금자, 우리교육 류우종, 이향숙, 조명근, 홍현숙
휘문고 응원반
글 편집 / 김서경례, 김성애, 김숙희, 김영란, 김현진, 김혜련, 나원형, 노지은, 박선희, 박인근,
백신영애, 성숙진, 엄김연수, 유이승희, 이현주, 정유성, 조은영, 조정은, 조한혜순, 조한혜정,
최병건, 최보문, 홍철기

들어가며

요즘 아이들은 부와 명예를
추구하지 않는다. 그러나 그것은
의지가 약해서가 아니라 부와
명예만을 좇는 어른들의 가치에
대항하는 아이들의 가치인 것이다. 아이들은 부와 명예 같은
'헛된 것'을 위해 소중한 인생을 낭비하려 하지 않는다. 그들은
보다 인간적이고 자기 만족적인 가치를 추구하며 살고자 한다.
그러나, 아이들은 여전히 공부를 열심히 하고 있다. 부와 명예라는
가치를 혐오하는 아이들이, 인간적인 것을 추구하는 아이들이
유독 공부라는 영역에서만은 스스로 비인간적인 모습이 되기를
자처하고 있는 것이다. 왜 이런 모순이 벌어지고 있는 걸까?

'공부'라는 게임
—— 최병건

이 시대의 교사
—— 박복선

포기하세요, 하지만
절망하지는 마십시오
—— 조은영

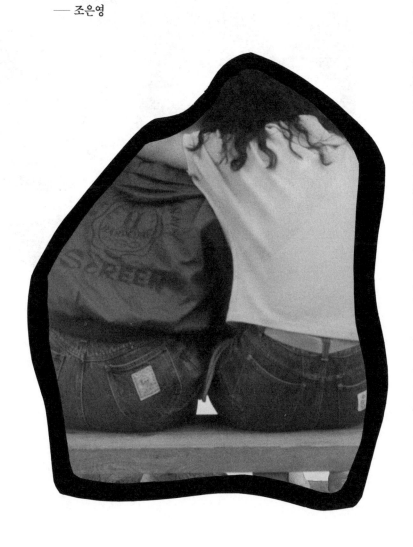

교실 밖에서 환경 교육 실습을
하고 있는 아이들.
교과지도에서도 학교 밖 자원이나
인력을 적절히 활용하는 능력이
점차 중요한 것이 되고 있다.

'공부'라는 게임

최병건

우리 사회의 가족의 특성과
그로 인해 매일매일을 살아가는
집안에서 벌어지고 있는 부모와
아이들간의 게임의 정체를
이젠 알아야 한다.

이해를 거부당한 아이들

지금 우리의 청소년들은 어떻게 살고 있을까? 어떤 가
치를 갖고, 어떤 문화를 만들며… 나는 이 문제를 생
각하기 위해 우선, '청소년기'라는 시기를 바라보는 우
리 사회의 시각을 먼저 점검해 봐야 할 필요성이 있다
고 생각한다.

   인간을 설명하는 여러 관점이 있지만, 청소년기라
는 특정한 시기에 대해 생각하려 할 때 빠질 수 없는
것이 발달상의 관점일 것이다. 사춘기로부터 시작되
는 청소년기에 아이들은 급격하고 격렬한 변화를 겪
게 된다. 이 시기에 아이들은 신체의 변화에 적응해야
하고, 부모로부터의 심리적 독립이라는 과제를 이루
어야 하고, 성충동을 다룰 수 있게 되어야 하며 자신

의 가치와 규범을 확립해야 한다. 이렇게 해서 '나'로서의 정체성 identity이 완성된 한 명의 성인으로서 다시 태어나야 하는 것이다. 정체성이 불완전하고, 감정의 기복이 심한 청소년기의 특성으로 인해 이 과정은 저절로 쉽게 진행되지 않는다. 이 과정에서 부모와 선생님 등 다른 어른들, 또래 집단의 역할이 필수적이며, 그 사회의 가치와 규범도 중요한 역할을 한다. 아이들은 자신의 생각과 감정을 어른들과, 또 또래 집단과 나누고 토론할 수 있어야 하며, 그 사이에서 일어나는 상호작용에 의해서 청소년기의 과제를 차근차근 이루어 나가는 것이다.

이렇듯, 청소년기는 발달상의 과정에서 그 시기에 독특한 많은 과제가 주어지는 중요한 시기이고, 따라서 청소년기를 바라보는 시각은 이런 발달상의 관점을 반드시 포함하고 있어야 한다.

그런데 청소년기를 바라보는 우리 사회의 시각에는 유감스럽게도 발달상의 시각은 존재하지 않는 것 같다. 소수인 사람들, 좀 '다른' 사람들의 특성과 생각을 아주 쉽게, 편리하게 무시해 버리는 이 사회의 특성이 청소년기를 바라보는 시각에도 반영되고 있다. 나이에 따른 심리적 특성을 무시하고 청소년들을 단지 '나이가 적은 어른들'로 간주하는 시각에 의해, 이 사회의 청소년들은 '내가 다시 그 나이가 되면 이렇게 살겠다'는 어른들의 '때늦은 후회'를 유일한 가치로 주입받고 있다. 그리고 그 '때늦은 후회'는 대부분 공부에 대한 것이다.

여전히 이 사회는 청소년기의 아이들에게 '공부하는 학생' 이외의 정체성을 부여하지 않고 있다. 발달상의 여러 과제에 대한 아이들의 고민과 토론을 일체 거부한 채 공부만을 유일한 과제로 강요하고 있다. 아이들의 다른 문제에 대해서는 이해 자체를 거부하고 있는 것이다. 이해를 거부 당한 아이들은 자신들만의 세계에서 자신들만의 문화를 만들면서 이런 문제들과 힘들고 혼란스런 싸움을 벌이고 있다. 어른들이라는 이 사회의 주류에 의해, 주류가 아니면 '간단히' 무시당하는 단절된 상태에서 아이들의 삶은 왜곡되어 가고 있다.

'인간의 도리'라는 것

이렇게, 공부만이 우리의 청소년들에게 유일한 과제가 되어버린 이유는 뭘까? 발달 이론을 몰라서? 적어도 그건 아니다. 공부를 열심히 했던 어른들이 아닌가? 다 알고는 있다. 머리의 수준에서… 문제는 그런 관점이 '감정의 수준에서' 즉, 어른들의 마음 속에서 중요성을 획득하고 있지 못하다는 데에 있다.

왜 우리 사회는 발달 이론이라는 영양가 있는 성과를 받아들이지 못하는가? 거꾸로, 왜 우리 사회는 명백한 '독'인 '공부 유일'의 가치를 여전히 우리 아이들에게 강요하고 있는 걸까?

우리 사회에서 진행되었던 교육에 대한 논의의 대부분은 이 문제에 대한 해답을 학력 중시의 사회 풍토에서 찾으려 했던 것 같다. 즉, 치열한 경쟁이 벌어지고 있는 학력 위주의 사회에서 자신들의 아이가 부와 명예를 보장받을 수 있게 하기 위하여 부모들은 수단과 방법을 가리지 않고 공부를 시키고, 그런 부모들의 가치를 물려 받아 아이들도 자기만 알고, 남을 밟고 일어설 줄만 아는 모습이 되어 간다는 것이다.

힘들고 지루했던 중·고등학교 시절을 보내면서, 나도 그런 생각을 했었다. 먹고 살기가 만만찮은 우리 나라에서 학력이 부와 명예의 가장 확실한 수단이었던 때가 있었고, 지금이 과도기이고, 앞으로는 나은 세상이 올 거라고. 언젠가 잘사는 나라가 되고, 학력에 따른 임금차가 줄어들면 공부에 대한 강박도 줄어들 것이라고. 그리고, 실제로 외부적인 환경은 그렇게 돌아갔다. 그러나, 공부에 대한 강박은 줄어들기는커녕 점점 더 심해져만 가고 있다. 이 현상을 어떻게 설명해야 할까?

또 한가지. 부모들의 생각은 그렇다고 치더라도, 공부를 하는 당사자인 아이들도 과연 부와 명예를 위해 그 힘든 공부를 그렇게 열심히 하고 있는 것일까?

요즘 아이들에 대해 어른들은, 순간적인 쾌락만을 쫓는 의지가 약한 아이들이라고 흔히 말한다. 그런 아이들이 먼 훗날의 부와 명예를 위해 그 긴 시간의 괴로움을 참아내며 옛날의 아이들처럼, 아니 그보다 더 지독한 모습으로 공부를 할 수 있을까?

어른들은 또 말한다. 요즘 아이들은 무슨 생각을 하고 있는지 알 수가 없다고. 부와 명예 같은 건 안중에도 없고 오직 순간을 즐기려고만 한다고. 그런 아이들이 부와 명예를 위해 공부를 하고 있을까?

어른들의 말은 옳다. 요즘 아이들은 부와 명예를 추구하지 않는다. 그들은 순간 순간을 즐겁고 행복하게 보내기를 바란다. 그러나 그것은 의지가 약해서가 아니라 부와 명예만을 쫓는 어른들의 가치에 대항하는 아이들의 가치인 것이다. 아이들은 부와 명예 같은 '헛된 것'을 위해 소중한 인생을 낭비하려 하지 않는다. 그들은 보다 인간적이고 자기 만족적인 가치를 추구하며 살고자 한다. 추위와 굶주림을 겪지 않아서 부와 명예에 대한 강박이 없는 아이들에게 이것은 당연한 생각이다.

그러나, 아이들은 여전히 공부를 열심히 하고 있다. 그것도 매우 비인간적인 형태의 입시 공부를… 부와 명예라는 가치를 혐오하는 아이들이, 인간적인 것을 추구하는 아이들이 유독 공부라는 영역에서만은 스스로 비인간적인 모습이 되기를 자처하고 있는 것이다. 더구나 극소수를 제외하면 공부를 해야 하는 당위성에 대한 의문도 던지지 않으면서….

왜 이런 모순이 벌어지고 있는 걸까?

이 현상에 대한 내 나름의 분석을 시도해 보고자 한다. 부와 명예라는 가치를 혐오하고 있는 아이들이 그 가치를 숭상하는 부모와 같이 살면서, 청소년기의 다른 과제들에 짓눌려 힘겨워 하면서도 스스로 비인간적이라고 생각하는 공부에 매달려야 하는 그 이유를, 바로 아이들과 부모의 일상이 벌어지고 있는 집안에서 찾아보고자 한다.

교육이라는 것에 대해 생각할 때마다, 특히, 대입을 앞둔 아이들과 부모들이 얽혀서 생활하는 모습을 생각할 때마다 난 아주 질기고 끈적끈적한 무엇인가가 그 안에 있다는 느낌을 받곤 한다.

그것은 내 생각에는 우리 사회가 갖고 있는 가치, 바로 '인간의 도리'라는 것에서 시작된다. 우리 애들에게 있어서 공부라는 것은 단순한 출세의 수단이 아니다. 우리 애들에게 공부는 '인간의 도리'다.

부모의 유일한 바람이 공부 잘하는 것이기에, 해마다 만나는 선생님들의 마지막 유언이 '공부 열심히 해라'이기에 우리 아이들에게 공부라는 것은 마땅히 해야 할 인간의 도리이다. 공부를 하지 않는 것은 부모에 대한 도리를 하지 않는 것이고, 그것은 인간이기를 포기함을 의미하는 것이다.

아이들이 부모에 대한 '인간의 도리'를 다하게 하기 위해 우리 사회는 또 다른 방법을 쓴다. 그것은 일종의 신화다. 우리 나라 사람이라면 모두 알고 있는 '한석봉과 어머니'의 얘기로 상징되는, '자식을 공부시키기 위해 모든 희생을 마다 않는 것이 부모'라는 신화가 우리의 아이들에게 끝없이 주입된다. 아이의 과외비를 벌기 위해 아버지는 밤마다 녹초가 되어 집에 돌아온다. 아이의 뒷바라지를 위해 어머니는 다른 모든 생활을 포기한다. 피곤에 지친 아버지의 뒷모습은, 아이를 깨우기 위해 시계를 맞춰 놓고 소파에서 잠든 어머니의 모습은 아이들에게 이렇게 말한다.

'이래도 공부 안할래?'

아이들은 부모에 대한 도리를 다하려고 공부한다. 효를 강조하는 우리 사회에서 그것은 어찌보면 미덕일 수 있다. 그러나, 그것조차도 겉으로 드러난 모습일 뿐 그 속에는 또 하나의 음모가 숨겨져 있다.

자신의 존재 가치

인간은, 행복해지고 싶어한다. 가장 먼저는 배고프지 않고, 춥지 않고, 졸립지 않기를 원한다. 여기까지는 다른 동물들과 다를 바가 없다. 그 외에 인간은 하나를 더 바란다. 그것은 바로 사랑받기를 원하는 것이다.

동물이 아닌 인간이기 때문에, 인간에게 있어 행복한 삶을 살기 위한 조건에는 자기 자신이 사랑받을 만한 가치가 있는 사람이라는 확신이 반드시 포함되어야 한다. 자신의 존재 가치가 인정받고 있다는 느낌. 그래서 스스로도 자신의 존재 가치를 인정할 수 있는 것. 그것은 결국 자신에 대한 사랑이다. 자신의 존재 가치를 느끼지 못하는 인간은 행복할 수 없다.

이러한 존재 가치의 대부분은 유아기에 부모로부터 받는 것이다. 내 아이라는 이유 하나만으로 부모는 아이를 무조건 사랑한다. 항상 아이에게 집중하고 아이의 요구에 민감하게 반응한다. 이런 짓을 해도, 저런 짓을 해도 예뻐한다. 이런 부모의 태도에서 아이는 자신이 사랑받을 만한 가치가 있는 존재라는 느낌을 갖게 된다. 그래야 아이는 행복할 수 있다. 이 과정이 잘못되면 아이는 자신의 존재 가치에 대한 회의를 갖게 되고, 그 아이가 어른이 된 후에도 이 회의는 쉽게 극복되지 못한다. 어른이 된 아이는 불행해진다. 자신의 존재 가치를 찾기 위해 그릇된 시도를 반복하기도 한다. 이런 행동이 심할 경우에는 소위 '인격 장애'라고 불리우기도 한다.

아이가 자라나면서 부모는 교육을 시작한다. 바람직한 행동에 대해서는 더욱 예뻐함으로, 고쳐야 할 행동에 대해서는 꾸중으로 대한다. 칭찬을 하기도 하고, 선물을 사주기도 하지만, 바람직한 행동에 대해 아이가 얻는 것은 결국 부모의 사랑, 즉, 자신의 존재 가치가 커져 가는 느낌이고, 고쳐야 할 행동에 대해 아이가 얻는 것은 부모 사랑의 철회, 즉, 자신의 존재 가치가 작아지는 느낌인 것이다. 아이들은 당연히, 인간으로서의 행복의 필수 조건인 존재 가치를 얻기 위해 부모의 교육에 따른다.

교육에 대한 의식이라는 측면에서 이 땅의 평균적인 부모들을 생각해 볼 때, 아이가 학교에 들어가면 부모의 교육에 대한 관심의 대부분은 학교 공부에 집중된다. 이제 부모들은 아이가 좋은 성적을 거둘 때 더 많은 사랑을 주고 성적이 나빠질 때 그들의 사랑을 철회한다.

이제 아이들은 공부를 잘해야만 부모의 사랑을 얻을 수 있다. 공부를 잘해야만 자신의 존재 가치를 확인할 수 있다. 공부를 썩 잘해서 부모에게 잔소리를 들을 일이 없는 애들에게는 공부가 부와 명예의 수단일 수 있다. 그러나 그렇지 못한 대부분의 아이들에 있어서 공부는 부모의 사랑을, 자신의 존재 가치를 조금이라도 더 얻기 위한 수단이다. 아이들의 존재 가치는 시험 성적에 따라 점수로 매겨진다.

우리 아이들은 행복하기 위해 공부한다. 그러나 그 행복은 부와 명예 같은 사치스런 것이 아니다. 그것은 인간에게 가장 절박한 것. 즉, 존재 가치이다. 그것을 잃는 것은 인간으로서의 죽음을 의미한다. 그 후부터는 동물적인 생존만 가능할 뿐 사랑받을 가치가 있는 인간으로서의 생존은 불가능한 것이다.

우리 아이들은, 인간으로 살아남기 위해 공부하는 것이다.

부모들 또한 인간의 도리를 다하려 한다. 아이를 낳았으면 독립할 수 있을 때까지 훌륭하게 키워 주는 것이 부모의 도리다. 그리고 경험상으로 볼 때, 이 험한 세상을 살아나가는 데 전문적인 교육을 받은 것 만큼의 가치를 하는 것은 아무 것도 없다. 그러니 내 자식을 공부시킬 수밖에 없다. 아이가 철이 없어 공부하기 싫어하더라도, 힘든 공부를 하는 게 당장은 애처로와도 나중을 위해서 최선을 다해 공부시키는 것이 부모된 도리이다.

이 사회는 아이의 공부를 위해 최선을 다하는 부모상을 강화한다. 논 팔고 소 팔아 자식 대학 공부시키는 부모의 마음은 우리 사회에서 가장 숭고하게 여겨지는 인간의 마음 중 하나이다.

아이들의 공부를 위해 최선을 다하는 '부모의 도리' 또한 아름다운 것일 수 있다. 그러나, 이 속에도 하나의 음모가 숨겨져 있다.

아이들이 인간적인 행복을 바라듯 부모들도 인간적인 행복을 바란다. 사람이 자신의 존재 가치를 찾기 위해 노력하는 것은 아이 때만의 일은 아니다. 어른이 되어서도 우린 끊임없이 자신의 존재 가치를 찾기 위해 노력한다. 다만, 어릴 때 바랐던 것이 부모의 사랑 그 자체였다면 어른이 되어서는 좀더 상징적인 것들로 대치될 뿐이다. 부와 명예, 다른 사람들에 의한 평판…

40대나 50대가 된 우리 사회의 어른들에게 공부를 잘하는 자식을 갖는다는 것은 어떤 부나 명예 못지 않게 사회적으로 인정을 받을 수 있는 긍지를 안겨 준다. 내가 못났어도 잘난 아이를 보면 남부럽지 않다. 내가 잘났어도 공부 못하는 아이를 보면 만사가 다 귀찮아진다.

아이들의 행복을 바라면서, 아이에 대한 부모의 도리를 다하기 위해서 아이에게 공부를 시키는 것이라면, 아이가 공부를 못한다고 '속이 썩을' 것까지는 없다. 아이가 '웬수'로 여겨질 것까지는 없다. 속이 썩는 것은, 아이가 웬수가 되는 것은 자신의 행복이 침해당했기 때문이다.

이렇게 생각하면 공부라는 경쟁의 게임에서 부모와 아이는 같은 배를 탄 것처럼 보인다. 서로의 행복을 위해서….

공부를 둘러싼 가족 구조

그러나 아이들은 이 게임을 원하지 않았다.

아이들이 원한 것은 오직 하나, 자신의 존재 가치를 확인시켜 줄 부모의 사랑뿐이었다. 아이들은 부모의 사랑이 필요하기 때문에 부모가 참여하는 게임에 참여하지 않을 수 없는 것이다. 결국, 이 사회에서 행복하게 살 수 있는 '하나의' 수단으로 공부라는 게임을 선택한 것은 부모이다. 여기서 '하나의'라는 말이 중요한 의미를 갖는다. 부모들은 자신의 가치를 확인할 수 있는 다양한 방법을 갖고 있다. 부모들이 원하는 존재 가치의 확인은 자신의 부모로부터의 직접적인 사랑이 아닌, 상징적인 것이기 때문에 대체 가능한 많은 것들이 있을 수 있다. 아이가 공부를 못하더라도, 그래서 마음 한구석이 괴롭더라도 부와 명예를 얻어 그것을 보상할 수 있다. 그러나, 아이에게는 선택의 여지가 없다. 아이가 바라는 것은 상징이 아닌 직접적인 부모의 사랑 그 자체이기 때문에 아이들은 부모가 정해 놓은 게임에 참여하는 것 외에는 자신의 존재 가치를 확인할 다른 방법이 없다. 그래서 이 게임이 잘못되었을 경우 큰 타격을 받는 대상은, 그리고 위로를 받아야 할 대상은 부모가 아니라 아이다.

그런데도 우리 사회의 태도는 그렇지 못하다. 공부를 잘하는 아이를 둔 부모는 주위의 부러움을 산다. 공부를 잘하는 아이는 주위의 칭찬을 듣는다. 공부를 못하는 아이를 둔 부모는 주위의 동정을 산다. 그러나 공부를 못하는 아이가 주변에서 받을 수 있는 것은 위로가 아니라 구박이다.

공부를 둘러싸고 형성되는 이 사회의 가족 구조에서 부모는 아이가 공부를 잘하거나 못하거나 아이의 공부를 위해 최선을 다하는 사람으로서의 착한 역할 good role을 부여받는다. 반면에 아이는 공부를 못할 경우에는 못된 역할 bad role을 부여받는다. 부모의 사랑을 얻기 위해 하고 싶지 않은 게임에 참가해야만 했던 아이들은 결과가 좋지 않을 경우, 부모의 사랑을 잃는 것은 물론, 그 책임마저 홀랑 뒤집어 쓰게 된다.

부모들의 의식적인 의도가 아무리 좋은 것이었다 해도 이 게임은 부모의 선택에 의한, 부모의 행복을 목적으로 한, 아이의 행복을 미끼로 한, 결과가 안 좋을 때 부모는 타격은 있어도 발을 뺄 수 있지만 아이는 인간으로서의 존재 가치를 포기해야 하는, 그러고도 모든 책임은 아이가 져야 하는 무섭고도 치사한 게임인 것이다.

이 게임에서 중도 탈락한, 그래서 부모의 사랑을 잃어버린 아이들은 대체물을 찾아 헤맨다. 그러나 이 사회의 구조에서 그들이 자신들의 존재 가치를 인정받을 곳을 찾는다는 것은 쉬운 일이 아니다. 결국 그들은 '끼리끼리' 존재 가치를 주고받을 수밖에 없다. 사회는 인간의 도리인 공부마저 저버린 이 인간 이하의 존재들을 감시하고 규제한다. 이들은 모든 것을 자신들의 탓으로 돌리는 사회에 분노하고 저주를 퍼부으며 자신들만의 은밀한 세계를 만들어 간다. 부모의 자식으로 받아들여지지 못한 그들은 어둠의 자식들이 되어 간다.

그러나 이들은 철저하게 속아왔기 때문에 여전히 그 게임의 의미를 꿰뚫지 못한다. 자신들의 반항의, 분노의 본질을 알지 못한다. 그것을 의식화하지 못한다. 그들은 자신들을 단죄한 사회에, 세상에 막연한 분노를 느끼지만 게임에 함께 참여했던 부모님 생각만 하면 눈물을 글썽인다. 게임에서 내걸었던 표면적인 이유, 자식의 도리, 부모의 도리는 여전히 이들에게 유효하다. 그래서 그들은 평생을 부모에 대한 죄책감에 살고, 어른이 되어 아이를 키우게 되면 똑같은 게임에 몰두하게 된다.

이 게임은

1. 부모의 도리와 자식의 도리를 다하는 것을 목적으로 하는, 그리고 게임을 잘하면 부와 명예를 상으로 주는 미풍양속인 것처럼 보인다.

2. 그러나 이 게임은 부모의 행복을 목적으로 만들어졌다.

3. 이 게임은 부모들에 의해 선택되었다.

4. 이 게임에는 반드시 아이가 필요하며, 이 게임에 아이를 끌어들이기 위해 부모의 사랑을 미끼로 한다.

5. 부모는 이 게임 외에 다른 활동이 허용되지만, 아이는 이 게임에만 참가해야 한다.

6. 이 게임에서 승리할 경우 상은 나눠 갖지만 실패할 경우 모든 책임은 아이가 진다.

얽어매는 가정

내가 우리 사회의 교육을 게임이라고 부르는 것은, 그 속에서 벌어지는 현상, 즉, 아이의 성적에 따라 부모의 사랑을 주고받는 양상을 지적하기 위해서이다.

우리의 청소년기는 왜 이렇게 힘들어야 하는 것일까? 길고 지루하게만 느껴졌던, 빨리 어른이 되는 것만이 목표였던 내 자신의 청소년기에 나는 이 시간이 인생에 있어 일종의 유보된 시간일 거라고 생각했었다. 그리고 이 시간이 지나고 나면 날개를 달고 날아오를 때가 올 것이라고 생각했었다. 그러나 그런 시간은 오지 않았다. 날개라는 것도 애초에 없었다. 그것을 깨닫고 나는 껍질을 벗고 다시 태어나기 위한 준비 기간이 청소년기라는 거짓된 믿음 속에서 그 고통과 지루함을 참고 견디는 아이들을 보면서, 왜 우리의 청소년기는 이래야만 하는 것일까, 늘 교육의 모순에 대해 말하면서도 계속해서 이런 모습을 보여야만 하는 이유가 과연 뭘까에 대해 생각했다.

그리고 지금 자라나는 아이들과 부모들이 얽혀 돌아가는 모습을 보면서 나는 우리 사회에 있어서 청소년기라는 것이 전에 생각했던 것처럼 대학 진학을 위한, 그리고 그 자체로는 아무 역할도 없는 유보된 기간이 아니라는 것을 깨닫게 되었다.

우리 사회의 청소년기는 나름대로의 다른 의미를 갖고 있었다. 이 사회의 중심 세력인 부모들의 일종의 자기 실현, 그 전체에서 일종의 부분 집합으로서, 우리 아이들의 청소년기가 적극적으로 이용되고 있는 것이었다. 위에서 얘기한 게임의 형태로….

좋은 대학에 보내서 좋은 직업을 갖게 하기 위해 아이를 열심히 공부시킨다는 가장 일반적인 대답조차 지금 나에게는 의심스럽게 들린다. 성적이 우수한 아이들을 과에 상관 없이 무조건 소위 명문대에 보내는 이 나라의 고등학교 진학 지도와, 그렇게 극성 맞게 공부를 시켜 놓고도 막상 아이의 앞길을 결정해야 하는 최종 단계에 가서는 이 과든 저 과든 명문 대학이면 상관없다는 식의 태도를 보이는 부모들의 모습이 나의 의심을 더욱 짙게 하고 있다.

내게는 아이의 장래보다도, 공부를 못하는 자식을 둔 고통에서 벗어나는 것, 공부를 잘하는 자식을 둔 호강을 하는 것. 그것이 우리 부모들에게 더 먼저인 것처럼 보인다.

구조적 가족 치료의 이론은 가족을 그 구성원들 간에 어느 정도의 심리적 경계가 있는가에 따라 유리된 가정 disengagement, 정상적인 가정 normal range, 얽어매는 가정 enmashment의 세 종류로 나눈다. 유리된 가정 Disengagement은 가족 구성원 간의 심리적 경계가 너무 강한 경우이다. 가족의 구성원들은 서로의 일에 전혀 상관하지 않고, 감정적인 지지도 없다. 반대로 얽어매는 가정 enmash-ment은 가족 구성원 간의 심리적 경계가 거의 없는 상태이다. 이 가족의 구성원들은 가족 내의 모든 일을 자신의 일이라고 생각한다. 누군가 고통을 당하면 모두가 나서서 돕고, 감정적인 지지를 제공한다. 그러나 바꿔 말하면, 서로의 모든 일에 참견을 하고 자신의 생각을 관철시키려고 한다.

우리 사회의 대부분의 가족들은 얽어매는 가정 enmashment의 형태를 띠고 있다. 아이에게서 자신의 존재 가치를 찾으려는 부모, 부모 없이는 살아나가지 못하는 아이들, 그 안에서 오가는 '정'의 끈끈함… 이런 특성은 공부를 둘러싸고 있는 문제에서만 표출되는 것은 아니다. 직업의 선택, 결혼, 가족 내의 갈등 등의 문제들을 놓고 가족의 구성원들이 아주 질기고 소모적인 싸움을 벌이는 예를 수도 없이 볼 수 있다. 공부에 관한 부모와 아이들의 게임도, 그 파괴적인 결과도 이런 관점에서 설명될 수 있다.

우리 아이들에게 본래의 의미를 갖는 청소년기를 되찾아 주기 위해, 제도적인 개선을 위한 교육의 개혁도 물론 중요하겠지만, 우리 사회의 가족의 특성과 그로 인해 매일매일을 살아가는 집안에서 벌어지고 있는 부모와 아이들간의 게임의 정체를 이젠 알아야 한다. 이 게임의 고리를 끊는 것… 자신의 인생을 살면서 아이들을 '돌보는' 부모가 되는 것. 아이들의 인생을 대신 살려 하지 않는 것. 그것이 부모들이 해야 할 일이다.

■ 글쓴이 최병건은 서른네살의 정신과 의사. 다른 사람들은 세상을 어떻게 바라보는지, 나 자신은 세상을 어떻게 바라보는지 요즘 골똘히 생각중이고, 어떻게 하면 많은 사람들이 행복할 수 있을지에 관심이 많다.

이 시대의 교사

박복선

교사가 지녀야 할
가장 기초적인 전문성이란
'사람에 대한 넓고 깊은
이해'라고 생각한다.

달라진 아이들과 교사

…해마다 수업 시간에 나는 '우리 외할매' 얘기를 꼭 들려 주었다. 복직하기 전만 해도 이 얘기를 들려줄 때면 아이들 눈빛이 촉촉하게 적셔지곤 했다. 남학생이건 여학생이건. 그런데 이 학교에 와서는 한 반에서 얘기를 꺼냈다가 얘기를 주워담지 못해 내 가슴이 얼마나 쓰리고 아팠는지 모른다. 반 이상이 엎어져 자는데 나는 그만 내 사랑이 모독당하는 것 같아 목이 막혔다… (요즘 아이들은) 생각하는 바탕과 방향이 다르다. 무엇이 어떻게 다른지 확실히 꼬집어 낼 수는 없지만 철벽 같은 벽 앞에 절망할 때가 한두 번이 아니다… 이 문화의 단절 앞에서 나는 무엇을 어떻게 풀어가야 할지 막막하기만 하다….
—이상석, "선생 노릇 낭떠러지에 섰습니다," 『우리교육』 97년 3월호

이상석이라는 사람이 있다. 한 번만 보아도 그의 직업이 무엇인지 알 수 있는 그런 사람이다. 내가 그를 처음 본 것은 89년 1월 국어 교사 모임 연수에서였는데, 그때 그는 글쓰기 지도 사례를 발표했다. 그의 수업 사례는 좌중을 사로잡

았다. 특히, 그가 문예반 지도를 할 때에는 몇백 명의 아이들이 모여들어 강당에서 수업을 진행할 수밖에 없었다는 대목에서는 탄성이 터져 나왔다. 교단에 선 지 5년이 다 되도록 말발 하나로 수업을 때우던 나는 국어 교육의 진수를 보았다.

나중에 그의 교육적 성과라 할 수 있는 아이들의 글모음『여울에서 바다로』와 그의 교단 체험을 기록한『사랑으로 매긴 성적표』(이 책은 지금도 교사들의 애독서다)를 읽을 때의 감동도 아직까지 생생하다. 이상석 선생이 말한 '우리 외할매'는『사랑으로 매긴 성적표』에 수록되어 있는데, 나도 몇 차례 복사하여 아이들과 함께 읽었던 글이다. 이 선생이 외할매 이야기를 한 다음 날에는 책상 위에 편지가 몇 통씩 놓여 있었다고 한다. 이 선생이 외할매를 그리며 쓴 시를 읽다 울어 버린 학부모가 편지를 보내 오기도 했다고 한다.

그 이상석 선생이 "선생 노릇, 낭떠러지에 섰습니다"라는 글을 보냈다. 사랑이 모독당하는 것 같다고, 요즘 아이들을 도무지 이해할 수 없다고, 무엇을 어떻게 해야 할지 모르겠다고…. 학교 교육의 위기를 말하는 것은 새삼스러운 일이다. 우리의 학교 교육은 실패를 거듭해 왔으며 지금도 다르지 않다. 그러나 대부분의 교사가 실패하는 가운데서도 훌륭하게 자기 역할을 하던 교사들이 있었다. 그런데 이제 그들마저 선생 노릇 제대로 못하겠다고 한다.

이러한 현상은 말할 것도 없이 학교 교육의 지형이 근본적으로 달라지고 있음을 보여주는 징표이다. 탈산업사회론, 신세대론, 대중문화론, 정보화사회론 등 최근의 무성한 담론들은 직간접적으로 이 변화를 설명하는 틀이다. 이것들은 접근 방법이나 수준의 폭이 매우 다양하지만, 학교 교육의 기능이나 역할, 그리고 아이들과 교사들이 만나는 방식이 모두 획기적으로 달라져야 한다고 소리를 높이고 있다.

이제 과거에 성공하던 교사들은 이 담론들이 제기하는 문제에 대해 어떤 식으로든 답을 마련해야 한다. 이 작업이 성공하느냐의 여부가 우리나라 학교 교육의 앞날을 결정할 것이다. 많이 지쳐 있긴 하지만 그래도 학교 교육을 바꿀 수 있는 사람들은 이들뿐이기 때문이다. 새로운 시대, 달라진 아이들. 교사는 어떻게 자기 자신을 세울 것인가?

'성직관'과 '노동자관'

독점적 지위가 많이 흔들리고는 있지만, 우리 사회의 지배적인 교사 담론은 여전히 '성직관'이라고 불리는 것이다. 이 담론은 스스로를 은폐하려 하고, 정치적인 권력과 결탁하고 있다는 점에서 명백한 이데올로기적 기제라 할 수 있다. 아직도 교육 관료들이나 언론은 '군사부일체', '스승의 그림자도 밟지 않는다', '교사는 많은데 스승은 없다' 같은 낡은 언어들을 즐겨 사용하고 있다. 이것들이 80년대 교사 운동을 탄압하는 근거가 되었음은 널리 알려진 사실이다.

그런가 하면 이런 성직관은 '사랑', '보살핌' 같은 모호한 말로 번역되면서 교사들의 교육 행위를 판단하는 잣대로 작동하기도 한다.

(주) 농심에 근무하는 유창근(37)씨도 김교사를 삼촌처럼 따른다. 김교사가 72년 군위군 동부 초등학교 재직 당시 4학년이던 유씨는 집이 가난해 부모가 있는데도 고아원에서 숙식하고 있었다. 김교사는 유씨를 자신의 군위군 고향집에서 머물도록 했다. 77년 해안초등학교로 전근할 때 김교사는 유씨를 같은 학교로 데려갔고 유씨가 경북대를 졸업할 때까지 학비도 댔다. 김교사는 늘 박봉을 털어 가정 형편이 어려운 제자들의 학용품·생활비를 대주었고, 고아나 다름없는 제자를 자신의 호적에 입적시켜 성장할 때까지 보살피기도 했다. 이런 김교사에게는 스승의 날이 따로 없다. 자식 같은 제자들이 모임을 가질 때마다 김교사를 모시기 때문이다. 김교사의 꿈은 언제까지나 어린 꿈나무들과 함께 있는 것이어서 교장 장학관 등 승진을 마다하고 평교사를 고집해 왔다.
— 중앙일보, 97년 5월 15일

해마다 스승의 날이면 어느 신문에서나 이와 비슷한 기사를 볼 수 있다. 자세한 사정을 알 수 없지만, 나는 이런 분들이 교사로서 지녀야 할 좋은 덕목을 갖추고 있음을 부인하지 않는다. 그러나, 몇 명의 제자를 잘 돌보아 주었다는 사실이 훌륭한 교사의 증표는 아니며 더구나 유일한 증표는 아니다. 그것이 독점적 지위를 가지면 가질수록 교사들의 상상력과 실천은 극히 제한될 수밖에 없다.

이런 지배 담론은 분명 일리가 있다. 그렇지 않다면 지배 담론이 될 수도 없었을 것이다. 어려운 아이들을 돌보는 것은 교육학적으로도 의미 있는 일이다. 그러나, '돌봄'이나 '사랑'은 세련된 상상력의 뒷받침을 받지 않으면 아이들을 간섭하고 억압하는 기제가 된다. 얼마나 많은 학부모와 교사들이 아이들을 돌본다고 하면서 들볶고 있는가? 사람과 사회를 제대로 읽는 것이 점점 더 어려워지는 지금 이 담론은 극히 제한된 공간에서만 유용성을 지니고 있다.

또 그것들은 대개 교육에서 사회와 역사적 맥락을 제거하는 오류를 범한다. 자꾸 삐딱하게 보는 건지 몰라도, 나는 신문에 소개된 분들이 과연 유신 시대나 80년대 같은 굴종과 투쟁의 시대에 어떤 자세로 교단을 지켰는지 궁금하다. 또 지금은 어떠한 고민을 하고 있으며, 아이들과 어떻게 대화하는지 궁금하다. 아이들에게 헌신적이지만 정치적으로는 파쇼인 교사들이 우리 주위에는 꽤 많다.

성직관의 이데올로기적 효과는 매우 크다. 심지어는 표면적으로 성직관을 거부하는 교사들도 이것에서 그리 자유롭지 않음을 확인할 수 있다. 예컨대, 전교조 교사들 중에서 '담임이 아니면 교사도 아니다'라는 말을 하는 사람이 적지 않다. 그들의 말에서 '교사란 모름지기 아이의 삶을 책임지고 돌보는 사람이고 담임이 아니면 이 역할을 하기 어렵다'라는 속내를 읽기는 어렵지 않다.

나는 이들이 이러한 자부심을 가져도 좋은 분들이라는 것을 의심하지 않는다. 그러나 이러한 자부심은 자신의 지위와 역할에 대한 과대한 기대로 이어지고, 그것은 자신에 대한 과도한 부하와 아이들에 대한 무한책임 의식으로 이어지며 결국 쉽게 지치고 과도하게 절망한다. 그리고 지치고 절망하는 사람들은 사태를 정확하게 보기 어렵다.

이와 같은 상황을 고려할 때, 80년대 교사 운동을 주도한 사람들이 '성직관'

에 대한 대항 담론으로 '노동자관'을 제기한 것은 큰 의미가 있었다. 그러나 저항 담론으로 제시한 '노동자관' 역시 교육학적 상상력과 실천을 제한할 수밖에 없었다. 시대적 상황에서 자유로울 수 없었기 때문이었지만, 그들의 의도와는 상관없이 그것은 노동운동과 교육의 거리를 너무 가깝게 설정하도록 하였다.

> 그들은 자신들을 신세대라고 부르고 싶어한다. 자신들은 이미 고등학교 때 '운동권' 출신 교사들로부터 변혁 운동에 대해서 듣고 사회 모순에 대해 알아 왔으며 그래서 대학에 와서 선배들이 떠들어 대는 것이 별로 놀랍지도 않으며, 설득력도 있어 보이지 않는다고 한다… 고등학교 시절 '운동권 교사'들은 이들에게 '왜?'라는 근본적인 질문을 스스로 던지게끔 하였어야 하는데 또 다른 정답을 준 것이었다. 예방 주사를 맞은 자기들은 그것으로 인해 맑시즘에 호기심을 잃고 말았다는 것이다… 이들은 가볍게 모든 것을 다 알아 버린 것이다.
> — 조혜정,『탈식민지 시대 글 읽기와 삶 읽기 1』, 도서출판 또 하나의 문화, 151-152쪽.

이런 지적에 대해 나를 포함한 당사자들은 억울해 할지 모른다. 굳이 변명하자면, '또 하나의' 정답이 있다는 것을 아는 것만으로도 의미가 있다고 주장할 수 있을 것이다. 그러나 이것이 매우 빈약한 교육적 상상력에 바탕을 두고 있다는 점은 인정할 수밖에 없다. 교육이라는 것이 결국 개인의 '성장'에 관계하는 방식이고, 운동이라는 것도 이것을 바탕으로 해서 혹은 상호작용을 통해서 이루어지는 것이라는 점을 인정한다면 당시의 교사들이 '성장'이라는 것을 지극히 단순하게 이해한 점은 명백하다.

아이들은 교사가 지시해 주는 대로 성장하는 것이 아니라, 자신의 내적 요구와 계기에 의해서 자란다. 그리고 내적 요구와 계기라는 것이야말로 아직까지 명확히 밝혀 내지 못한 미지의 영역 아닌가? 더구나 그러한 미지의 영역을 교육 프로그램과 방법에 접목시키는 것은 얼마나 어려운 일인가?

운동의 지형 자체가 크게 변화한 지금 '노동자관'은 어쩔 수 없이 교체 대상이 될 수밖에 없다(물론 이 담론이 전교조 합법화를 둘러싼 정세에서 지니는 전략적 가치는 별개의 문제다). 그러나 진정으로 문제가 되는 것은 과거에 성공했던 교사들의 내면에 각인되어 있는 운동가적 존재 요구이다. 비록 80년대 변혁운동의 틀이 바뀌었다고는 하지만 사회의 모순과 문제가 산적해 있는 한 어떤 방식으로든 운동은 있을 것이고 있어야 한다. 다만, 교사들의 운동이란 섬세한 교육학적 상상력을 바탕으로 해야 한다.

교사의 전문성

교사는 하나의 직업이다. 그리고 모든 직업에는 직업을 수행하는 데 필요한 전문성이 있게 마련이다. 그런데 지금까지 교사들의 전문성에 대한 논의는 엉성했다. '성직 담론'과 '노동자 담론'이 투쟁하는 와중에서 주목을 받기 어려웠기 때문일 것이다. 그리고 과거에는 교사들의 상식만 가지고도 비교적 성공적인 수업과 학생 지도를 할 수 있었으므로 혹은 하고 있다고 믿었으므로 전문성에 대한 요구 자체가 그리 크지 않았기 때문일 것이다.

이제 성직 담론과 노동자 담론은 그 한계가 드러났다. 변화하는 사회와 그곳에서 성장하는 아이들이 교사들의 상식에 도전해 오기 시작했다. 일그러진 학교 교육의 모습을 숨겨 주던 신화마저 깨어지고 있다. 이런 위기가 교사들에게 그들의 직업에 대하여 성찰하도록 강요하고 있다. 그리고 그러한 성찰은 자연스럽게 교사들의 전문성에 대한 논의로 이어질 것이다.

> 어느 반에서는 이래저래 가출을 하고 학교에 나오지 않아 퇴학을 하는 아이들이 서너 명이나 된다. 비록 퇴학은 하지 않았더라도 언제든지 학교와 집을 나갈 기회만 엿보고 있는 것처럼 보이는 아이들과 학교엔 나와 앉아 있어도 학교에 사실상 흥미를 잃고 있는 아이들까지 합하면 그 숫자는 우려할 만하다… 과거와는 많이 다른 아이들을 끌어안고 함께 살려면 특별한 지혜를 가져야겠다.
> — 이경애, "새로 쓰는 교무 일지", 『새로 쓰는 청소년 이야기 · 1』, 도서출판 또 하나의 문화, 1997, 196쪽.

나는 교사가 지녀야 할 가장 기초적인 전문성이란 '사람에 대한 넓고 깊은 이해'라고 생각한다. 어떠한 의미에서 이것은 굳이 교사의 전문성이라는 이름을 붙이기 어려운 인문학적 교양을 의미한다. 그럼에도 굳이 이것을 거론하는 이유는 지금까지 교사의 전문성에 대한 논의가 사상의 깊이를 결여함으로써 지극히 기능적인 수준에서 이루어진 것을 경계하기 위함이다.

지금 이 시기에 사람을 넓고 깊게 이해하기 위해서는 특히 사람들의 의식·무의식을 읽어 내는 능력, 대중 문화를 분석하는 능력이 필요하다. 이것이 앞의 글에서 말하는 '특별한 지혜'일 것이다. 이러한 전문성을 기르는 것은 결코 만만한 일이 아니다. 그러나 자신의 인식 지평을 넓혀 놓지 않고서는 더 이상 교사로서 서기 어려운 때가 되었다.

'도무지 이해할 수 없는 아이들'이란 말은 어디까지나 '나의 인식 지평 안에서' 그러하다는 것이다. 이 아이들이 어느 날 갑자기 하늘에서 떨어진 종족이 아니라면 그들을 읽어 낼 수 있는 단서들이 어딘가에 있을 것이다. 예민한 촉수로 그것을 잡아 내는 것이 이 시대 교사들에게 필요한 전문성이다.

또 하나 이 시기에 요구되는 중요한 전문성은 아이들과 대화할 수 있는 담화 능력일 것이다. 지금 많은 교사들이 아이들과 대화하는 데 실패하고 있다. 원칙적으로 말해서 대화가 실패하는 경우는 서로 다른 언어를 사용하거나, 서로 전제하는 것이 다르거나, 어느 한 쪽의 권력이 다른 쪽을 압도하는 경우이다. 아마 지금의 상황은 이들 모두에 해당할 것이다.

"야 임마, 학교에서 담배를 피우면 어떻게 해? 머리에 피도 안 마른 것들이."
"선생님은 왜 피워요?"
"뭐라고? 이 자식아, 그걸 말이라고 해?"

감수성의 차이는 어쩔 수 없다 해도, 위의 경우처럼 교사가 자신의 담론이 전제하고 있는 것(어른은 되지만 아이는 담배를 피워서는 안된다, 다른 곳에서는 되지만 학교에서는 담배를 피워서는 안된다, 학생은 교사에게 대들어서는 안된다)에 대하여 그 타당성을 성실하게 제기하려고 하지 않으면서 권력으로 담론을 지배하려고 하는 한 대화란 있을 수 없다.

사회의 변화에 따라 과거와는 달리 해석되어야 하는 전문성도 있다. 과거에는 집과 학교를 오가는 것이 아이들의 삶의 전부였다. 그러나 지금은 학교와 집 밖에도 그들이 갈 수 있는 다른 공간이 있다. 한편으로는 이제 학교는 유일한 정보원 혹은 유일한 교육 기관으로서의 지위를 상실했다.

이러한 조건은 교과 지도나 생활 지도에서 교사의 전문성에 대한 인식을 바꾸도록 요구한다. 과거에 교사는 학교 안에서 생긴 문제를, 학교 안에 있는 자원을 이용하여, 학교 안에서 해결해야 했다. 그러나 이제 교사는 학교 안과 밖을 수시로 넘나드는 학생을 지도해야 하고, 학교 밖의 우수한 자원을 적절히 이용할 수 있다.

대부분의 교사는 문제아를 지도할 전문성을 갖추고 있지 않다. 아이들의 외적 행동 이면에 있는 내적 억압이나 욕망을 읽어 내는 능력, 심리적 치료 능력은 말할 것도 없고, 가장 초보적인 상담 능력도 지니지 못하고 있는 경우가 대부분이다. 그렇다면 어설프게 문제아를 지도하려고 하지 말고 전문가에게 의탁하는 것이 훨씬 교육적으로 바람직한 일이다. 이제 교사에게 필요한 전문성은 문제아를 능숙하게 다루는 솜씨가 아니라 문제아를 식별하여 전문가에게 연결해 줄 수 있는 안목과 정보력이라고 할 수 있다.

교과 지도에서도 학교 밖 자원이나 인력을 적절히 활용하는 능력이 점차 중요한 것이 되고 있다. 교실에서 교과서를 가지고 환경 문제를 다루는 획일적인 방법에서 벗어나, 학교 밖으로 나가 하천의 오염도를 측정하고, 쓰레기 처리 시설을 돌아보며, 환경 운동 단체를 방문하여 전문가의 강의를 듣도록 기획하고 연결하는 것이 교사의 전문성이다.

대안 교육과 제도 교육

최근의 교육 담론에서 단연 교사들의 관심을 끄는 것은 '대안 교육'에 대한 것이다. 대안 교육은 학교 교육에 몸담고 있는 사람에게는 때로는 동경의, 때로는 질시의 대상이 된다. 어떤 경우든 그것은 교사들에게 무심히 넘기기 어려운 하나의 등에와 같은 것이다.

제도 교육에 대한 비판이야 새삼스러울 것도 없지만 지금의 대안 학교 담론이 관심을 끄는 것은 실제로 그것이 논의의 차원에서 구체적 실천으로 이어지고 있기 때문이며, 또 하나는 언론에 의하여 제도 교육을 보는 렌즈로서 대안 학교가 부각되기 때문이다. 또 그것은 학교 교육에서 근본적인 한계를 느낀 한때 잘나가던 교사들의 참교육에 대한 열정을 분출할 통로가 될 수 있기 때문이다.

대안 교육의 담론이 다기하기 때문에 일반화 시키기는 어렵지만, 그것이 우리가 생각하는 바람직한 교육에 가까이 있다는 것을 부정하기는 어렵다. 대안 교육이라는 렌즈로 보는 학교 교육은 초라하기 그지없다. 아니 아예 존립 근거 자체가 없어진다.

> 가장 깊은 통찰력을 지니고 있었던 선지자들은 교육이 어떻게 이루어지는지 자신도 모른다는 것을 아주 분명히 말했다… 방법이니 수업계획서니 시간표니 하는 것들, 이러한 것은 전부 의미 없는 것들이다. 자기 기만일 뿐이다. 교육은 오직 살아 있는 행동으로만 이루어질 수 있는 것이다. 생명 활동과 아무 관련이 없는 어떤 활동이 교육의 이름으로 주어질 때 이러한 '교육'은, 흔히 몸속으로 들어오는 이물질이 나쁜 영향을 끼치듯이, 사람의 마음에 건강치 못한 해독을 끼친다.
> ─ 비노바 바브, "참다운 교사는 가르치지 않는다,"『작은 학교가 아름답다』, 보리, 27-28쪽.

대안 교육의 담론에서 쉽게 찾아 볼 수 있는 논리들이다. 이에 따르면 지금의 우리 학교 교육은 안하는 것이 차라리 유익하다고 할 수 있다. 많은 교사들이 이러한 비판에 상심하고 있다.

대안 교육 운동에 대한 평가는 다양할 것이다. 나는 그것을 매우 유용한 실험으로 보고 있으며, 그것들이 제도 교육의 빈틈을 메꾸어 줄 것을 기대한다. 그러나 대안 교육을 학교 교육을 평가하는 잣대로 삼는 것은 잘못이다. 그것은 성(聖)의 잣대로 속(俗)을 단죄하는 것과 같다.

교육은 다른 일과 달라서 아무리 분업화한 현재에 있어서도 일정한 정신적 자격이 요구되고 있다. 교육은 심정(心情)의 지배를 받는다. 물건의 생산은 그 생산자의 마음 의 여하에 관계 않고 일정한 자료를 가지고 일정한 방식으로 하기만 하면 된다. 그러 나 혼을 가지고 혼에 대하는 교육 활동은 꼭 같은 교재로 꼭 같은 방법을 가지고 해도 그 먹고 있는 마음에 따라 천태만상의 결과가 나온다. 그러므로 교사는 누구나 될 수 있는 것이 아니다. 한 말로 덕이 있어야 된다… 교사는 하늘이 명해서만 될 수 있는 것이다.
— 함석헌, "청년 교사에게 말한다," 『처음처럼』, 내일을 여는 책, 1997, 72쪽.

심금을 울리는 말이지만 제도 교육에 몸담고 있는 교사들에게 일률적으로 받아들이기를 요구할 수는 없다. 대안 학교 담론은 어떤 의미에서는 또 다른 '성직 담론'이다. 물론 그것은 관제 성직 담론과는 달리 창조적인 자극을 준다. 그러나 교사의 전문성에 대해서는 그다지 긍정적인 역할을 하는 것 같지는 않 다. 예컨대, 학교의 교사들은 유능한 '관리자', 지식의 '전수자'가 되어야 한다. 이때 필요한 것은 '혼', '정신' 이 아니라—물론 이런 것을 배제하는 것은 아니지 만 —어디까지나 합리적 과학에 근거한 탐구와 결합한 교육학적 상상력이다.

위기는 기회
과거에 성공했던 교사들이 절망하고 실패하고 있다고 했지만, 그들에게도 가뭄 에 소나기처럼 보람의 순간이 있다. 감을 잡아 가는 교사들도 흔하지는 않지만 분명히 있다. 지금은 무엇보다 이들의 경험을 나누는 것이 필요할 때이다. 그리 고 이것을 보편적인 언어로 번역하는 작업을 해야 할 것이다. 이런 작업을 해내 는 것이 향후 교사 운동의 주요한 내용이 되어야 할 것이다.
위기는 기회라고 한다. 어쩌면 지금의 위기야말로 교사 스스로 자신의 직업적 위상에 대하여 성찰할 수 있는 좋은 계기가 될 것이다. 나는 그들이 지난한 80년대를 견뎌낸 것처럼 지금의 위기도 잘 극복할 것이라고 믿는다. 아니 그렇게 믿고 싶다. 그것이 학교 교육이 살아 남을 수 있는 유일한 길이므로.

■ 글쓴이 박복선은 84년에 교사가 되었다. 교사로서 철이 들 무렵 전교조 결성으로 학교를 떠났고 이때 교육에 대하여 많이 생각할 수 있었다. 이제야말로 멋진 교사가 될 수 있겠다는 꿈을 가지고 94년에 복직했다. 그리고 3년만에 제 발로 학교를 나와, 현재『우리교육』중등부 편집부장으로 활동하고 있다.

포기하세요, 하지만
절망하지는 마십시오

조은영

젊은이의 목소리에 귀기울이고
그들의 잠재력에 절망하지 않는
융통성 있는 어른들이
조금씩이라도 늘어 간다면,
제도와 틀을 바꾸는 것은
시간 문제가 아닐까?

머리말

우리 청소년들은 늘 버겁다. 사춘기 고유의 변화만을 겪기에도 힘든데 주변에서 그들에게 요구하는 책임과 의무가 너무 많다. 집안에서는 세대차가 나는 부모와 대화 없이 서로가 생활에 쫓겨 살아야 하고, 학교에서는 정해진 학과의 진도와 수험 준비에 매진해야 하며, 역시 세대차를 느끼는 선생님들과 각기 스트레스를 발산하는 친구들 틈에서 부대껴야 한다. 그런데도 학교만 잘 다녀 주고 성적만 잘 받아오면, 아이는 문제가 없는 셈이고, 소위 '정상적'이다. 하지만 '정상적'이어야만 하기 때문에, 이미 마음 한구석이 병들어 가고 있는 경우가 허다하다. 물론 '정상적'으로 보였을 때이므로 변화의 단서를 찾기 어려울 수도 있겠지만, 어찌 보면 이러한 '정상'에 대한 개념 자체가 어른들이 일방적으로 만들어낸 획일화되고 다소 모호한 것은 아닌지? 또 '정상'에 대한 고정된 틀은 우리 아이들을 아무런 목적 없이 어디론가 떠돌게 만드는 것은 아닌지? 그래서인지 일부는 적극적으로 그 대열에서 뛰쳐 나가기도 하고, 일부는 소극적으로 소리 없이 낙오되기도 한다. 그렇게 낙오된 이들에게 사회는 두려운 공간이고, 사람은 불편하며, 일상은 힘에 겹다.

지난 7년여 동안 나는 이 소리 없이 낙오된 이들과 함께 했다. 그들은 한창 뛰어놀고, 자신의 생각과 감정을 키우며 인생의 꿈을 가져야 할 좋은 시기에, 마음의 병이 들어 사람들과 사회에서 단절된 채로 멈춰 버린 시간과 닫힌 공간 속에 있는 이들이다. 그 중에는 이미 성인기에 접어들었지만 정신은 여전히 여린 청년의 시간 속에 수줍게 갇혀 있는 사람들도 있다. 그들이 어째서 그렇게 제한된 시·공간에 묶여 있게 되었나를 말하기란 쉽지 않다. 거기에는 다양한 원인과 복잡한 과정이 있고, 그것을 모두 설명하기는 어려운 일이다. 그렇지만 이제 그 원인과 과정의 일부를 그려 보려 한다. 아니, 때로 그들의 고통에 함께 울고 가슴 아파했던 참여자로서, 때로 문제를 해결하려는 그들을 격려하고 이끌었던 관찰자로서의 나의 시간을 이야기하고 싶다. 먼저 나는 두 사람의 '그' 를 소개한다 — 단지 '그'라는 인칭 대명사를 쓴 것은 그 친구들의 신상의 비밀을 보장하기 위해서이고, 동시에 우리도 상황과 조건에 따라 얼마든지 '그'가 될 수도 있었다는 가능성을 열어 두고 싶어서다.

말수가 줄어든 키 작은 '종달새'

'그'를 처음 본 것은 겨울이었다. 창백한 얼굴에 약간 불결해 보이는 머리를 하고 오른손 가운데 손가락에 반창고를 잔뜩 감고 있었다. 물어 보는 말에 대답이 없었고, 먼저 말을 하지도 않았다. 표정은 없었고 얼굴이 약간 구겨진 듯 보였다. 가끔 말하는 나를 바라보곤 했지만 대체로 시선이 어디를 보고 있는지 알 수 없었다. 어쨌든 회원이 되어 다니기로 한 그는 하루도 빠지지 않고 모임에 나오기는 했다. 1년이 지나도록 여전히 질문에 답하는 경우도 드물었고, 말을 꺼내는 경우는 더군다나 드물었지만 혼자서 웃거나 조그만 소리로 중얼대곤 했다. 그런 그가 더러 벽처럼 느껴지곤 했지만, 그도 나와 같은 사람일 테니 언젠가 대화할 수 있을 것이라 믿었다. 비록 그가 대답하지 않아도, 다른 사람들에게 질문하듯 지속적으로 질문하고 말을 걸었다. 대화를 제외한 우리 모임의 프로그램에서 하는 기타 활동들 —글로 쓰기, 몸으로 표현하기, 그림 그리기, 음악 듣기, 춤 추기— 에 조금씩이나마 참여하게 되었고, 그러다 가끔씩 사람들이 질문하면, 딴 세상 사람처럼 있다가 갑자기 화들짝 "네?" 하고 반문하고는 다시 질문하면 대답이 없었다. 그가 그렇게 된 것은 어림 잡아 5 - 6년 되었다고 한다. 원래 그의 별명은 '종달새'였단다. 그런 그가 이처럼 침묵으로 일관된 삶의 시간을 보내게 되었으니 그의 부모나 가족은 기가 막힐 노릇이었다. 그로 인해 가족의 일상과 자신의 인생이 망가졌노라고 그의 어머니는 지친 목소리로 원망하곤 했다.

'종달새'였던 그의 말수가 줄어든 것은 고등학교 시절이었다. 지금도 작은 키인 그가 사춘기에 접어들어서 키가 자라지 않아 걱정했던 모양이다. 그러던 중에 아버지가 미국에 나가 있어야 할 사정이 생겨 가족들이 함께 가게 되었고, 가뜩이나 한국에서도 작은 키가 미국에서는 더 작게 느껴졌던 모양이다. 게다가 말이 통하지 않게 되자, 신체에 대한 열등감과, 부적응한 자신에 대해 불만이 많았는지, 저녁마다 집에 돌아오면 동생들과 온통 시끄럽게 떠들어댔다고 한다. 부모님들은 그런 그를 이해하지 못해서 남자 아이가 너무 수다스럽다고 혼내곤 했는데, 그러다 그는 거짓말처럼 말수가 줄어들기 시작했다고 한다. 어느 날, 그가 벗어 놓은 신발 안에는 휴지 뭉치가 들어 있었는데 어머니는 이상하다고 생각했지만 그것에 대해 캐묻지 않았다. 주립 대학에 들어갔으나 첫 학기 수업 시간에 제대로 참여하지도 않고 기숙사 방에만 틀어 박혀 있다고 학교에서 연락이 왔다. 결국 학교를 그만두고, 다시 시험을 치러 집에서 다닐 수 있는 단과 대학에 진학했다. 역시 한 학기를 넘기지 못하고 다시 그만두었다. 그제서야 부모님들은 문제의 심각성을 깨닫고 한국으로 되돌아 왔다. 그는 한국에 와서 다시 대학 시험을 치렀고 말하자면 명문 대학 의예과에 입학했다. 역시한 학기를 겨우 마치고 휴학했다. 그리고 정신과 외래를 찾았다. 그의 진단명은 '정신 분열증 단순형'이다. 그리고 그는 이미 서서히 무너져 내린 자신과 다른 사람과의 관계를 다시 짜맞추기 위해 우리 모임에 왔다.

그는 모임에 참가한 지 1년쯤 되었을 때에 "예, 아니오" 외에도 단순한 문장들은 대답할 수 있게 되었다. "좋았어요" "잘 모르겠어요" "재미 있었어요" "화가 나요". 말에 비해 행동은 좀더 적극적이었는데, 어느 날 생일 파티 때에 우리는 음악에 맞춰 춤을 추기 시작했는데 늘 뒤에서 소극적인 자세로 약간 손을 흔들던 그가 문득, 무슨 발동이 걸린 듯 너무 신나게 그것도 멋진 스텝을 구사하면서 열정적으로 춤을 추었고 우리 모두는 그에게 박수와 감탄을 보냈다. 또 상처도 없이 손가락에 감고 다니던 반창고를 떼던 날, 우리는 축하 파티를 해주었다. 그것을 왜 붙이고 다녔는지는 몰랐지만 그것을 떼는 날 축하 파티를 하기로 약속을 했기 때문이다. 2년 동안 모임에 나오면서도 여전히 말수가 적었지만, 상황에 따라 좀더 다양하게 자신의 의사를 표현하게 되었다. 그리고 복학을 하였다. 물론 학교에 다닐 만큼 의사 표현 능력이나 관계를 맺을 수 있게 되어서가 아니라 휴학 기간의 제한에 걸려서였다. 그는 최소한의 수업을 들었고 우리 모임에도 꾸준히 참여하면서 나름대로 한 학기를 마치고 일부 학교 생활에 적응하고 있다. 하지만 여전히 그는 처음 대하는 사람들과 어색해 하고 대화가 이어지지 않고 무표정해서 사람들과 함께 있을 때 자연스럽지 않다. 지금 그는 2학기째 복학해서 다니고 있다. 아버지처럼 의사가 되겠다는 자신의 꿈을 이루기 위해 창백한 표정으로 의심의 여지 없이 홀로 교실과 교정을 오가며 아직은 자신의 세계에서 더 많은 시간을 보내고 있다.

'문제아'가 된 모범생

또 하나의 '그'는 중3 때까지 공부를 꽤 잘하는 모범생이었다. 부모에게 순종적이었으며 위로 형과 누나 둘이 있다. 집안은 부유한 편이었으나, 아버지가 다소 권위적이고 대화가 적은 편이었고, 어머니는 아버지에 비해 마음이 여리고 예민해서 불면증에 시달리거나 많이 아프곤 했다. 누나들과 형은 공부도 잘하고 별 문제 없이 좋은 대학에 입학했다.

첫 발병은 중3 어느 날로 거슬러 올라간다. 그는 체육 시간에 선생님의 이유 없는 폭언에 가까운 지시가 기분 나빠 따르지 않은 탓에 선생님에게 호된 꾸지람을 들었다. 억울한 생각이 들어서 끝까지 선생님에게 사과하지 않았고 그 사건으로 갑자기 문제아가 되어 버렸다. 집에다 사정을 말했을 때 가족들은 그저 잘못했다고 용서를 구하라고 당부했는데, 그에게 그것은 부당한 일이었다. 결국 학교에서 써야 하는 반성문을 쓰지 않았다. 그의 수업 태도는 점차 나빠지기 시작했고, 선생님들의 따가운 눈총을 못 견디게 되었다. 집에서도 말이 통하지 않자 심하게 대들거나 화를 내고 물건을 집어던지다가 정신 병원에 입원하게 되었다. 그는 '경계성 인격 장애'로 진단 받았으며 퇴원 후에 학교를 자퇴했다.

모임에서 그를 만난 것은 그로부터 3년쯤 후였다. 어머니와 함께 온 그는 잔뜩 구겨질 대로 구겨진 표정을 하였다. 그래서인지 열아홉 살이라는 게 믿어지지 않을 만큼 훨씬 나이가 들어 보였다. 구겨진 표정에는 금방이라도 터질 듯한 분노가 가득했고, 자세는 바짝 굳어 있어서 누군가와 함께 있는 것을 몹시 견딜 수 없어 하는 눈치였다. 마치 도살장에 끌려온 소마냥 어머니와 함께 온 그는 가족들과 대화하기가 어렵고 감정이 잘 조절되지 않아서 폭발적으로 화를 낸다고 했다. 학교를 자퇴한 지 3년이 흘렀고 그 동안 학원을 간헐적으로 다니고 있었지만 학업에 집중하기 어렵다고 했다. 정신과에서 외래 치료를 받고 있던 중 점차 말수가 줄어들고, 대인 관계를 기피하고 폭발적으로 화를 내게 되어서 우리 모임에 오게 되었다.

그가 모임에서 이야기할 수 있기까지 약 3개월 정도의 시간이 흘렀다. 그것도 자신의 차례가 되면 할수없이 아주 힘들게 한마디씩 뱉곤 하는 정도였다. 마치 말을 입 안에 가득 담은 채 어쩔 줄 몰라 하는 것 같았다. 대부분의 우리 모임의 회원들처럼 오랫동안 대인 관계에서 소외되었던 그는 사람들의 시선에 매우 민감했고 불안과 긴장으로 인해 사람들이 모인 집단에서 말하는 게 어려웠다. 그 무렵 개인 면담을 더 집중적으로 하기 시작했는데, 1, 2회 때는 1시간여의 상담 시간 내내 한마디도 하지 못하고 깊은 한숨만 쉬다가 갔다. 3회째

되던 날 비로소 그는 "답답하다"는 말로 이야기를 시작했고, 한마디 한마디를 잇는 데에 10여 분이 걸렸다. 그의 고통스런 과거를 듣는 데 1년의 시간이 필요했다. 고통을 털어 놓으면서 그는 스무 살 청년의 얼굴로 돌아가고 있었다. 간혹 웃음을 띠며 열성 있게 이야기하기도 했고, 다른 사람들에게 안부를 물으며 서로의 고민과 걱정을 이야기하기도 했다. 인생에서 가장 중요한 친구를 모임에서 사귀기 시작했고, 2년 반이 다 되어갈 무렵 중학교 검정 고시에 합격했다. 1년 후 고등학교 검정 고시에 합격하고, 대학 입학 시험을 치렀다. 그는 지금 소위 좋은 대학의 괜찮은 3학년생이다. 다른 친구들보다 3년쯤 늦게 대학 생활을 시작했지만, 결코 그 시간이 헛되지 않게 진지하게 살아간다. 앞으로 무엇을 하고 살아야 나도 남도 도울 수 있을까 고민하고, 부모님이 아직도 답답할 때가 있지만 너무 고맙다고 생각하면서 장학금을 받기도 한다. 또 '나는 어떤 아버지가 되어야 좋은 아버지가 될까' 미리 걱정도 하고, '왜 내가 마음에 둔 여자는 꼭 남자 친구가 있는 것인가' 괴로워하며, 알찬 방학을 보내려고 미리 계획해서 친구랑 여행도 다닌다. 아직도 고통받고 있는 우리 모임의 친구들을 위해 자원봉사도 하고, 주말에는 성당에 나가 또래 친구들과 모임을 갖고, 가끔씩 내게 감성 어린 편지를 보내어 자신이 어떻게 지내는지 알려 주곤 한다. 그는 그 또래의 누구보다 건강하고 진지하며 인간적이다.

최소한의 안전망

두 사람의 '그'는 각자의 성격, 환경적인 조건, 상황이나 경험이나 진단명이 다르고 현재의 상태도 다르다. 그러나 그들은 우리 모임에 참여하는 대다수 회원이 지닌 특성을 가지고 있다. 즉, '사춘기에 접어들면서 병이 났다,' '학교 생활에서 적응하기 어려운 점이 생기기 시작했다,' '가족은 그들을 사랑했지만, 그들이 원하는 방식은 아니었고, 그들의 어려움을 제대로 이해하지 못했다,' '그들과 그 가족들은 서로 대화하는 방법을 알지 못했다,' '그들을 도울 만한 전문가 혹은 전문적인 서비스가 부족했다,' '지속적이고 따뜻한 관심과 사랑이 그들을 다

시 일으켰다.'

이런 개연성을 토대로 다시 생각을 정리해 보면, 우선 그들이 처음에 어려움을 호소할 때 — 적극적으로 호소하지 않았을지라도 변화로 나타났을 때 — 주변의 가족이나 교사, 친지들이 적절하게 대처해 주지 못했다는 것이다. 초기에 그들이 호소하는 마음의 변화나 고통을 이해하지 못하는 것이 문제를 악화시키는 요인의 하나다. 즉 진정으로 이해하기보다는 드러난 문제 행동을 조정하여 '정상 궤도'에 다시 올려 놓는 데 관심을 쏟는다. 초기 상담에 온 어머니들은 하나같이 "왜 애가 저렇죠? 어쩌다 저렇게 되었을까요?" 하고 묻곤 한다. 그런데 엄밀히 말해 어머니의 "왜"는 아이의 마음 속에 무슨 생각이 있어서 "왜 그런 행동을 하게 되었는지"에 대해 깊이 생각하기보다는, "왜 다른 아이들은 정상적으로 학교에 잘 다니는데 하필 우리 아이만 이 모양인지 속상해요" 하고 말하는 때가 더 많다.

사실 가족이나 선생님이 전혀 이해하려 들지 않는 경우는 없고, 이처럼 관심을 가지고 이해하려 들지만, 도무지 초점이 맞지 않아서 오히려 무관심한 것보다 더 나쁜 상황을 초래할 때가 종종 있다. 상처받기 쉬운 아이들의 인격적인 감정이나 마음에 대해서는 과소 평가하고, 상처받은 마음으로 인해 나타난 행동들에 대해서는 과대 평가해서 질책하거나 심하게 걱정하는 바람에 예민해진 마음에 자극을 주는 경우가 많다. 또, 제대로 이해하지 못하기 때문인지, 사회적인 낙인 때문인지 처음부터 정신 병원에 가지 않는다. 물론, 병원에서 모든 것을 해결해 주지는 않는다. 하지만 적어도 조기에 전문가의 도움을 받아 필요한 치료나 조치를 취하면 병으로 고통받는 시간은 줄일 수 있다 — 현실적으로 이것은 병원 치료 이후의 재활 과정까지 포함하여 지속적으로 서비스를 잘 받았을 경우이다. 사실 우리 나라에서는 몇몇의 특혜 받은 경우라고 말하는 것이 옳을지도 모르겠다. 어쨌든 아이에게 심리적인 변화가 나타나고 문제 행동이 하나씩 드러나게 될 때에는 전문가 — 정신과 의사, 사회 복지사, 임상 심리학자, 전문 상담자 등 — 의 도움을 청하는 것이 현명하다.

구체적인 변화 행동의 예를 적어 보면,

• 말수가 줄었거나, 행동이 위축되고, 매사에 의욕이 없으며, 침울한 기분을 보이고 죽고 싶은 마음을 느끼는 경우
• 별다른 이유 없이 성적이 부진한 경우
• 작은 일에도 화를 내거나 난폭한 언행을 보이며, 일관성 없이 행동하는 경우
• 주위의 모든 일에 철저하게 무관심하게 대하는 경우
• 늘 피로감을 느끼거나 여기 저기가 많이 아프다고 호소하는 경우
• 식욕이 매우 감퇴하여 아무것도 잘 먹지 않거나, 가리지 않고 닥치는 대로 너무 먹는 경우이다.

이처럼 아이들의 행동에 일어나는 변화를 초기에 감지하지 못하거나, 발병 후 치료와 재활에 지속적인 노력을 기울이지 않아 심각해진다.

앞서 얘기한 두 사례처럼 대부분의 경우, 이미 오랜 시간 동안 병원과 학교, 또는 학원 등을 전전하다가 온 탓에 사회 생활에 상당히 둔감해지고 기초적인 생활을 유지하기에도 어려운 지경에 이르러 전문 기관을 찾게 된다. 간혹 운좋게 퇴원 후에 전문 기관에 바로 연결이 되어 사회 생활에 필요한 여러 가지 기능들을 잃지 않고 오게 된 친구들도 있다. 정신적인 어려움으로 일정 기간 사회에서 격리되어 병원에서 입원 치료를 받은 후에는 사회로 돌아갈 수 있는 중간 과정이 반드시 필요하다. 그런데 치료를 받은 후에 그들이 사회로 다시 돌아가기까지의 과정에 적합한 시설이나 프로그램이 부족하다. 마치 사고로 팔이 부러진 경우에 석고 붕대 등으로 집중적인 치료를 받은 후에 그 팔을 잘 사용할 수 있을 때까지 재활 과정으로서 물리 치료를 받아야 하는 것과 같다.

정신적으로 병을 얻을 경우 나타나는 직접적인 증상들 — 이상한 소리가 들리거나, 이상한 장면이 보이거나, 이상한 느낌이 느껴지거나, 누군가 자신을 해

치려 든다거나, 자신이 신과 같은 존재라고 생각하거나, 자신은 쓸모없는 존재여서 죽어야 된다고 생각하거나, 모든 사람들의 언행이 자신과 관계되었다고 생각하는 등 — 은 대체로 병원에서 집중 치료를 받은 후에 사라지지만, 이로 인해 파급되는 간접적이고 소극적인 증상들 — 대화를 잘 못하거나, 무표정하거나, 혼자서만 지내거나, 집 밖에 나오지 않거나, 감정이 메말라 있는 등 — 은 한 사람의 성격이나 사회 생활에 어려움을 주는 심리·사회적인 기능의 손상으로 나타난다. 따라서 이러한 기능이 회복되기까지는 일정한 기간을 필요로 하고, 그 기간 동안에 이에 적합한 재활 프로그램에 참여해야 한다. 최근 들어 각 종합 병원에서 '낮 병원'이라는 이름으로 이 같은 중간 과정을 거치도록 도와주고 있고, 많지는 않지만 몇년 전부터 병원 정신과 외래나 지역 사회에서 몇몇 기관들이 사회 복귀를 위한 재활 프로그램을 실시하고 있다.

내가 처음 이 일을 시작했을 때만 해도 그 같은 기관이 매우 드물었다. 내가 만나온 친구들은 발병 이후에 별 대안 없이 다시 학교에 무계획적(?)으로 다니다가 병이 재발되곤 하여 마침내는 자의반 타의반 학교를 자퇴하곤 했다. '무계획적으로 학교에 다닐 수밖에 없었던 것'은 사회 구조적으로는 적절한 서비스와, 학교 말고는 가능한 대안적인 생활 영역이 거의 없었기 때문이다. 동시에, 개인적으로는 못말리는 부모들과 교사들이 있었기 때문이다. 아이들에 대한 부모의 왜곡된 사랑이 그들로 하여금 다시 학교로 돌아가 '정상'이 되는 꿈을 꾸게 했다. 아직은 학교 생활의 스트레스를 견딜 만하지 못하므로 당분간 학교는 미루는 것이 좋겠다고 권고하면, 으레 "선생님 말씀이 옳아요. 하지만 우리 아이만 완전히 낙오되면 어떻게 하죠? 사회로 돌아가려면 사회 생활을 어차피 해야 하니까 학교에 다니는 것이 최선 아니겠어요?" 또는 "저는 괜찮은데 글쎄 저 아이가 학교에 너무 가고 싶어해요. 이제는 많이 좋아진 것 아닌가요? 자신이 학교에 가고 싶다고 하니 말이에요?" 한다. 사실 말인즉슨 옳다. 사회 생활을 위해서 학교로 되돌아 가야 할지도 모른다. 또 아이 자신이 학교로 가고 싶다고 했다면 분명 반가운 일일 수도 있다. 그러나 대부분 부모의 입장을 아이가 받아들여서 녹음기처럼 말하는 경우가 많고, 설사 그렇지 않더라도 아이 역시 낙오된 것을 보충하려는 조급한 마음으로 학교를 고집하기도 한다. 하지만 아이는 지쳤고 마음이 병들어서 생활의 리듬을 조율하고 그 변화에 적응하려면, 자신의 삶의 방향을 잡을 수 있을 때까지 기다려 주어야 한다. 그럼에도 불구하고 부모의 마음은 급하기만 하다.

어찌 보면 부모 입장에서는 이 경쟁 사회에서 앞으로 자식이 잘살아 가기 위해 그것이 최선의 방법이라고 생각할 수도 있다. 하지만 조급한 복학은 상처만 벌려 놓은 채 다시 소금밭으로 뛰어드는 것과 같다. 나는 이럴 때 정말 간절한 마음으로 부모에게 말하곤 했다. "어머니 이제는 포기하세요. 하지만 절망하시지는 말구요." 그 동안 자식에게 가졌던 부모로서의 욕심은 이쯤에서 포기해야 한다, 정말 아이를 사랑하고 위한다면. 다른 사람들 눈에 아이가 '병신' —내가 고른 단어가 아니고 어떤 부모의 표현을 고른 것이다. 말 그대로 옮기자면 "내가 병신 자식을 둘 팔자는 아니겠죠?"라고 물었다 —으로 비치는 것을 참을 수 없으므로 옆집 아이가 학교에 나갈 때 우리 아이도 학교에 가야 한다는 욕심, 대학을 진학해야 한다는 욕심, 좋은 대학을 나와 좋은 직장을 가지고 훌륭한 배우자와 결혼해야 한다는 욕심, 병나기 전의 말 잘 듣고 공부 잘하는 아이로 어느 날 돌아가겠지 하는 욕심은 이쯤에서 포기해야 한다.

사실 마음의 병이라는 것이 '어느 날 문득' 벌어진 경우는 매우 드물다. 오히려 아주 천천히 오래 전부터 진행되어온 경우가 더 많으며 다만 부모가 깨닫게 될 때가 '어느 날 문득'이어서이지 현상이 '어느 날 문득'은 아니다. 따라서 '어느 날 갑자기' 다시 원상 복귀하기는 어렵다. 청소년은 병이 났건 그렇지 않았건, 그 나이의 상태에서 성장하고 발전하며 거기서부터 나아간다. 이쯤에서 현명한 부모가 할 수 있는 최선의 방책은 욕심에서의 해방이요 포기다. 그러나 절망하지는 말아야 한다. 욕심을 버리되, 지금 취약한 상태의 새로운 출발점에 선 자녀에게 희망이 없다고 생각지는 말라는 얘기다. 비록 지금은 마음이 연약하고 대화하기도 두려워하며, 버스 타는 방법도 잘 모르고, 지하철 타는 것도 두려워하지만, 그는 거기서부터 발목에 힘을 주고 일어서려 하고 있기 때문에 부모는 사랑으로 기다려야 한다. 비단 이런 욕심과 절망의 문제는 부모만의 것은 아니며 교사들의 사랑과 관심 속에도 마땅히 포함되어야 하는 것이다. 내가 주로 접하고 대해 왔던 경우가 부모였기 때문에 부모를 예로 들었지만, 부모의 약한 마음 뒤에는 학교에서의 압력 또한 만만치 않은 경우를 왕왕 보았기 때문이다.

흔히 말하는 성공 사례는 대개 부모와 학교가 적당한 시기에 학생을 놓아 주는 경우였다. 그리고 그들의 마음의 상처를 전문가의 도움을 받아 지속적으로 치유하면서 다시 자신의 능력을 가늠하며 시작한 경우였다. 이때 본인과 가족, 전문가는 공동체로서 한마음으로 관심을 가지고 노력할 때에 성공하였다. 앞서 두번째 '그'가 바로 그런 경우이다. 그가 단지 대학에 진학한 것만으로 성공한 것은 아니다. 그는 고립 무원한 청소년기를 보내면서 고통의 시간을 자신의 인생에 아름답게 수놓아 너무도 인간적인 삶을 사랑하는 멋진 청년이 된 것이다. 그는 고통을 나눌 수 있는 사람이 있음을 알게 되었으며, 사람들과 함께 사는 법을 배우게 되었다. 그래서 그는 함께 한 사람들을 소중하게 생각하며 느끼며 자신도 역시 그렇다고 느끼게 되었다. 그의 성공은 이처럼 더불어 살기에 충분한 한 청년이 되었다는 것이다.

이렇게 지속적인 사랑으로 한 사람을 일으켜 세우기까지, 수많은 조건은 한 사람의 삶에 비하면 오히려 초라하다. 그럼에도 불구하고 그 조건을 맞추는 것은 참으로 많은 사람들의 시간과 열정을 필요로 한다. 때문에 더 선행되어야 할 것은 그런 처지에 떨어지지 않도록 '최소한의 안전망 safety net'을 시급히 확보하는 것일 게다. 그 안전망은 불안과 두려움, 소외감으로 괴로워할 때 마음을 털어놓을 수 있는 '그 누구'이거나 '그 어디'여도 좋다. 가정이 될 수도 있고 학교가 될 수도 있으며, 학교와 가정을 잇는 중간 체계의 복지 서비스일 수도 있다. 그러나 현실은 그렇지 못하기 때문에 그저 안타까울 뿐이다. 그래도 지금 절망하지 않는 것은 작은 변화가 큰 변화를 몰고 오는 것을 믿기 때문이다. 사회의 어떤 부분에서든 젊은 친구들과 자신들의 미래를 위해 이기적인 욕심은 적절하게 포기하고, 젊은이의 목소리에 귀기울이고 그들의 잠재력에 절망하지 않는 융통성 있는 어른들이 조금씩이라도 늘어 간다면, 제도와 틀을 바꾸는 것은 시간 문제가 아닐까? 아니면 하드 웨어가 바뀌지 않은 상태에서 소프트 웨어가 바뀌면 될 것 같다는 이런 내 생각이 지나치게 천진한 낙관일까?

■ 글쓴이 조은영은 정신 건강을 위한 사회 재적응 프로그램 「포도나무」 담당 정신 보건 사회 복지사로 일했다. 현재 연세대 사회 복지학과 박사 과정 수료하고 시간 강사로 일하고 있다.

내일을 위해
오늘 쓰는 편지

이 땅의 십대들에게 보내는 편지
—— 조한혜정
컬트 영화 같은 세상은 누가 만든 세상?
—— 김현진

···충청점253-3845 인천:주인점866-5129~6 신포점762-4216 부평점526-0666 대전·한화인천점556-8538 천안점81-3313 경남·율산 모드니백화점665-5613 창원대동백화점83-8931 화산점45-0663 진주점746-7986 경북·구미애백화점···춘천점56-2005 전북·전주점83-5485 군산점446-7050 전남·순천점52-2806 상벌점 서울:우장충동점431-5531 목동점892-4425 창동점906-5801 연신내점385-0282~3

http://www.xxx.co.kr/pelle2

집어치우자. 젠장 다 집어치워 버려.
요즘 세태를 보면서 '청소년'이란 집단의 일원인
내가 제일 많이 드는 생각이다. 너무들 떠든다.
왜들 그리 말이 많은지… 우리는 봉인가 보다.
—NEGAZINE 창간사
「청소년 해방 선언서」 중에서

이 땅의 십대들에게 보내는 편지

조한혜정

21세기는 네가 살아가야 하는
시대이고, 너희들이 주도해야
하는 시대이다. 너희는 다시
인간의 빛깔과 향기를
되찾아야 하는 세대이다.

문화체육부가 2000년대를 이념적으로 준비하기 위해 구성한
[문화 비전 2000 위원회]의 한 위원으로서 다음 세대 교육과 관
련하여 청소년들에게 편지를 쓴다는 것은 흥분되는 일이며, 또
한 영광스러운 일이 아닐 수 없습니다. 그러나 솔직히 말하면
저는 지금 오히려 부담감과 착잡함에 젖어 있습니다. 한편으로
는 청소년 문제가 너무나 심각하기 때문이며, 다른 한편으로는
다양한 삶의 공간에 살고 있는 수백만의 청소년 중 누구를 주
대상으로 이 편지를 써야 할지 당혹스럽기 때문입니다.

그래선지 선뜻 '이 땅에 사는 청소년들에게'라는 첫마디가 써
지지 않는군요. 그들 역시 그런 문구로 시작하는 편지를 달가워
하지 않을 것 같은 생각이고요. 그래서 나와 가깝게 지내 온 한
아이에게 편지를 쓰려 합니다. 그를 통해서 나는 이 땅에 사는
많은 십대들의 문제를 보곤 합니다. 그는 지금 만 16세, 고등
학교 1학년 다니다가 최근에 학교를 그만두었습니다.

현진에게

1.

"일등 하는 애들은 그 재미에 그런 대로 학교에 다니죠. 날라리들은 자기들 하고 싶은 대로 하니까 살 만해요. 그런데 우린 뭐예요?" 공부도 그런 대로 하고 선생님들과도 친한 편이고, 부모님 말씀도 잘 듣는 너, 틈틈이 시간을 내서 영화를 보고 영화 전문 잡지들을 탐독하면서 영화 감독이 되기를 꿈꾸던 너. 널 만나면 늘 즐거워지곤 했지. 우리 나라의 미래가 밝아 보였거든.

고등학교에 들어가면 학교 생활을 영상으로 담아 보겠다며 중학교 때부터 넌 희망에 부풀어 있었지. 나는 학교 생활을 영화화하겠다는 말을 들으며 속으로 넌 '과연 영리한 아이'라 생각했다. 영화 관련 활동을 겸할 수 있다면 일찍부터 전문성을 기르면서 동시에 심한 '입시 전쟁' 속에서 통찰력과 감수성을 죽이지 않고 쉽게 견뎌 낼 수 있을 테니까 말이다. 영화 감독이 되려고 한다면 지금쯤부터 촬영 연습을 해야 할 것이고, 마침 디지털 카메라도 저렴한 가격으로 나와 있으니 학교에서 비디오 카메라 하나쯤은 마련해 주리라 생각했지. 그리고 당연히 영화 특활반에서 주도적 역할을 하리라 생각했다.

그런데 막상 고등학교에 가보니 그런 특활반도 없을 뿐더러 영화를 찍는 것조차 어렵다면서 실망하던 네 모습이 생각난다. 여러 번 협상을 시도해 보다가 결국 학교 측에서 절대 학교 생활을 촬영해서는 안된다는 명령이 내렸다고 했고, 여러모로 방안을 찾아보다가 네가 선택한 것은 자퇴였다.

학교를 그만둔 지 석달쯤 지났구나. 이제는 모든 시간이 온통 네 것이 되었는데, 원하는 대로 지내고 있는지? 기본적으로 잘하리라고 믿고는 있지만, 갑자기 주어진 자유와, 무소속이라는 정체성이 실은 너를 좀 불안하게 만들 것이다. 좀 힘들더라도 지혜롭게 극복해 가기 바란다.

매스컴에서는 너의 자퇴를 두고, 「영화 감독 지망생」, 「인터넷 청소년 잡지 편집장」 등의 타이틀로 기사화하느라고 난리들이더구나. 충격적인 기사거리를 사냥하러 다니는 대중매체의 게임에 휘둘리지 않으면서, 역으로 너 쪽에서 미디어를 활용할 수 있는 기회로 삼을 수 있기를 바라는 건 내 욕심일까? 어쨌든 매스컴이 너를 그렇게 열심히 추적하려는 사실 하나만으로도 너의 결단이 개인의 문제가 아니라 '구조적' 문제라는 것을 알아차렸을 것이다. 하고 싶은 일을 하고자 하는 십대들이 늘어나고 있고, 그 방향으로 사회가 열려야 한다는 점에 대해 동의하는 이들이 늘고 있다는 증거이기도 할 것이다.

나는 학교 무용론자는 아니야. 그러나 너처럼 하고 싶은 것이 분명히 있는 주체적인 아이에게, 1997년 현재 한국의 공교육은 무용할 뿐만 아니라 유해하다는 판단에 동의한다. 최근에 한국을 방문한 프랑스 사회학자 뒤베 교수는 청소년들을 통합형, 병렬형, 모순형이라는 세 유형으로 분류하였다. 통합형은 자신의 일상 문화와 학습 문화가 조화를 이루는 경우이고, 병렬형은 삶과 학업이 따로 노는 경우이며 모순형은 둘이 서로 상반되는 경우라는 것이지. 한국의 고등학생 중 범생이들은 병렬형에 속하겠지. 대학 입시를 위한 공부를 하는 시간과 그 외 얼마 되지 않지만 자신만의 시간을 가지며 체제에 순응하며 사는 것 말이다. 학교 생활이 괴로우면 고등학교 3년은 대학을 가기 위한 '유예 기간'이라고 생각하면서 견디는 것이지. 그런 와중에 그들은 아주 자연스럽게 거대한 사회 구조의 한 부속품으로 사는 것에 익숙해진다. 수동적이고 순응적 인간으로 말이다.

수동적이기를 거부하는 이들 중 학업 문화에 도저히 적응할 수 없는 이들, 우리 사회에서 '날라리'라고 불리우는 아이들은 모순형에 속할 것이다. 공부에는 뜻이 없어 바깥으로 나도는 아이들 말이다. 그들이 지금 한창 사회의 주목을 끌고 있다. '바깥 세상'을 일찌감치 택한 청소년들의 이야기는 최근 「나쁜 영화」라는 영화로까지 만들어져서 세상을 떠들썩하게 하고 있지.

그런데 실은 네가 지금 체감하고 있듯이 너처럼 자신이 하고 싶은 일이 있고 그것을 학습과 연결시키고 싶어하는 아이들이 갈 곳은 별로 없다. 너희들에게 학교는 감옥이나 정신 병동과 별 차이가 없는 것으로 느껴질 것이고, 그렇다고 사회에 가서 활동을 하려면 너희 세대에게 모든 곳은 '출입금지' 구역이다. 다른 사회에 태어났다면 '통합형'의 삶을 살면서 무엇인가에 미친 듯이 몰두하고 즐기고 있을 너와 같은 아이들에게 이 땅은 아주 잔인하기조차 하다. 삶의 터전에서 소외되지 않으려고 안간힘을 쓰는 너와 같은 아이들을 끈질기게 구박하여 급기야는 자포자기 상태에 몰아넣은 이 땅이 무섭다는 생각이 들 때가 많다. 그래서 나는 너희 세대가 내기 시작한 '거부의 소리'에 공감한다. 청소년들 사이에 크게 유행한 'H. O. T.'의 「전사의 후예」, 가사가 이런 식으로 시작되던가?

아 니가 니가 니가 뭔데 도대체 나를 때려 왜 그래 니가 뭔데
힘이 없는 자의 목을 조르는 너를 나는 이제 벗어나고 싶어 싶어 싶어!
그들은 날 짓밟았어 하나 남은 꿈도 빼앗아 갔어
…

say ya! ('새꺄'라고 발음함) 아침까지 고개 들지 못했지 맞은 흔적들 들켜버릴까 봐
어제 학교에는 갔다 왔냐? 아무 일도 없이 왔냐?
어쩌면 나를 찾고 있을 검은 구름 앞에 낱낱이 일러 일러 봤자
안돼 안 되리 안돼 아무 것도 내겐 도움이 안돼
시계추처럼 매일 같은 곳에 같은 시간 틀림없이 난 있겠지
그래 있겠지 거기 있겠지만, 나 갇혀 버린 건
내 원한 바가 아니요! 절대적인 힘 절대 지배함 내 의견은 또 물거품
꽉꽉해 너무 꽉꽉해 내 인생은 정말로 꽉꽉해
…

변해 갔어 니 친구였던 나를 죄의식 없이 구타하고는 했어
난 너의 밥이 되고 말았지
…

너 때문에 내 인생은 구겨져 가
…

아 이제 나는 너로 인해 모든 것을 포기한다
…

사실 이 노래를 듣고 있으면 나도 막 팍팍한 인생이 느껴져. 오늘은 네게 왜 우리 인생이 이렇게 '팍팍'하고 '칙칙'하게 되었는지를 이야기해 볼 생각이다. 문제 해결은 결국 자신이 처해 있는 상황에 대한 파악에서 시작하는 것이니까 말이다. 너도 이미 교과서를 통해 배웠겠지만 2000년대를 살아갈 우리가 고민해야 할 주제들은 경제적 위기와 환경 오염의 문제, 전지구적 규모의 시장 지상주의의 출현, 계급의 양극화로 인한 사회적 분열, 삶을 살아가는 데 대한 동기 유발에 실패한 다수의 청소년들의 무기력한 문화, 더욱 첨예해지는 남성과 여성간, 그리고 세대간의 갈등, 대중들의 사고력을 잠재우는 고도의 관리 사회, 유전 공학과 핵무기 등 최첨단 과학 기술이 초래할 재앙 같은 것들이다. 그런데 그런 많은 문제들을 해결해 가기 위한 기본 조건인 의사 소통의 체계가 엄청나게 붕괴되고 있기 때문에 우리는 더욱 팍팍하고 칙칙하게 느끼게 되었다.

지금 너희 또래들은 "그냥 냅둬요. 이렇게 살다 갈래요" 식의 말들을 마구 내뱉아 내고 있다. 가출 충동, 교출 충동을 느끼는 수가 다수를 이룬다는 보고를 듣고 있다. 사실 때론 막 욕하고 싶을 때가 있을 거다. "왜 이런 세상에 겁도 없이 아이를 낳았느냐"고 대들고도 싶을 것이다. 짧고 굵게 살다 갈 테니 상관말라고 말하고도 싶겠지. 사실상 그런 자기 감정 표현은 너희들이 정신 건강상 해야 하는 행위일 것이다. 그리고 '어른'들은 너희들의 그런 표현 속에서 시대를 읽어 내고 사회 변화를 적극적으로 이루어 가야 하겠지.

2.

지금 그러한 변화를 적극적으로 만들어 가지 못하기 때문에 우리 세대는 너희에게 '미안하다'는 말을 해야만 할 것 같다. 솔직히 고백컨대, 우리 아버지와 우리 세대가 그렇게 열심히 만들어 온 '근대화'는 잘한 것보다는 망친 것이 더 많은 과정이었던 것 같다. 우리 아버지 세대는 십대에 "소년들이여, 야망을 가져라"라는 교장 선생님의 말씀을 가슴에 품고 성장하셨다. 19세기 중반 클라크라는 미국의 교육자가 일본에 서구식 학교를 세우면서 한 말이라는데, 그 말이

식민지 조선에까지 전해 와서 방방곡곡 배움에 불탄 청년들을 불러 모았다. 그들이 바로 근대화 일세대이고, 그 이후로 많은 청년들이 '조국 근대화'를 위해 미련 없이 고향을 버리고 도시로, 또 '선진국'으로 떠났었다.

'하면 된다'는 일념으로 열심히 일했던 그들/우리들이 바로 '네 마리의 용'의 신화를 낳은 주인공들이다. '봉건'의 굴레에서 벗어나면 자유와 평등의 세상이 오리라고 굳게 믿었던 세대, 그런데 그들/우리가 힘겹게 올라간 그 봉우리는 유토피아가 아니라 세기말적 암울함이 감돌고 있는 세상이었다. 이제 그 봉우리에 우리의 손을 잡고 올라선 너희 세대는 우리 세대가 겁없이 벌여 놓은 일들의 성과와 실패를 차분히 정리하면서 자멸하지 않고 지구에 계속 살아갈 방안을 내놓아야 한다.

거대한 역사의 흐름으로 보면 개인은 실은 그리 힘있는 존재가 아니다. 전지구를 휩쓴 '근대화의 물결' 속에서 개인은 매우 약한 존재였다. 특히 지난 4반세기 동안에 이 땅에서 진행된 가공할 속도의 압축적 사회 변동은 사람들을 정신 없이 어딘가로 내몰았다. 그 결과 경험 세계가 아주 다른 집단들이 만들어졌고, 아주 다른 세계관을 가진 사람들이 생겼다. 지금 자기 인생이 억울하다고 느끼는 사람은 너나 너희 세대만이 아닐 것이다. 부모들은 경제 사회적으로 자립할 생각 없이 속수무책으로 기대는 '신세대' 자식들 때문에 뼛골이 빠진다고 아우성이다. 아마도 거의 모든 '국민'이 억울하다고 느끼고 있는 것 아닐까? 그런 면에서 우리 사회의 불행 지수는 현재 아주 높은 상태에 있다.

현재 심각한 상태에 있는 세대간의 차이를 생각해 보자. "하면 된다"는 신념으로 빈곤과 싸운 '구세대'는 대량 생산 시대의 인력으로서 '노는 꼴을 못 보는' 감성을 가지게 되었다. 반면 생존 자체가 더 이상 살고자 하는 삶의 추동력이 될 수 없는 '신세대'에게 '놀 줄' 모르고 '쓸 줄' 모르는 인간은 경멸스런 존재이다. 게다가 '산업화된 근대'라는 유토피아를 꿈꾸며 살았던 구세대가 기본적으로 낙관적이고 진보주의적인 데 비해, 더 나은 세상은 오지 않으리란 것을 어렴풋이나마 감지한 신세대는 비관주의적이다. 그래서 신세대는 겁없이 일을 벌이고 남의 일에 개입하는 이들을 경계한다.

구세대가 경제 생산성의 정도와 아파트 평수로 자신의 가치를 가늠해 왔다면, 신세대는 자기 실현과 안정과 여유를 중요하게 생각한다. 신세대는 자신을 경제 생산인이면서 소비자이며, 이성적 존재이면서 감정적인 존재이고, 또한 성적 주체성을 가진 복합적인 존재로 인지하고자 한다.

이 두 세대는 정보를 대하는 태도에서도 판이하게 다르다. 정보와 지식이 과소했던 시대를 산 구세대들에게 책이 있고, 정보가 있는 학교는 곧 '생명줄'이었으며, 책은 사두기만 해도 뿌듯한 보물이었다. 그러나 정보 홍수 속에 사는 신세대에게 학교는 뒤처진 정보를 가르치는 후진 곳이다. 새로운 지식이면 무엇이든 게걸스럽게 먹으려 했던 구세대에 비해 신세대들은 정보 홍수에 휘말려 들지 않기 위해서 새로운 정보 앞에서 몸을 사리며 취사 선택력을 높여야 하는 것이다. 무조건 고등교육만 받으면 대우를 받고 취직이 보장되었던 시대를 살았던 구세대가 공교육에 대해 무한한 신뢰를 갖는 데 비해 졸업장이 취업을 보장하지 않는 시대를 사는 신세대는 학교에 대해 회의적일 수밖에 없다. 현진이가 직접 느꼈듯이 학교만 믿다가 신세를 망칠 지도 모른다는 위기감을 갖는 이들이 늘고 있는 것이다.

아주 다른 경험 세계를 살아온 두 세대는 아주 사소한 일로 일상 생활에서 자주 부딪친다. 구세대에게 전화는 '통화만 간단히' 해야 하는, 특정한 목적을 가진 통신 기구였다. 그러나 사회 분화에 따라 점점 더 대면적 상호작용이 어려워지는 시대를 사는 신세대에게 전화는 가장 내밀한 이야기를 하는 의사 소통의 주통로가 되고 있다. 이런 기본적인 차이를 이해하지 못하기 때문에 구세대는 전화통에 붙어 사는 신세대를 나무라고 신세대는 구세대의 나무람을 이해하지 못하면서 서로에게 실망한다. 더워서 아이스케키를 사먹던 세대와, 에어컨을 틀어 놓고 서른세 가지 아이스크림 중에서 가장 먹고 싶은 향을 골라 먹는 세대 사이에는 엄청난 인식과 감수성의 차이가 있는 것이다.

이러한 차이를 가진 두 부류의 존재 사이에 의사소통이 어떻게 쉽게 이루어질 수 있을까? 현진이도 기성 세대와 의사소통을 시도하다가 도저히 어쩔 수 없다는 막막함을 느껴본 적이 많았을 것이다. 인식의 차이로 인해서 실은 의사소통을 시도할수록 관계를 악화시키는 상황이 비일비재하게 벌어지고 있다. 그래서 오히려 현명한 사람들은 서로를 섣불리 이해하려고 하기보다는 적극적으로 거리를 두는 전략을 쓰기도 한다. 화성에서 온 존재처럼 상대방을 볼 때 그나마 의사소통이 이루어질 수 있기 때문이다.

나는 요즘 우리가 지금 잘잘못을 차분하게 따질 때가 아니라는 생각을 한다. 그럴 여유와 합리적 언어를 우리는 가지고 있지 못하다. 이런 상황에서 책임을 추궁하려고 하면 서로에게 상처를 주게 될 뿐이지. 그러니 너무 오래 분노하거나 좌절하지 말았으면 한다. 그냥 지금 현실을 직시하며 함께 해결책을 찾아나서자. 전환기는 '기성 세대'의 지혜로는 부족하다. '어른'과 '아이'를 흑백으로 가르고 어른들이 모든 것을 책임질 수 있다고 생각하는 시대는 지났다. 문제를 꿰뚫어 보고 총체적 해결 방안을 알고 있는 위인과 영웅의 시대, 위대한 저자의 시대는 막을 내리고 있다. 그래서 나는 이렇게 모든 짐을 지는 '어른'이기를 포기하고 네게 내 고민에 동참해 주기를 부탁하고 있는 것이다.

3.

너무나 급한 변화로 인해 '비동시적인 것'이 '동시에' 존재하게 된 현실은 이렇게 너희들을, 그리고 우리들을 혼란에 빠뜨리고 있다. 한편에서는 상업주의가 판을 치고 다른 한편에서는 봉건적인 도덕주의자가 떠들어대는 상황에서, 엇갈리는 무수한 정보가 동시에 주어지고 있다. 오늘도 나는 펠레 펠레 옷광고 문안을 보면서 그런 생각을 했다. 힙합 옷 광고가 크게 난 신문 지면에 "힙합 차림으론 학교에 오지 말랜다. 내일 아침은 고수 부지로 등교하기로 한다"는 문안과 함께 의욕 상실증에 걸린 모습들로 널부러져 있는 청소년들의 사진이 나와 있었다. 상업주의 광고는 아이들에게 자유로운 옷차림을 금지하는 학교 따위는 가볍게 거부하라고 종용하고 있다. 그런 종용 속에 부각되는 이미지는 무조건적인 거부감과 무기력감이다.

그런데 다른 한편에서는 학교를 거부하는 것은 인생의 종말을 뜻한다고 줄기차게 말하는 이들이 있다. 끈질기게 남의 삶에 개입하면서 일상을 전쟁터로 만드는 이들 말이다. 실은 그들 역시 엇갈린 정보 속에서 엄청난 혼란을 경험하기에 더욱 무리하게 무엇인가에 매달리려고 하는 것이다. 많은 이들이 허둥대고 있고, 그래서 삶은 점점 더 지치고 괴로워지고 있다. 모두가 거의 돌기 직전의 상태에 와 있다는 느낌도 들지. 그래서 텔레비전이나 보면서 현실을 잊으려 하는 이들이 늘고 있는 것 아닌가?

오랫동안 근대 중산층 가족의 자녀로 그런 대로 편하게 살아온 너에게 이런 이야기는 부담스러울 것이다. 그런 면에서 사실 나는 편하게 자라서 겁이 많고 세상 물정을 모르는 중산층 자녀들보다는 어려움을 체험하며 이겨 나가고 있는 청소년들에게 거는 기대가 크다. 그러나 다수를 이루는 중산층 자녀들 역시 변화하지 않으면 안된다. 이제 너희 세대가 이루어 내야 할 것들에 대해 언급해 보마.

첫째로 너희들은 최소한의 근대적 합리성을 추구해야 할 것이다. 개인을 존중하는 공존의 질서 감각을 가져야 한다. 이것은 사실 '근대적 덕목'의 핵심이다. 우리 사회는 경제적인 근대화를 이루어 냈지만 정신적 근대화를 해내지 못했음을 너도 잘 알고 있을 것이다. 지금까지 우리 사회는 고도 성장을 위해 개인을 희생한 시대였고, 강제에 의한 질서의 시대였다고 할 수 있다. 모두가 한 '국민'이 되어 위대한 영도자 아래 뭉쳤던 시대, 국가주의와 반공 이데올로기, 그리고 마키아벨리적인 지도자가 이끌었던 시대였다는 것이다.

정치적으로 구세대는 국가와 민족을 염려하고 정치 권력의 정당성에 시비를 거는 단일한 주체, 곧 국민으로 뭉쳐 있었다. "무찌르자 공산당"을 외치든, 미제 국주의를 몰아내자고 외치든, 신토불이를 외치든 모두가 같은 애국적 주체였던 것이다. 그러나 너희는 이제 자신을 하나의 주체로만 규정하려는 것에 저항해야 한다. 너희 세대는 전지구적 차원에서 생존을 염려해야 하는 세대이다. 그런 면에서 너희는 더 이상 국가라는 집단을 절대화 하지 않는다. 너희는 너 자신을 그 어떤 것에 복속시키고 싶어하지 않으므로 더욱 현명하게 자신이 사랑하고 지켜야 할 집단이 무엇인지를 묻고 새로운 집단을 만들어 내야 하는 것이다.

이제 너희들은 새로운 원리를 바탕으로 한 질서를 만들어 내야 한다. '네가 죽지 않으면 내가 죽는다'는 식의 적자 생존 원리, 그리고 이분법적 논리를 벗어나야만 한다. 특히 네가 지도자가 되고자 한다면 물욕과 권력욕을 줄이고 스스로를 낮출 수 있어야 한다. 여론을 귀담아 듣고 환경 문제에 관심을 기울여야 할 것이다. 자연과 인간, 남자와 여자, 어린 세대와 기성 세대, '남한'과 '북조선'이 대결이 아니라 공존할 수 있는 질서 감각을 익혀야 한다는 것이다.

두번째로 너희 시대는 '자본의 독주'에 대해 냉철한 인식을 하고 있어야 한다. 너희 세대가 가장 집중적으로 파악해야 할 것은 독재적 정치력이 아니라 자본의 움직임이다. 너희를 주체적 삶을 살도록 놓아두지 않을 가장 큰 힘은 이제 '봉건적 질서'나 '국가적 통제'보다 전지구적 규모에서 움직이는 '자본'이라는 것이다. 인간간의 관계의 끈이 끊어지고 대중이 방향 감각 없이 떠도는 거대한 자본의 노리개가 되어 버릴 위험성은 점점 더 높아지고 있다. 너희 세대가 자주 절망적인 상태에 빠지는 것은 자본의 지배가 더욱 강화되고 인간 주체의 힘이 점점 더 미약해져 간다는 것을 피부로 느끼기 때문이다. 자본의 독주를 너희들이 원하는 질서로 만들어 가기 위해 너희들은 더욱 영리하고 협동적이어야 한다.

20세기가 자본주의와 사회주의라는 이념 대립의 시대였고, 한반도는 이 두 이념의 첨예한 대립의 장이었던 만큼 '자본'이나 자본주의에 대한 활발한 비판이 이루어지지 못했다. 그래서 자본주의에 대한 이해도 턱없이 부족한 상태에 있고, 이는 역으로 우리가 제대로 된 자본주의화도 이루어 내지 못한 하나의 요인으로 작용해 왔다. '자본'이라는 단어가 너에게 익숙하지 않거나 거부감이 난다면 바로 그런 역사적 배경 탓이다. 어쨌든 21세기는 '사람'이 이 거대 자본을 어떻게 다스리느냐에 달려 있다. 구체적으로 국가와 시민과 주민 모두가 무한정한 물적 축적을 향해 가는 자본의 독주를 어떻게 막는지에 따라 우리들의 삶의 질이 결정될 것이라는 말이다.

잠시 자본이 독주하는 시대의 미래가 너희와 어떤 관계에 있을지 좀더 구체적으로 그려보자. 이미 너희 세대가 낌새를 채고 있겠지만 경제적 위기가 오고 있다. 너는 우리 나라 대다수의 청소년들이 대학에 가기 위해 심한 '고 3병'을 앓는 것을 알고 있을 것이다. 그리고 대학에 가서는 또 곧 치열한 취업 경쟁 때문에 '대 4병'을 앓고 있다. 경제 성장 와중에 많은 새로운 직장이 만들어져서 취직도 잘되고 승진도 빨랐던 우리 세대에 비해 너희 세대는 경제 성장이 한계에 온 시대를 살고 있고 경쟁은 점점 더 치열해지고 있는 것이다. 전지구적 규모의 시장이 확장되고, 과학 기술주의와 '시장 지상주의적 세계관'이 계속 이런 식으로 진전해 간다면 우리들의 삶은 더욱 고달파질 것이고, 부의 불균형 분배는 더욱 악화될 전망이다.

전문가들은 이런 초국적 자본에 의한 지배가 강화될수록 계급 구조는 양극화되고, 하층의 수가 많아지리라고 보고 있다. 구체적으로 세계 인구는 고도의 복합적이고 창조적인 일을 해낼 전문가층과, 평생을 실직 상태에 있을 하층으로 양극화되면서, 그 중간에 실직의 공포 속에 시달리는 중간층이 자리잡고 있을 것이라는 것이다. 실제로 자본은 지역과 관련 없이 '뛰어난' 사람들을 고용하면서 시장 중심 체제를 유지해 가려 할 것이고, 생산 비용을 줄이기 위해 자동화를 계속 추진할 것이며, 이에 따라 점점 더 많은 인구가 실업의 불안 속에 떨게 될 것이라는 것이다.

물론 자본이 국경에 구애 없이 떠다닐 수 있게 됨으로써 나라 사이의 빈부 차이도 심해질 것이다. 앞으로의 경쟁은 한 나라 안에 국한된 것이 아니다. 그런 면에서 이 나라에 있는 일류 대학을 간다고 해서 안정된 삶이 보장되는 시대는 지나가고 있다. 일류 대학에 간다고 취직이 보장되는 것도 아니고, 당장은 취업이 되더라도 자본이 요구하는 '실력'이 없으면 늘 실업의 불안에 떨어야 한다. 어떤 면에서 너희들은 '총성 없는 전쟁 상황'에 살고 있다. '경제 전쟁'의 시대 말이다. 그 전쟁은 단순한 경제 전쟁이 아니라 문화적 능력을 바탕으로 한 전쟁이다. 아이디어의 전쟁이지. 너희들은 아이디어 전쟁에서 살아남을 준비를 하면서 전쟁을 끝내는 방법을 모색해야 한다는 말이다.

그러니 일찍부터 자신이 원하는 것, 그리고 자신이 잘할 수 있는 것이 무엇인지를 알아내고 '실력'을 기르면서 동시에 너 자신을 시장의 노예로 전락시키지 않을 방안을 마련해 가야 하는 것이다. 내가 너에게 일류 대학에 가는 것을 목표로 하기보다 자기가 하고 싶은 영화 관련 일에 더 열성을 기울이라고 하는 말은 바로 이런 이유에서다. 이류 대학이건 삼류 대학이건, 또 대학을 가건 안가건 그 이전에 중요한 것은 사유 능력과 삶을 살고자 하는 건강한 의욕이다.

그러면 너희들에게 필요한 태도와 능력은 어떤 것일까? 기계가 인간의 노동을 대체하는 자동화 시대로 접어들면 참을성 있게 시키는 일만 하면 되는 사람보다 독특한 일을 해낼 수 있는 능력을 가진 사람이 필요함은 이제 상식에 속한다. 기계와의 전쟁이 시작된 시대에는 창의성으로 살아남아야 하는데, 그 창의성이란 아주 독창적인 것을 만들어 내는 능력이거나 실은 그렇게 거창한 것이 아니다. 급변하는 상황에서 생기는 많은 문제들을 해결해 내는 능력이다. 이능력은 끊임없이 변하는 상황을 스스로 읽어 내면서 그곳에서 필요한 것을 만들어 낼 수 있는 통찰력, 주어진 자원을 최대한 활용하고 재주 있는 이들을 적재적소에 배치하고 연결해 내는 기획 능력, 어려운 상황을 희망적 상황으로 만들어 가는 긍정적 사고력과 자신에 대한 신뢰성을 바탕으로 한다.

재삼 강조하지만 경쟁이 심화되는 상황에서 살아남는 '능력 있는 인간'이 되는 것은 시작에 불과하다. 나는 네가 '다국적 거대 자본'이 필요로 하는 '비싼 일꾼'이 되는 것을 성공으로 여기는 사람이 되기를 원하지 않는다. 사실상 그자본은 무자비해서 능력 있는 '인력'을 한껏 활용하고는 가차없이 버리지. 소수의 능력 있는 인력은 고강도 노동에 시달려서 빨리 죽고, 다수의 인력은 일이 없어서 무료함과 무기력감 속에서 일찍 죽는 시대가 오고 있다. 런던의 「트레인 스포팅」이라든가, 홍콩의 「중경삼림」, 미국의 「내 고향 아이다호」 등 네가 즐겨 보는 많은 영화들이 실은 그런 주제를 다루고 있는 영화가 아니니?

그래서 나는 네가 일시적으로는 '자본'이 필요로 하는 사람이면서 바로 그 '자본'이 주도하는 사회를 바꾸어 갈 수 있는 사람이기를 바라고 있다. 이 어려운 '게임'이 바로 현진이 세대가 해내야 할 핵심적 과제다. 내가 현진이에게 부탁하고 싶은 세번째 주제가 바로 이것이다. 돈보다는 삶을 택하라는 것, 공동체의 성원으로서의 연대감을 떨구어 버리지 말라는 것이다. '공동체'라는 말이 네게 주는 부담감을 모르는 바 아니다. 최근 들어서 대학생 중에는 바로 그 국가라는 공동체, 학교라는 공동체, 가족이라는 공동체 때문에 자신의 삶을 저당 잡히고 말았다며 한탄하는 이들이 적지 않다. 내가 말하는 공동체는 새로운 공동체이며 '만들어 가는 관계'를 말한다. 그것은 네 삶에 지속적인 의미를 주는 어떤 관계망을 말한다. 모든 시간과 공간을 찰나적인 것으로 만들어 버리는 시대에 거부권을 행사하고, 무한 경쟁 시대에 휘말려 들어서 일생을 보내지 않을 수 있는 방법은 새로운 지지집단을 가짐으로써만 가능하다. 강요된 형태의 삶을 살지 않을 대안적 삶의 모습을 그려보고 지금부터 그런 방식을 친구들과 실습하고 익혀 가야 한다.

비싼 월급을 마다하고 자기가 원하는 일을 선택하는 것은 쉽지 않은 일일 것이다. 특히 우리처럼 GNP가 만 불이 넘었음에도 불구하고 여전히 사회적 불안이 심하고, 문화적으로 빈곤한 곳에서는 그렇지. 그렇지만 이제는 과감하게 자신이 원하는 일을 선택할 때가 되었다고 생각한다. 모방을 일삼는 '백년 하청'의 국가 경제는 전지구적 경쟁 체제 속에서 그리 오래 버텨 내지 못할 것이니까 말이다.

많은 사람들은 세상이 예전보다 좋아졌다면서 자족하려고 애를 쓰고 있다. 실제로 '신바람' 강의를 들으면서 신바람을 내는 이들이 늘고 있다. 일년 내내 열심히 모은 돈으로 가족과 매년 외국 휴가 여행을 다니는 것으로 자족하는 이들도 늘고 있다. 물론 그 여행지는 멋들어진 광고를 통해 선택하지. 고도의 관리 기술을 가진 자본의 지배는 이런 식으로 사람들에게 병을 주고 약을 주면서 길들여 간다. 단기적 안락을 추구하며 갈브레이스가 이야기한 '만족의 문화'에 서서히 빠져드는 대중들이 만들어지고 있는 것이다. 사회적 비판 의식까지도 상품화해 내는 '만족의 문화'의 지배는 교묘하다. 많은 현대인들은 대중매체가 제공하는 갖가지 스펙타클의 '구경꾼'으로서, 또 실업의 공포에 시달리면서, 또 한편 그런 나쁜 상황에 처하기 전까지는 '만족의 문화'에 안주하면서 꼼짝달싹 없이 자본의 노예로 일생을 보내게 되는 거다.

4.

너희는 이제 선택의 기로에 있다. 자본의 독주에 시달리는 '인력'이 될 것인지 다시 '인간'이 될 것인지? 후자를 택하려면 그것은 '생존'이 아닌 '삶'의 목표를 가질 수 있을 때 가능하다. 그리고 그것은 '삶'을 함께 나눌 사람이 있을 때 가능하다. 지구를 살리는 일에 몰두하는 삶, 욕심을 줄이고 함께 나누는 즐거움을 누리는 삶, 남과 나눌 이야기가 있는 삶 말이지. 그리고 생산 노동과, 자기 지역에서 생산하는 것에 관심을 갖는 일이 중요해. 물건을 상품 가치로 고려하기보다 사용 가치로 판단하는 것, 내가 꼭 필요한 것이 무엇인지 알아내는 것이 곧 시장 지상주의를 극복하는 길이다. 이것은 곧 문화 혁명이고 삶의 양식 전부를 바꾸어 가는 일이다.

모든 것을 상품으로 만들어 버리는 거대한 자본의 힘을 무력화시키는 길은 그것을 거부하고 피하는 것이 아니라 그 세상에 적극적으로 개입해 들어가서 문화적 생산을 함으로써 가능해진다. 고도 관리 사회란 모든 것을 획일화시키면서 다양한 것처럼 보이게 하고, 강제된 것이면서 합의의 질서처럼 보이게 하는 재주를 가지고 있다고 이미 말했었지. 그런 상태에서 너희들은 그냥 흥겨운 댄스 음악이나 들으며 조각난 시간들을 흘려 보내며 살아갈 수도 있다. 그러면서도 분열된 자신과 무기력감에 빠져드는 것을 종종 느낄 것이다. 그런 것을 느끼지 않는다면 병은 치유 불가능한 상태까지 간 것일 테지.

너도 이미 컴퓨터 통신을 통해 알 만큼은 알고 있을 것이지만 실제 삶과 점점 더 유리되는 '욕망의 제조 과정'에 대해 21세기를 살아갈 너희들은 보다 민감해져야 할 것이다. 현대인들이 가장 많은 영향력을 받고 있는 대중매체는 대중의 자발적인 헌신을 끌어낼 수 있는 막강한 힘을 가지고 있어. 그것은 바로 욕망을 만들어 냄으로써 가능해져. 10년 전에 십대들이 나이키를 신으려고 난리를 피운 적이 있어. 나이키를 신지 않으면 안된다는 강박관념은 어디서 났을까? 소비 시대로 접어드는 시기에 나이키 광고는 나이키를 신으면 신세대가 되고 중산층이 된다는 이미지를 시청자들에게 심는 데 성공했던 거야. 그래서 새로운 존재로 태어나고 싶어 하던 아이들은 어떤 일이 있어도 나이키를 신어야 했지. 그것이 바로 자신의 존재를 새롭게 태어나게 해줄 것 같은 생각을 심어두었으니까 결사적일 수밖에….

요즘 대중 가수 생산업은 또 어떤지 살펴보자. 십대를 위한 대중문화 상품을 만드는 회사는 그 또래의 아이들 중에 잘생긴 아이들을 뽑아서 '대중'이 좋아할 만한 팀을 만들고 그들을 상품으로 제조해 내기 위해 갖가지 방법을 다 쓰지. 상업주의 시대에 그것을 탓할 수 없지만, 한창 새로움을 받아들이면서 자신을 만들어 갈 열여섯 나이에 인기 가수가 되어 전속 계약에 묶여 있는 아이를 생각해 봐. 온갖 잡다한 대중매체 프로에 끌려 다니며 공상할 시간은 물론 제대로 잠을 자거나 밥 먹을 시간도 없지. 그것도 5년 계약. 그 아이는 우리가 늘 안쓰러워 했던 낡아빠진 동아줄에 목숨을 걸던 서커스의 아이와 크게 다를 바 없다. 22세에 평생 먹을 돈을 벌었다 해도 그 세상에서 어느 날 버림받아 떨궈져 나온 아이는 남은 50년 여생을 어떻게 살아갈까?

대중 스타 제도 시스템에는 그나마 스타가 되는 아이만 있는 것이 아니라 무수한 실패자들이 있다. 개중에는 학원비를 바치며 맹훈련을 하는 이들도 없지 않지만 더 많은 아이들은 노력도 않으면서 스타가 되는 꿈속에 살지. '짧고 굵게 살다 가죠 뭐'라는 자포자기한 분위기를 만들면서 말이다. 가수가 되는 것은 좋은 일이야. 그러나 그룹 비틀즈가 그랬듯이 고등학교 다니면서 팀을 만들고 방과 후에 맹연습을 하여서 사회로 진출을 하면 안될까? 나는 시급하게 교육 개혁을 해야 한다고 기회만 있으면 말해 왔지만, 너희들도 이제는 힘을 모아 이런 시도를 자체 안에서 해보아야 한다.

'경제 개발주의'로 치달아 온 우리 사회는 자생적 문화 공간을 전혀 만들어 내지 못했어. 우리들이 즐겨 부르는 노래들 대부분이 자생적 공간에서 만들어진 후에 잘된 것들이 '선택'된 것이 아니라, 돈을 벌 목적으로 만들어진 기획 회사에서 만든 것들임을 너는 잘 알고 있을 것이다. 그런 면에서 나는 주체적으로 대중문화 생산에 뛰어들어 커다란 교훈을 남긴 '서태지와 아이들'과 같은 그룹에게 무궁화 국민훈장을 주어야 한다고 생각한다.

최근 급격하게 형성되고 있는 '무법자적 청년 문화'도 실은 거대 자본이 만들어 내는 불확실한 미래와 분열적 상황을 견디지 못한 주변인들의 몸부림이 만들어 내는 문화이다. 제임스 딘으로 표상되는 시대적 반항의 문화는 때론 반인종주의적 사회운동과, 때론 반전운동이나 남녀평등 운동과 연대하면서 새로운 시대를 열어갈 것 같으면서 아직 제대로 돌파구를 찾지 못한 상태에 있다. 청년 문화는 여전히 시궁창 같은 기성 사회를 비판하면서 시궁창을 맑게 하는 방안을 내놓지 못하고 있다. 뮤직 비디오에 자주 등장하는 찰나적인 죽음과 칙칙한 허무주의와 변신의 이미지들은 또 다른 시궁창이 될 위험성이 적지 않다. 그냥 포기해 버리고 싶은 유혹을 너희들은 수시로 느끼겠지. 그럴수록 더욱 너희들은 너희들의 불만을 체계적으로 잠재울 수 있는 대중매체의 생리, 문화 산업의 논리를 간파하고 있어야 한다.

대중문화 자체를 무시하는 것은 크게 잘못된 생각이다. 인구가 많아지고 사회가 복잡해진 만큼 대중매체는 발달될 수밖에 없고, 대량 복제 기술은 발달했어야 했어. 그 많은 사람들이 서로 의사 소통을 하고 각자가 가진 문제를 풀어 내 놓고 집단적으로 지혜를 모아 가고 즐거운 축제를 벌여 갈 수 있는지 방법을 찾아내기란 매우 어려운 일이야. 고도의 기술 복제가 가능한 과학의 발달로 실은 그 일이 가능해질 수 있는 것이다. 문제는 우리가 대중이 참여하는 대중문화를 만들어 가지 못하고 자본에 모든 것을 맡기고 있다는 것이지. 문화 생산자와 문화 수용자가 나누어진 현상이 바로 그것을 단적으로 말해 주고 있다.

문화적 주체가 된다는 것은 자기 삶의 주인이 된다는 말이고, 자기 삶을 표현하는 능력을 말한다. 상업주의가 개인의 욕망까지도 조작해 낼 수준에 이른 시대에 문화적 주체가 되기란 결코 간단한 일이 아닐 것이다. 고도의 상업주의에 맞설 수 있는 유일한 방법은 자기 스스로 즐길 수 있는 능력, 자기 스스로를 표현할 수 있는 방법을 갖는 것이다. 점점 더 흥미로운 깜짝쇼를 기대하는 '수동적 관중'이 아니라 자신의 삶의 터전을 일구어 가는 '적극적 문화 향유자'가 되어야 한다는 것이다. 그러려면 모여서 자주 판을 벌여야 한다. 스스로를 즐겁게 하는 마당을 벌이고 함께 노래도 돌아가면서 부르고 여행도 자주 다녀야 한다는 말이지. 다시 학예회를 부활시키고 운동회를 찾자는 것이다. 마이크가 없으면 노래를 못하는 사람이 점점 더 많아지고 있지. 소비 자본이 정해 준 놀이 공간에서만 놀 줄 아는 현대판 꼭두각시들이 양산되고 있는 것이지.

너는 그러면 어떤 정체성과 성향을 가진 존재여야 하는 걸까? 앞에서도 말했지만 우리 세대는 '부지런히 일하는 산업 역군'이면서 한 민족 국가의 '국민'이 되기만 하면 되었다. 그러나 너희 시대는 '부지런하고 탁월한 능력을 가진 노동자'이면서 '지혜로운 소비자'이면서 '적절히 놀 줄 아는 문화적 주체자'이면서 '지구를 살리는 세계인'으로 협력할 줄 알면서 여전히 존재하는 국가 경쟁에서 살아남는 '국민'이면서 '자기가 사는 지역을 일구는 지역 주민'이어야 한다. 전 지구적 시장에서 제대로 살아남기 위해서는 국산품을 애용하는 배타성이 아니라 적극적으로 좋은 상품을 생산해 내는 포용성과 창조성이 필요하다.

그런 경쟁 가운데서도 너희들은 '노동 중독증'에서 벗어나 일과 놀이가 어우러지는 삶의 방식을 회복해야 하고, 그래서 지금과 같은 비정상적인 삶의 속도를 정상 궤도에 올려 놓아야 한다. 인간으로 남을 것인가, 인력으로 남을 것인가에 대해 심각하게 질문을 던져야 한다는 것이다. 무수하게 쏟아지는 엇갈린 정보들 속에서 바른 길을 찾아가기도 쉽지 않을 것이다. 이는 결국 인류가 불확실성과 불안정 속에서 빠져 죽고 말 것인가, 아니면 계속 지구상에 지혜로운 존재로 살아남을 것인가에 대한 질문으로 이어진다. 숨가쁘게 변화하는 전지구적 환경은 어느새 너희들을 둘러싸 버렸고, 너희는 더 이상 변화를 두려워해서는 안될 것이다. 오히려 그 변화를 파도 타듯 유연하게 타고 갈 감수성과 능력을 길러야 할 것이다. 기존의 경계선들이 허물어지고 다시 만들어지는 전환기에 유연한 정체성을 가져야 하고, 고정관념을 버리고 상대주의적 시선으로 현상을 바라보면서 다양한 관계들을 맺어 가야 한다는 것이다. 살인적인 속도의 근대화의 한계를 깨닫고 요즘 '전통으로 돌아가자'는 구호가 들리기 시작한다. 그러나 너희가 회복해야 하는 것은 '뿌리'라든가 '고향'이라는 이미지나 감정으로 압축되는 막연한 추상으로서의 전통이 아니다. 그것은 지금 네가 살고 있는 바로 그곳의 삶이고 관계다.

네가 몸으로 느끼고 있듯이 인류 미래의 전망은 그렇게 밝지 않다. "하면 된다"는 신념 속에 살아온 세대에게는 더욱 받아들이기 힘든 현실이지만 분명 세기말적 암울함이 감돌기 시작했다. 따지고 보면 지구상에 많은 생물들이 적응을 하지 못해 멸종을 했고, 인류라는 존재도 예외일 수는 없을 것이다. 물론 신이 인간만은 멸망시키지 않을 것이라는 인간 중심적 신앙을 가진 이들도 없지 않다. 불행히도 나는 그런 믿음을 가지고 있지 않으며, 설혹 신이 있다 해도 그의 뜻을 인간이 어찌 알겠니? 우리 인간에게는 최선을 다할 권리와 의무만이 주어져 있다.

5.

네가 학교를 떠난 것은 이러한 맥락에서 보면 아주 의미 있는 행동이었다. 거대하게 관료화된 한국의 학교는 좀체 변하지 않을 것이다. 제도 교육 현장을 지배하고 있는 시대착오적인 문화는 정말 놀라울 정도로 끈질기다. 학교는 '신성한 곳'이며 '학교를 가지 않으면 죽는다'는 식의 믿음이 깨지지 않고서는 변화를 기대할 수 없을 것이다. 사람들은 위기를 인정하려고 들지 않는다. 특히 교육에 관련될 때면 그런 성향이 강해지는 것 같다. 학교에 전력투구하지 않고도 행복할 수 있다거나, 자신이 원하는 것을 하면서 '사회'를 기웃거려도 굶어 죽지 않는다는 것을 보여줄 때가 온 것 같다. 앞으로 오는 시대는 오히려 그래야 더 행복하고 능력 있는 사람이 될 수 있다는 사실을 교사와 부모와 그외 많은 어른들이 알아차려야 할 것인데 그들은 그러고 싶어하지 않는다. 이미 짜여진 거대한 드라마가 변할 때 올 혼란에 대한 공포가 너무 큰 모양이다. 그들 자신이 너무 도구적이고 순응적인 삶을 살아왔기 때문일 것이다.

청소년 이야기를 새로 쓰기 위해서 한국 사회에 사는 우리가 일차적으로 해내야 하는 것은, 청소년들 대부분의 시간을 잡아두고 있는 학교를 흔드는 일이다. 이제는 학교를 흔들어야 한다. 그래서 위기 상황을 위기 상황으로 인정하게 해야 한다. 그래서 사실상 나는 너의 떠남이 제도 교육의 변신을 재촉하는 자극제가 될 것을 내심 바라고 있다. 지식을 주입하는 교육이 아니라 지식을 찾아내는 방법론을 가르치는 학교, 과거의 인식에 매달려 있다가 빠져 죽는 아이가 아니라 혼돈 속을 살아남을 아이를 기르는 학교, 자신의 일상 문화와 학습 문화가 통합된 교육이 이 땅에 들어설 수 있게 하는 충격 말이다. 삶의 체험을 체계적으로 박탈하면서 상상력을 죽이고 있는 갖가지 벽들을 하나씩 하나씩 차분하게 허물어 가면서 너희들 스스로의 공간을 확보해 가기 시작해야 한다.

이런 일을 해내기 위해서 지금 우리들에게 시급하게 필요한 것은 생각을 바꾸는 것이다. '청소년기'에 대한 새로운 철학을 세울 때라는 말이다. 더 이상 청소년기를 어른이 되기 위한 유예 기간, 또는 준비 기간으로 보지는 말자. 물론 준비 기간인 측면도 있지만 동시에 그것 자체로 삶이어야 한다는 사실을 간과해서는 안될 것이다. 삶은 과정이며 그 자체가 목적이지, 부모의 기대라든가 사회적 성공이라든가 부가 목적이 될 수는 없다. 그런 만큼 삶의 어떤 기간이 행위자 자신의 의도와는 전혀 관련 없이 입시 준비나 학교에 의해 완전 장악되어서는 안될 것이다.

그런 면에서 나는 너희들이 지금부터 '시민으로서의 권리'를 확보하는 운동을 벌여가야 한다고 생각한다. 학교에서 열네 시간을 사는 학생의 길을 택했다면 학교 생활을 어떻게 만들어갈 것인지에 대한 제안권과 투표권을 행사하기 위해 투쟁해야 한다. 학교에 식당을 만들 것인지, 체벌 교사를 어떻게 처벌할 것인지, 교내 폭력을 어떻게 이해하고 해결해 가야 할 것인지, 매달 마지막 달에는 댄스 파티를 여는 것은 어떨지, 야간 자율 학습을 자율적으로 할 것인지, 일본과 축구 경기가 있는 날은 학교를 일찍 끝낼 것인지, 두발 자율화를 할 것인지, 교복을 입을 것인지, 수학여행을 소모임으로 갈 것인지, 교육적인 여행인 경우 한 학기당 일주일 정도는 여행을 해도 결석이 아닌 것으로 할 것인지. 계절마다 문화제를 벌일 것인지 운동회를 할 것인지 등에 대한 주제를 두고 학교에 있는 어른들과 협상하기 시작해야 한다고 생각한다.

너처럼 학교를 떠나기로 한 경우는 학교 밖에서 더욱 적극적으로 자신의 삶을 통합적으로 만들어갈 방안을 모색해 가야 하겠지. 학교를 택했건 아니건 간에 너희들은 하나의 세대로서 학교 안에서건 바깥에서건 너희들이 몸담고 있는 여러 현장에서 시민으로서의 지위를 획득하기 위해 연대해야 하겠지. 학교의 학생으로서, 대한민국의 청소년으로서, 한 가정의 '시민'으로서, 한 동네 '시민'으로, 그리고 세계의 '시민'으로서의 권리와 의무에 대해 심사숙고하고, 권리를 얻어내기 위해서 말이다.

후기 산업사회로 갈수록 '청소년기'가 연장될 것이라고 전문가들은 내다보고 있다. 그래서 청소년기에 대한 생각을 바꾸어야 한다. 이런 맥락에서 투표권 나이를 낮추자는 이야기도 진지하게 나오고 있다. 나 역시 16세 청소년들에게 예비 투표권을 주었으면 하는 생각이다. 나라에 중대한 선거가 있을 때 너희 나이라면 충분히 너희들의 미래를 좌우할 사안에 대해 할 이야기가 있어야 하고, 또 있을 것이라 생각한다. 참정권이 없다 하더라도 노인정과 여성회관이 지역마다 있듯이 각 동네에 청소년들의 집을 마련해 주겠다는 정치가를 밀어주는 선거운동을 벌여도 좋겠지. 어리광을 부리거나 불평만 하기에는 인생이 아깝지 않니? '시민'으로서의 자리를 만들어 가는 것, 현실에 참여하는 것, 자신의 미래를 만들어 가는 일에 적극성을 가지고 모이는 것, 어려울까?

6.

짧고 쉬운 편지를 쓰려고 했는데 길고 어려운 편지를 쓰고 말았구나. 이 글이 지금은 낯설고 어렵게 읽히겠지만 실은 세계 여러 나라에서 네 또래들은 이미 이런 주제로 많은 토론을 하고 있다. 나는 우리 나라 청소년들도 2, 3년 안에 이런 주제를 두고 활발하게 토론하게 되리라고 믿는다.

조급하게 서두르지는 말자. 조급증이야말로 우리들이 늘 경계해야 할 적이다. 한꺼번에 500만 명의 청소년들을 구제할 방안은 어디에도 없다. 각자의 장에서 자신들이 할 수 있는 일을 해내야 할 것이다. 나는 얼마 전 영상에 관심이 많은 아이들을 위한 작은 고등학교를 만들려고 준비하고 있다는 이들을 만났다. 청소년 문화의 집들을 만들려는 구상을 정부에서 하고 있다는 말도 들었다. 조만간 변화가 있을 것을 기대하면서 우리 편에서 준비를 해가자.

이 편지를 읽고 있는 네 얼굴을 떠올려 본다. 침통한 표정이겠지. 기가 죽어 있니? 감당하기 힘든 짐을 지고 너희 세대가 요즘 심하게 흐트러지려는 모습을 자주 본다. 너희 세대의 방황하는 혼이 내뿜는 무기력함에 때론 나 역시 질식할 것 같다. 너희 세대가 좋아하는 영화들이 절망적인 사랑을 주제로 하거나, 「내 츄럴리 본 킬러」라는 영화에서처럼 '나는 태어날 때부터 나쁘게 태어났어요'라는 식의 말을 아무렇지도 않게 하는 것, 이해 못하는 것 아니다. 그런 종말론적 성향이 실은 상당 부분 너희들이 지고 있는 시대적 중압감에서 오는 것이고, 아주 급진적인 전환의 필요성을 절감하는 너희 세대의 올바른 시대 인식에서 오는 것임을 나는 알고 있다. 너희들 세대가 유사 이래 짙은 화장을 하고 짙은 향수를 뿌리고 다니는 것 역시 너희들 자신이 아주 새로운 빛깔을 가진 시대를 만들어 내야 함을 감지하고 있기 때문이라고 보고 싶다. 그러니 섣불리 흐트러지지는 말자.

30년 후에 십대들인 아이들에게 지금 이야기를 들려 주면 어떤 표정을 지을까? 그들은 공부 기계가 아니면 수동적인 텔레비전 광(狂)을 양상해낸 지금의 시대를 보고 그 문화적 야만성과 무지에 대해 깜짝 놀랄까? 그들은 우리가 새로운 시장경제와 과학기술에 적응하지 못한 채 압도당했으며, 자신들이 가진 고정관념에 사로잡혀 자녀들을 병들게 했으며, 그런 문제들을 풀어가기에 적절한 교육도 전혀 하지 못한 아주 뒤떨어진 암흑 시대를 살았다며 측은해 할까? 그들이 만약 초등학교부터 대학까지 신기술을 의사소통을 위한 방편으로 활용하는 법을 배우고, 정부는 문화의 중요성을 인식하고 갖가지 문화 활동을 지원하면서 '시장'의 독주와 상품 광고라는 멍에로부터 사회 구성원들을 해방시키려고 노력하는 시대를 산다면 그들 눈에 우리는 당연히 그렇게 비춰질 것이다.

이런 상상은 물론 우리를 위로한다. 그러나 미래는 지금보다 더욱 암울해질 수도 있다. 네가 내 나이가 되었을 때, 너는 후배들에게 어떤 내용의 편지를 쓸까? 21세기는 네가 살아가야 하는 시대이고, 너희들이 주도해야 하는 시대이다. 너희는 다시 인간의 빛깔과 향기를 되찾아야 하는 세대이다. 나는 네게 한마디만 하라고 한다면 '너 자신을 배려하라'라고 말하고 싶구나. 일차적으로 네게 주어진 시간을 관리하는 훈련을 하도록 하기 바란다. 자기 방 청소를 하는 것, 작은 일에 충실하는 훈련을 할 필요가 있다.

삶은 거창한 것이 아니라 작은 시간과 약속의 연속이다. 기차가 제 시간에 떠나는 것, 신뢰 관계를 형성하는 것, 이것은 작은 일인 것 같지만 아주 큰 일이다. 다음으로, 현실은 네가 만들어 가는 이야기/ 꿈 속에 있음을 잊지 말기 바란다. 그리고 미래는 바로 그 현재 속에 있다. 과거와 현재를 잇는 이야기가 있는 한, 그리고 그 이야기를 할 상대가 있는 한 우리는 잘 버텨낼 수 있다. 조만간 만나자. 네가 만들고 있는 빛깔이 어떤 색인지 보고 싶구나. 너를 알게 된 것을 행운이라 생각한다. 오늘은 그럼 이만.

일천구백구십칠년 팔월에 조한혜정

■ 글쓴이 조한혜정은 연세대 사회학과에서 인류학을 가르치고 있으며, 『탈식민지 시대 지식인의 글 읽기와 삶 읽기 1, 2, 3』, 『학교를거부하는 아이아이 를거부하는사회』를 썼다.

컬트 영화 같은 세상은
누가 만든 세상?

김현진

우리는 환상의 유토피아가 아닌
다 함께 갈 수 있는, 그저 좀더
나은 세상을 꿈꾸기를
포기하지 않을 겁니다!

조한혜정 선생님께

선생님의 긴 글, 한 번에 다 읽어 버리기가 아까워 아껴 가며 야금야금 읽었습니다. 많이 추운데, 감기 같은 것으로 고생하시지는 않는지… 건강하시길 바랍니다.

전 솔직히 말씀드려서 선생님이 하신 말씀에 답변하는 것으로 이 글을 적을 능력이 없습니다. 그럴 자신도 없구요. 지금 많이 지쳤다고 할까요? 제 문제, 제 주위 문제… 같은 걸 생각하기만도 힘겹고 지겨운 상태여서 구조적 문제까진 생각할 여유가 없는 것 같습니다.

하지만, 제 문제, 제 주위 문제… 그런 것들의 속내가 아마도 선생님이나 다른 여러 선생님들이 걱정하시고, 바꾸고자 하시는 문제들일 거라 생각합니다. 학교를 박차고 나온 지, 몇 달이 흘러갑니다. 매스컴들, 많이 관심을 보였죠. 절꽤 진절머리나게 할 정도로… 자정이 다 되어 찾아오는 열성부터 시작해서 '심경 고백'을 원하는 여성지, 심지어는 어느 포르노 잡지까지 취재를 원하더군요

(이런!). 저희 집은 상당히 완고한 편이고… 섭외 중 응한 것은 그래서 반의 반도 안되는 것 같습니다. 그런데도 그 반의 반도 안되는 것들을 보고 참 많은 반응들이 왔고… 그걸 보면서 전 더 많은 생각들을 하게 됐습니다.

'국내 최연소 편집장' '영화 감독 지망생' 심지어는 '우리 시대의 진정한 신세대'라는 식으로 불리는 나, 자랑스럽지도 우쭐하지도 않았습니다. 그 중에 아무데도 전 없었기 때문입니다. 전 그리 특출나지도 않고, 단지 영화를 아주 좋아하고, 제 세계를 모욕하는 곳에 더 이상 머무르고 싶지 않았을 뿐입니다. 오해가 많습니다. 지금 하고 있는 네가진 NEGAZINE (http://www.sss.co.kr, www.negazine.com)에 대해 애정은 있지만 결코 그것을 하려고 학교를 나온 것이 아닌데, 사람들은 제가 잡지 하나 만들러 나온 줄 알더군요. 그 기사들 중의 아무데도 약간 괴팍스럽고 영화를 사랑하는 평범한 청소년 저 김현진은 없었습니다. 네가진을 함께 하고 있는 사람들은 모두 5명, 그들 중 아무도 저 정도의 개성을 갖지 못한 사람은 없습니다. 하지만 늘 팀 인터뷰를 해도 저에게 질문의 화살이 돌려지는 건 어쩔 수 없었습니다. 남과 다르니까… 학교를 안 다니니까? 어떻게 보면 엄청 단순한 것 같은 이유가 그렇게도 컸는지… 상당히 무례하게 굴던 어느 방송국 프로듀서가 생각납니다. '자신있게 살아가는 바른 청소년들의 모습을 그려보겠다'고 열변을 토하며 집요하면서도 별로 깔끔하지 못한 방법으로 섭외를 거듭하던 그 사람은 제가 최후 대책으로 좋다, 우리 네가진 팀만큼 그렇게 자신있게 사는 사람들 없다, 네가진 팀을 소개해 주겠으니 취재하라고 하자 안된다며 머뭇머뭇거리더니 제가 다그치자 결국 '그 사람들은 학교를 다니지 않냐'라며 화를 버럭 내는 것이었습니다. 그때부터 조금씩 고민들이 꼬리를 물고 늘어졌습니다.

저는 네가진 팀들에 대해서 누구보다 자부심을 갖습니다. 웹진을 만드는 데 있어서 물론 이해 관계가 중요한 스폰서와의 관계에서는 지칠 때가 많지만 저희 팀에 관해서만은 저는 자신을 얻습니다. 그들은 어떤 면에서는 저보다 훨씬 용기 있는 사람들이거든요. 저희 팀 아이들은 정말로 다양하고 독특합니다. 학교를 배척하지 않으면서도 적극적으로 자신의 색깔 찾기를 하는 녀석, 스스로 아예 어른들의 찌꺼기 문화를 개조해 신나게 살고 있는 엉뚱한 녀석 등등…. 그래서 늘 전 인터뷰가 있을 때마다 "한국 청소년에겐 모델이 없다. 그래서 전 네가진 팀을 통해 새로운 모델을 보여 주겠다"고 자신있게 말했습니다. 하지만 … 점차 고민스러웠습니다. 그걸 보는 사람들이나, 다른 사람들의 눈에는 소속된 이와 소속되지 않은 이의 차이가 확연히 보일 것이고, 제시된 모델은 저만으로 보일 것이 분명했기 때문입니다. 어른들에겐 어떻게 보이든 상관없습니다. 그들에겐 제가 일단은 자기 자신의 문제는 아니니까요. 하지만, 청소년들에게는 다릅니다. 그들에게는 바로 동시대를 사는 같은 세대의 문제, 즉 바로 자신들의 문제이기도 한 거니까요.

이러고 있을 바에는 저희가 그렇게도 경멸하던, 한국 청소년의 유일한 모델인, 안경 낀 공부벌레가 어디 합격하고 '나는 이렇게 공부했다'며 나불대는 그런 것과 성격만 조금 틀릴 뿐 다를 바가 없다고 절감했습니다. 남을 위해 사는 것은 아니고, 남에게 보여 주기 위해 한 일도 아닙니다. 그러나 저는 '청소년이 숨쉴 수 있는 공간이 되겠다'는 모토를 가진 웹진을 맡고 있는 사람이고, 창간사 대신 '청소년 해방 선언서'를 발표했었습니다. 일단 공적으로 비춰졌다는 겁니다. '한국 청소년의 모델을 보여 주겠다'는 건, 배짱 좋은 선전 포고였습니다. 저는 그렇게 저희 팀 아이들과 저를 보여 주었지만 사람들의 눈에 띈 건 그저 저였던 겁니다. '학교를 뛰쳐나왔다'밖에 없는. 이대로라면 이건 모델은커녕 정말 '나는 이렇게 합격했다'와 다를 바가 없었던 겁니다.

지금 청소년들이 아무런 대안을 찾지 못하고 있는 상황에서, 공부를 잘하는 아이이건 못하는 아이이건 다른 방면에 재능이 있는 아이이건 아니건 모두 '나는 이렇게 합격했다'에 때려맞춰지는 이 환경, 이 시대. 학교 안에서도 어떤 선택이 없고, 학교를 나와서는 더더욱 어떤 선택도 가질 수 없는 상황에서, 여과 없이 제가 어떤 모델로 보였다는 것이 비록 의도했던 바는 아니라 하더라도 청소년 단 한 명에게라도 어떤 혼란으로 다가가지 않았을까, 하는 고민을 끊임없이 하게 됐습니다.

　지금 저희들은 도대체 '청소년'이라는 것의 정의가 무엇인지도 모르겠습니다. 어깨에 각목 들어간 듯한 어른들은 말하죠. '청소년기에는 심리가 불안정하고 예민하며… 어쩌구 저쩌구 따라서 어른의 지도를 받을 필요가 있다…' 우린 그런 이들을 경멸합니다. 저나, 저희 네가진을 보고 반항적이라고 말하는 사람이 많습니다. 저는 거의 불량아 선봉같이 됐죠. 특별히 저희가 반항적인 것이 아니라, 그저 애들은 이제 더 참아줄 맛이 나지 않는 겁니다. 더 이상 '선도'되어야만 하고 '보호'받아야만 하고 '관리 대상'인 위치에서 참을 맛이 나지 않는 겁니다. 어른들이 폼잡고 말하는 것 중에 '눈높이를 아이들과 맞추자'고 얘기하는 게 있죠. 웹진에 나타나는 청소년들의 반응을 보면서 저는 '일단 그 아이라는 말부터 집어치워라'고 말해 주고 싶습니다. 어른들이 '눈높이'를 맞추겠답시고 나오는데 이미 지쳐 버린 아이들의 냉소를 봅니다. 아직 아이들은 박제가 되지는 않았습니다. 그들은 가상 공간에서 자신들이 지쳐 있음을 토로합니다. '청소년 지도자 모임? 웃기지 마라'면서요. 누가 그들을 우리의 지도자로 임명해 주었냐고 말입니다. 누가 지도해 달라고 했냐구요. 네가진의 성격이 쌍욕을 한다든지 저급하지는 않지만 다분히 비판적인 면이 있습니다. 역시 가상 공간에서 친근해진 몇몇 독자들은 '이거 나라에서 보면 넌 안기부에 잡혀갈 것'이라며, 하지만 '우리나라에 어깨 각목 들어간 어른들 중에 인터넷할 줄 아는 어른들은 몇 없을 테니까 발 뻗고 자라'며 씁쓸한 농담을 하기도 합니다. 대화를 아직 포기하지는 않았지만 지쳐 가는 겁니다.

　저도 10년여쯤 되는 학교 생활 동안 일단 교사들로부터 많은 한계를 느꼈습니다. 특히 자퇴를 결심하게 된 고등학교에서의 갈등. 제가 다니던 학교의 교장은 공공연하게 '열린 교육이 무슨 소용이고 인성 교육이 무슨 상관이냐, 대학 못가면 말짱 꽝이다'는 말을 서슴없이 하는 사람이었습니다. 93%의 대학 합격률을 자랑하면서 그 숫자 뒤에 지쳐 가는 학생들은 거들떠 보지도 않았고, 제가 하겠다는 영화에 '별 재능도 없어 보이는데 왜 난리냐'라는 말을 망설이지 않고

퍼붓던 교장. 다큐를 찍고 싶다는 제 말에 다큐는 둘째치고 학교 교실을 배경으로 한 8분 가량만 찍고 싶다는데 전체 시나리오를 '검열'해야 하겠고, 또문에서의 활동에 촉각을 곤두세우며 그들의 책을 가져와 보라는 둥, 제 주변 '성향'을 알아야겠다는 둥 하는 말에 제가 '절 지금 발그스름한지 아닌지 의심하시는 겁니까?'라고 분개하자 말을 더듬던 학생 주임. 결국엔 '회의 끝에 다른 학생들에게 악영향을 끼치는 학생이라고 사료되어 허락할 수 없다, 일체 더 이상 촬영하겠다고 어떤 수작이라도 할 시에는 어떤 일이 일어날지 장담할 수 없다'는 모멸적이고도 협박성을 띤 통보. 심지어 자퇴 후에도 제가 가장 친하게 지내던 성적이 우수한 친구의 어머니와 통화해서 '사회에 대해 비판적인 학생이니 가까이 어울리지 못하게 하라'고 했다던 담임.

저는 결코 무례한 불량 학생도, 열등생도 아니었습니다. 그들이 늘 아침 조회에서 부르짖던 학생과 '눈높이'를 맞추는 교육을 몸으로 실천했더라면 최소한 저에게 통보를 하지는 않았을 겁니다. 입만 살았기 때문에, 그들은 왜 제가 한 사코 영화를 하려는지, 그 열정을 한 번 들어볼 생각도 하지 못했고, 자기네가 안된다는데 그걸 고개 숙이고 받아들일 수 없는지, 안된다면 안되는 거지 왜 말이 많은지를 도저히 이해하지 못했던 겁니다. 저를 그들보다 열등하고, 저열한 존재로 보았기 때문에 설마 지가 무슨 말을 하랴고 생각하고 '다른 아이들에게는 절대로 입 다물고 가만히 있으라'는 비겁한 언사마저 서슴지 않았던 겁니다. 그들에게 '저는 어쨌든 편견 없는 지성을 믿습니다'라는 말을 던지고 학교를 나왔을 때, 저를 말린 친구들은 없었습니다. 오히려 위로했습니다. '니가 있을 곳은 여기가 아니다, 이딴 더러운 데는 우리가 있을 테니 더 멀리 날아라'라는 격려를 해준 그 친구들을 저는 잊지 못할 겁니다.

제가 지금 웹진을 통해서 조금이라도 청소년의 생각을 전달해 보려고 낑낑대는 것도, 결국은 그들을 위해서였습니다. 지금 그애들이 지쳐 가는 겁니다. 웬만하면 교사를 비롯한 어른들과 잘 지내고 싶고, 예쁘게 살고 싶어하는 그애들이 지쳐 가는 겁니다. 위험한 건, 어른들이 생각하듯이 매스컴을 수놓는 그런 애들이 아니라, 평범한 대다수가 지금 지쳐 가고 있다는 겁니다. '눈높이'니 '인성 교육'이니에 이젠 더 이상 속지 않겠다는 말입니다. 전혀 학생의 입장이 반영되지 않는 학교, '학교 폭력'이라면 교사 폭력은 당연하다는 듯이 간과해 버리는 사회. 청소년의 인권이 없는 나라. '잘 먹고 잘 입으면 됐지 무슨 배 부른 소리냐'는 사람들도 있겠지만 우리는 지금 전후 세대가 아닙니다. 그리고 어른들이 일구어낸 현재도 이제는 의식주를 걱정하는 차원을 떠나 '어떻게 좀더 인간답게 사느냐'가 중요한 시대라고 봅니다. 일단 태어날 때부터 풍요한 의식주에 익숙해진 상황에서 자연히 풍요한 정신 생활을 갈구하자 '배 부른 소리 마라'며 정신은 전후 세대로 돌아가길 강요하는 건 현격한 모순이라고 봅니다.

우리는 존중받길 원합니다. "니네가 해놓은 게 뭐 있다고 존중받냐"고 말한다면 아마 더 이상 아이들에게 통하지 않을 겁니다. 오히려 어른 공경하라는 말에 "집 밖에 나가기 무서운 사회를 만들어 놓았으면서 뭘 하라는 거냐"고 아마 코웃음을 칠 겁니다. 우리는 말뿐이 아닌 진정한 눈높이를 원하는 겁니다. '눈높이'라는 건 말 그대로 같은 위치를 말하는 것이지 경험과 나 이상의 우월함을 빌미로 내려다보며 이래라 저래라 잔소리하는 게 아닙니다. '대화'란 결코 '훈계'와는 다릅니다. 일단 청소년들을 '미성숙하고 관리해야만 할 존재'라는 생각을 갖고 대하기 때문에 "청소년들을 이해 못하겠다"는 어른들의 투덜거림이 그치지 않는 겁니다.(저희는 이것을 한사코 투덜거림이라 표현합니다.) 그렇지 않다면 '청소년 문제'라는 웃기는 말이 존재할 리가 없습니다.

만약에 누가 잘못을 했는데 그게 애였다, 그러면 이제 나라 뒤집히는 겁니다. '청소년 문제' 어떻고 저떻고 신문에는 '오늘의 청소년' 칼럼에다가 모자이크 사진 등장하고… 얼마 전 그 난리 한 번 났죠, '빨가 마후라'인지 뭔지 해서 나라가 발칵 뒤집어졌던 것 말입니다. 그게 만약에 스무살만 넘은 '어른'(글쎄, 열아홉살에서 스무살이 된다고 갑자기 뿅 하고 어른이 될까요? 미스테리죠)이었다면 어떨까요. 솔직히 걸리지도 않았을 겁니다. 그거 직접 연출하고 감독했다는 그 남자애도 한 2-3년만 나이가 더 들었더라면 더욱더 많은 연구와 실습 끝에 유호를 능가하는 포르노 영화 제작자가 되어서 돈방석 위에 올랐을지도 모르죠. 말 그대로 '남세스럽게' 다 벗은 누드 모델 이승희가 '한국의 딸'이 되고 섹시하지 않으면 도태될 것 같은, 정작 어른들은 아무런 가치관도 제시해 주지 않으면서 어른 흉내 조금 냈다 하면 벼락같이 달려들어 떠들어대고 잡아가는 시대에서, 소위 그 '청소년 문제'라는 것이 발생하지 않는 것이 이상한 것 아닙니까? '청소년 문제'라는 말을 쓰는 빈도만큼 '성인 문제'라는 말을 쓴다면 나라 뒤집히지 않을 날이 없을 겁니다. "대통령도 잡혀 가고, 대통령 아들도 잡혀 가고, 이 컬트 영화 같은 세상은 누가 만든 세상이냐" 하면 변명할 겁니다. "무책임한 일부 어른들의 잘못으로 너희들을 볼 면목이 없구나" 등으로. (학교 조회 등에서 많이 듣는 어구입니다.) '일부 어른'이라… 자신들이 잘못한 건 '일부 어른'이죠. 그런 데 그들의 논리대로라면 우리 청소년들은 모두 폭력 집단이요, 파행적인 집단 인 겁니다. 왜 그렇게 사회적으로 논란이 되고 있는 무리들도 우리 중 '일부'일 뿐이라는 생각은 하지 못하는 걸까요? 그게 다 청소년이라는 존재를 자신들보 다 하등하고 열등한 존재로 보고 있기 때문인 겁니다.(제가 이런 얘기를 하면 "감 히 어른한테 맞장 뜰려 그러냐"며 화를 버럭 내는 사람들이 꼭 있습니다.) 그렇지 않 다면, '청소년 보호법'이니 '청소년 통금 구역'이니 그런 웃기는 것들이 생기지 는 않았을 겁니다.

그 법 자체를 비난하고 싶지는 않습니다. 하지만 '청소년'들에게 관계가 되는 법이란 말입니다. '청소년'들에게 직접 적용되는 법이라구요. 그런데, 그 실제적 인 대상이 되는 청소년들에게 그 법을 만든 사람들이 누군지는 모르지만 한 번 이라도 물어본 적이 있습니까? 없단 말이죠. 그게 다 '청소년을 열등하고, 사고 능력이 정착되지 않은, 사고할 줄 모르는 나약한 존재'라고 보고 있기 때문인 것 아닙니까? 거기까진 다 좋습니다. "스스로 생각할 줄, 판단할 줄 모르는 청 소년이니까 그런 세심하고 오밀조밀한 규정까지 다 알아서들 해주시는 거겠죠. 감격해서 눈물이 다 나는군요. 그렇다면 왜 한켠에서 '요즘 애들은 나약해서 제 손으로 할 줄 아는 건 하나도 없어'라고 이러쿵 저러쿵 하는 걸까요? 그렇게 될 수밖에 없는 논리 아닙니까? 알아서들 다 해주시면서, 저희가 손 댈 데는 하나도 없잖아요. 가라는 데(학교, 학원, 독서실)만 가면 되고, 가지 말라는 데(당구장, 노래방 등 주로 남녀가 같이 있는 데)만 안 가면 되지 않습니까? 알아서 다 해주시면서, 해달라고 하지 않은 것까지 그렇게 세심하게 다 해주는데 제 손으로 할 줄 아는 게 하나라도 생기면 이상한 거 아닙니까?"

그런 이야기를 했더니 한 친구 녀석이 그러더군요. "야, 그래서 우리는 관상용이라는 거 모르냐? 우린 원래 어른들 관상용이야" 이러는 겁니다. 그래서 "너는 참붕어, 나는 블루길" 하며 한참이나 웃었던 기억이 납니다. 비리비리한 열대어가 되어 사랑을 받느니 혼자 사는 튼튼한 참붕어 할 거야, 난 다 잡아먹는 블루길 될 테다면서 냉소했습니다. 녀석은 "우린 어른들 다마고치잖아. 그냥 주면 먹고, 재우면 자고, 개기면 얻어맞고, 다마고치보다 나을 게 뭐 있냐? 근데 … 아무래도 난 고장난 거 같다…" 하더군요. 그래서 전 "음… 난 날 때부터 불량품이야" 하며 둘이서 열심히 다짐했었습니다. 주면 먹고 재워줄 때 자는 다마고치 말고 차라리 당당한 불량품이 되자구요. 그렇게 되느니 아예 스스로 건전지를 빼버리자구요.

물론 정말로 어른들 말대로 웃기지도 않은 애들도 있습니다. 무조건 어른들 흉내만 내는 애들 말이죠. 그 형태가 이유 없는 폭력이든, 그저 본능에만 따른 성교든. 일단 어른들이 하는 일을 보아왔고, 그게 좋건, 나쁜건 무조건 흉내만 내 보는 애들. 우린 그런 애들은 경멸합니다. 하지만, 뭔가 스스로의 삶을 제대로 꾸미겠다는 열정이 조금이라도 남아 있는 아이들이 신문지상을 장식하는 '파행적 청소년'의 커다란 활자 뒤 어딘가에 분명히 남아 있고, 그런 아이들, 그리고 저와 제 친구들은 목에 칼이 들어와도 다마고치가 되지는 않을 겁니다. '요즘 애들, 요즘 애들' 하지만 요즘 어른들도 문제란 점을 그들이 잊지 않았으면 좋겠습니다. 그리고 중요한 점은, 아직 저희는 대화 채널을 포기하지 않았습니다.

선생님.

이렇게 말하는 저도 지쳐 감을 느낍니다. '청소년 문제'가 아니라 저 자신이 말입니다. 저는 결코 몇몇 사람들이 생각하듯 뛰어나지 않습니다. 가끔 채팅할 때도 알아보는 사람이 있는데, 의외로 소심한 듯한 저를 보고 이구 동성으로 하는 말이 "자신감 넘치는 사람인 줄 알았다"는 겁니다. 전 결코 신세대의 전형도, 자신으로 똘똘 뭉친 똑똑이도 아닙니다. 자신 없고, 지금도 가끔씩 제 선택에 대해 후회는 하지 않지만 고민도 하고, 쓸데없는 생각도 많이 하고, 교육 문제 등에 관심은 있으시지만 아직 절감하신 적은 그다지 없는 평범한 저희 부모님의 마음을 제가 상하게 한 것에 대해 드러내지는 않지만 큰 죄책감을 지울 수 없는 평범한 김현진일 뿐입니다. 아버지가 전화 통화하시며 "차라리 평범한 딸이었으면 좋겠다" 하시던 그 말씀이 아직도 가슴에서 잊혀지지 않는, 그리고 어머니의 눈물이 아직도 가슴에 남은.

비판 들을 것도 적지는 않았습니다. 선생님도 아시는 예의 그 신문 독자 투고란의 거의 고발성의 '불법 취업에다 악영향을 주는 학생이다'는 투고, '너희 집이 인터넷 쫙 깔아놓은 부잣집이냐'는 터무니 없는 인신 공격성 발언, '열일곱 살이 뭐 이러냐, 나쁜 것만 본다'는 이상한 공격….

하지만 그럴 땐 독자들이 보내온 메일들에서 참 힘을 얻었습니다. 제가 조금 풀이 죽어 있을 때 '세상을 너무 일찍 알아버렸지만 그렇기에 더욱더 남아 있는 순수를 지키려 하는 모습인 것 같다'며 격려를 보내온 사람들도 저는 잊지 못합니다. 영원한 건 세상에 없고, 절대적인 것도 없지만 저와 친구들은 불완전과, 모든 불확실함을 믿습니다. 지금의 삐걱대는 세상도, 불완전하고 불확실한 모습들도 역설적으로 모든 가능성을 가리킨다고 믿기 때문입니다.

제가 걸어온 길, 제가 가야 할 길. 모든 아이들이 '퇴폐적인 십대'인 것은 아닙니다. 그리고 십대만이 청소년이 아니고… 저희는 청소년이라는 단어가 아예 사라지기를 원합니다. 그런 세상엔 소위 '노땅'도 없으니까요. 모두가 평등한 '인간'으로 살아가는 세상, 권위가 사라진 세상이 아니라 권위를 부르짖지 않아도 어른이 존중받는 세상, 어리다고 무시받지 않는 세상. 그런 것이 진정 평등한 세상이 아닌지…. 저희가 가야 할 길은 잘 보이지 않고, 막막할 때도 많습니다. 하지만, 그럴 때 어른들이 등떠미는 것이 아니라, 잡아끄는 것이 아니라 부드럽게 길을 가르쳐 주고 손을 한 번 잡아 준다면, 그리 어렵진 않을 겁니다.

저희는 기존 질서의 파괴가 아니라 진보를 원합니다. 어떤 일이 있더라도, 지금 저희가 추하게 여기는 어른들 같은 모습은 되지 않을 겁니다. 최소한, 저희들의 자녀들이 "엄마는 어떻게 이런 세상에 자식 낳을 생각을 했어"라는 말은 안 하게 할 생각입니다. 불가능한 일은 아니라고 봅니다. 단, 서로 조금씩의 틈만 준다면요. 세대 차이는 고개를 뻣뻣하게 들고서는 결코 극복 못하는 일입니다. 하나 바라는 게 있다면, 저 같은 아이가 다시는 없었으면 좋겠습니다. 학교보다는 영화를 사랑했기 때문에 어쩔 수 없는 선택이었지만, 이제는 정말로 '학생을 위한 학교'가 되었으면 합니다. 학교는 학생을 위한 곳입니다. 교사 전용 공간은 교사 스스로 청소를 해야 하는 것처럼 단순한 문제에서부터 학생의 인권을 존중해 나가기 시작할 필요가 있습니다. "목숨 걸고 학교 다닌다"는 농담이 들려오고 있습니다. 더 이상 간과하고 모른 척해도 되던 때는 지났습니다. 일단 졸업시켜 놓고 보자는 생각도, 오래는 가지 못할 겁니다. 더 이상 아이들은 바보가 아닙니다.

이제 날씨가 엄청 춥게 느껴집니다. 공부하는 데도 더 가속을 붙여야 할 때가 오는 것 같습니다. 조금 게으르게 살기도 했었고, 제대로 신경 쓰지 못한 면도 많았습니다. 저를 지켜봐 주시는 분들이 많다는 것을 염두에 두면서 꼭 지금 비싼 대가를 치른 대로 해내고 말 겁니다. 제 나우누리 아이디는 '고다르X'입니다. 제가 늘 장 뤽 고다르를 경쟁자라고 농담하던 거 생각 나시죠? 그게 농담이 되지 않도록 할 생각입니다. X는 미지수죠. 앞으로 어떻게 될지 모르지만 고다르 이상의 가능성을 지녔다는 다소 건방진 생각에서 X를 덧붙였습니다. 반드시 노력해서 영화를 사랑한 만큼 해내고 말 겁니다. 그게 저를 아껴준 선생님들, 친구들에 대한 최소한의 인사라고 생각합니다.

소위 '불량 청소년'의 껍데기 뒤에 아직 지치지 않은 아이들은 남아 있고, 우리는 환상의 유토피아가 아닌 다 함께 갈 수 있는, 그저 좀더 나은 세상을 꿈꾸기를 포기하지 않을 겁니다! 건강하시고 안녕히 계세요.

일천구백구십칠년 시월   현진 드림

■ 글쓴이 김현진은 1981년에 태어났다. 얽매이는 것을 지독히 싫어한다. 영화, 걸어다니기, 파리잡기가 취미다. 일곱살 때, 어른들만의 이상한 나라에 던져진 멍청한 앨리스 같은 기분을 아직 지니고 있다. 방황을 거의 업으로 삼았으며, 아웃사이더임을 즐겼던 때도 있었지만 이제는 소속되고픈 마음도 조금은 갖고 있다.

틈새내기 1

교사들의 자리에서

세상의 지배력을 거슬러 가는
인간의 힘을 믿으며, 사람과 사람, 마음과
마음의 다리를 놓아가는 교사들.

십대의
성문화와
성교육

김성애 / 이지연

성교육을 하면서 만나는
아이들은 '성욕을 느끼는
한 인간으로 대접해 주는 것'
만으로도 가슴 시원해 한다.

내가 하는 성교육 ―'자기 목소리 내기'

우리도 알 만큼은 다 안다고 생각한다. '정자'와 '난자'가 만나서
'수정'이 되고… 하는 그런 성교육은 정말이지 시시하고 아무
쓸모가 없다. 요새 애들 중에 포르노 한번 안본 애가 몇 명이나
될까? 아니면 좀 야한 영화만 봐도 그보다는 훨씬 잘 알 수
있다. 어른들은 우리가 성에 대해 얼마만큼 알고 있는지, 우리가
정말 무엇을 알고 싶어 하는지 모르는 것 같다.

최근 우리 사회에서는 성에 대한 생각, 태도 등의 변화
가 급격하게 나타나고 있으며, 그 안에서 아이들의 성
문화 역시 변화해 가고 있다. 그 변화의 정도는 우리
어른들의 생각을 훨씬 앞지르고 있다. 그런데도, 학교
현장에서 실시하고 있는 성교육은 인체의 해부, 생리,

임신, 출산, 피임, 성병, 건전한 이성 교제 등에 대한 단편적인 지식을 전달하는
데 머물러 있고, 아이들은 이런 성교육에 대해 '다 아는 이야기', '뻔한 이야기',
'시시해' 하는 식의 반응을 보일 뿐이다.

아이들은 이제 좀더 구체적이고 현재 자신들의 삶에 도움을 줄 수 있는 성교
육을 원하고 있다. 아이들이 가장 알고 싶어하고 또 가장 답답해 하고 있는 것
은 인간 관계 속에서의 성적인 면이다. 관계가 진전되면서 감정을 어떻게 언어
화하고 표현해야 하는지, 어떤 상황 속에 있을 때는 남녀의 행동 양식이 어떻게
다른지, 또한 어떻게 그런 어색한 감정을 상대방에게 상처를 주지 않고 표현하
는지, 아니면 잘 절제하고 조절해야 하는지에 대해 알고 싶어 한다.

이처럼 성교육이 아이들의 현실과 유리된 채 계속 답습되고 있는 것은 성교
육만의 문제가 아니라, 우리 교육이 갖고 있는 근본적인 문제와 관련되어 있다.
우리 교육의 현장은 객관화된 지식들만 쌓여 가고, 각 개인의 삶과 분리된 이론
적인 것들만 난무하고 있어 그 지식들이 자기 자신과는 구체적으로 어떤 관계
가 있는지를 알 수 있는 기회를 주지 않는다. 자기를 드러낼 기회, 말할 기회,
생각할 기회가 제한되어 있다. 그래서 나는 죽은 수업을 살리기 위해 '자기 목
소리 내기'로 살아 움직이는 수업을 하고 있다. 처음에는 자기 겉모습 쓰기, 가
족 관계 속의 자기 모습 써보기로 시작하여 자신의 성적인 체험이나 경험에 대
해 써보며 스스로를 인식할 수 있도록 하고 있다.

자신의 경험을 이야기할 수 있는 창을 비밀을 유지한 채로 열어 주어 아이들
의 내밀한 경험과 욕구에 접근해 들어가며, 이러한 창 열기를 통해 한 사람의
주관적인 경험이 객관화되어 가면서 분석되어지는 기회가 되도록 한다. 이것은
아이들이 '나'를 이야기함으로써 '나'를 객관적으로 바라볼 수 있게 할 뿐만 아
니라 '나'의 이해의 폭을 넓히고 또 남을 이해하는 폭을 넓히기 위한 것이고,
결국은, 자신의 문제를 객관화해서 볼 수 있는 능력을 기르고 스스로 자기 문제
를 해결해 나갈 수 있는 주체가 되도록 하기 위한 것이다.

적절한 성교육이 부재한 상황 속에서, 우리 아이들은 '가르쳐 주지 않아도'

'부딪히면서' 나름대로의 성개념을 형성해 가고 있다. 다음에서는 아이들 자신의 목소리를 통해 지금 그들이 성을 어떻게 배우며 실험하고 있는지를 알아보려고 한다.

이성 교제 속에서의 청소년들의 성경험

[제회] 야릇한 감정을 소중한 우정으로 키워 나가기

나에게는 오래된 친구가 한 명 있다. 나도 그 아이도 서로에게 호감을 느끼고 있다. 하지만 우린 서로에게 학습면, 생활면에서 물어보고 이야기하고 대답해 주며 충고해 준다. 진실한 우정을 더 원하고 서로가 잘되길 원하며 좋은, 진실한, 영원한 우정을 나누길 원한다. 지금 우리가 잠시 느끼는 이 야릇한 감정이 한순간의 충동적인 감정으로 망쳐지고 상처 받을까봐 참고 있다.

언젠가 이런 이야기를 한 적이 있다. 네가 좋다고, 아주 솔직하게 이야기했다. 옛날에 너에게 느꼈던 느낌과는 조금 다른…, 그 아이도 나처럼 그렇다고 말했다. 탁 터놓고 몇 시간을 이야기했다. "우린 고3이고 대학에 가야 한다. 또 지금의 이 감정이 진실인지 충동인지 모른다. 만약 우리가 대학에 가서도 이 생각이 변하지 않는다면 그때 우리 사귀자. 너와 난 초등학교 시절부터 친구이고 만약 갑작스런 충동으로 사귀고 헤어진다면 우리의 소중한 우정까지도 깨지는 거니까" 이것이 몇 시간 동안 한 대화의 결론이다.

그 아이는 나보다 정말 생각이 깊다. 독서실이 같아서 하루에 몇 번씩 마주친다. 가끔 수학 문제도 물어보고 고민거리도 이야기한다. 같은 여자친구들한테 자존심 상해서 말 못하는 걸 난 그 아이에게 말한다. 이럴 때마다 이 아이가 내 친구고 내 곁에 있다는 것이 너무 좋고 누군가에게 자랑하고 싶다. 난 이런 소중한 친구와의 우정이 있다.

[수아] 첫키스의 선택

난 요사이 심각한 고민에 빠져 있는데 그 고민의 원인은 바로 사랑이라는 탈을 쓴 욕망 때문이다. 나에게는 진실되고 착한, 아니 적어도 전에는 그랬던 한 남자 친구가 있었다. 그애를 만난 것은 지난 가을 친구의 소개를 통해서였다. 하루하루를 싱글로 외롭게 보내던 나에게 생긴 남자 친구는 나의 지루한 일상을 바꾸어 주었고 그럴수록 나는 그애의 모든 점들이 좋아지기 시작했다. 우리는 매일 만났고 서로를 각별히 아껴 주는 그런 사이가 되었다.

그러던 어느 날 우리는 항상 그래왔던 것처럼 만나서 즐겁게 놀다가 비디오 방에 가게 되었다. 평소에는 아무렇지도 않게 보아왔던 영화 속 야한 장면들이 그날 따라 그애와 같이 있기 때문인지 거북하게 느껴졌다. 빨리 나가고 싶다는 생각만이 머릿 속을 맴돌았는데 오히려 영화 속에서는 진한 키스 신이 연출되고 있었다. 그러자 그때 그애는 나에게 사랑한다며 키스를 하자고 했고 난 너무 놀라 이 상황을 어떻게 빠져 나가야 좋을지 알지 못했다. 그 순간에도 그애는 내게 가까이 다가왔고, 난 입이 퉁퉁 불어 학교에서 쫓겨나는 내 모습이 생각났다. 그래서였을까? 어디서 힘이 솟았는지 난 소리를 지르고는 그애를 밀쳐내고 뛰어 나갔다.

지금 생각해 보면 별일 아닌 것도 같지만 그때 당시에는 내가 첫키스를 하느냐 마느냐의 중요한 선택의 기로였기 때문에 무척 고민했었던 것 같다. 그러나 지금은 오히려 내가 잘했다는 생각이 든다. 그때 키스를 허용했다면 아마 그애는 더 과감한 것을 요구했을 테니… 지금도 가끔 그애는 전화를 해서 그때의 일을 사과하지만, 난 그날 이후로는 그애와 만나지 않고 있다. 아마도 그애를 좋아했던 만큼 실망도 너무 크기 때문인 것 같다.

[희은] 키스, 그리고 그 다음에 오는 것 ─사랑이라는 감정과 성적 호기심
지금 나에겐 남자 친구가 있다. 그 아인 잘생기지도 키가 크지도 않다. 나의 이상형과는 완전히 동떨어진 아이다. 그러나 우연한 기회로 서로 알게 되었고 맞는지 틀리는지는 모르지만 사랑이라 말하는 감정을 가지게 되었다. 그 아인 굉장히 순진한 아이다. 착하고 또 숫기 없고 그냥 평범하게 사는 한 남학생이다.

그 아이와 첫키스를 한 기억을 더듬어 보면 늦은 밤 기차길 위에서였다. 헤어질 때에는 잠시 포옹을 하는 게 일상화되어 있었기 때문에 그애와 안는 건 그다지 어색한 일이 아니었다. 그런데 그날은 단둘이서 아무도 없는 기찻길을 걸어가니까 내가 왠지 욕심이 생기기 시작했고 키스를 해주기를 바랐던 것 같다. 나는 바람이 분다는 핑계로 안아 달라고 했고 그는 나를 꼭 끌어안아 주었다. 언제나 안을 때마다 느끼는 거지만 그 아인 참 따뜻했다. 그리고 그는 헤어지기 싫다며 이대로 있고 싶다고 매우 진지하게 이야기했다. 난 분위기를 잘 못 맞추는 성격이기 때문에 그냥 웃으면서 그 아일 바라보았다. 그리고 서로 입을 맞추었다.

그 아이는 키스가 처음이라 그랬는지 원래 키스할 때 그런지 모르겠는데 처음부터 과격하게 혀를 내 입안으로 밀어 넣었다. 영화에서 수많은 키스 신을 볼 때면 언제나 매우 부드럽고 유연한 포즈로 키스를 했고 또 입술을 맞대는 것이라 키스할 때 당연히 입술 감촉이 느껴지겠거니 하고 생각했었다. 그런데 보는 것하고 하는 것하고 이렇게 차이가 날 수 있을

까. 키스는 입술 느낌이 아니라 무지막지하게 밀고 들어오는 그의 혀의 감촉밖에 느껴지는 것이 없었고 부드럽지도 유연하지도 않았다. 오히려 힘들었다. 키스에 대한 나의 환상이 무너지는 순간이었다. "만화에선 곱게들 하던데 얘는 왜 이러지?" 하는 생각도 들었다. 키스를 한 뒤 그 아이는 나에게 미안했는지 집에 도착할 때까지 계속 괜찮냐고 물었다. 나는 아무 대답도 하지 않았지만 솔직히 기분은 좋았다. 한참 성적 호기심이 왕성할 나이의 여학생들이 가장 하고 싶은 것 중 하나일 남자 친구와의 첫키스를 했다는 게 왠지 뿌듯하게 느껴졌다.

첫키스 후에 나는 이런 성적 접촉에 더 욕심이 생기기 시작했다. 그 순진한 애가 어디까지 늑대 본성을 숨길 수 있을지 시험해 보고 싶었다. 나는 며칠 뒤 그 아이와 또 만났고 우리들은 노래방에 갔다. 이번에는 나도 막연한 기대를 가지고 있었다. 같이 노래를 부르다가도 길게 간주가 나올 때면 그는 나를 끌어안고 키스를 했다. 저번에 한번 해보았으니까 이젠 익숙해졌다는 건가? 한 노래가 끝나고 점수가 나오기 전 그 사이에 또 키스를 했는데 이번엔 뭔가 달랐다. 꽤나 오래 붙들고 있었기 때문이다. 내가 약간 이상하다고 생각하는 그 순간 그의 한 손이 내 가슴을 움켜쥐었다. 나는 그다지 나쁜 기분이 아니었으므로 그냥 내버려두었다. 게다가 탄산음료를 마시면 취기가 남들보다 훨씬 빨리 도는 내 특이 체질 때문에 아까 먹었던 콜라가 날 정신없게 만들었다. 그는 내 가슴을 잡은 채 입술이 점점 가슴 쪽으로 내려가기 시작했다. 나는 그것은 거부했다. 또 몇 번이고 그는 내 옷 속으로 손을 집어 넣거나 은밀한 곳을 더듬으려 했지만 그것도 역시 거부했다. 왠지 아직 이러면 안된다는 생각이 들었다.

이 일 이후에 그는 내게 몇 번이나 미안하다고 자신이 나빴다고, 잠시 이성을 잃었다고, 이 일로 인해 자기 사랑이 왜곡되지 않길 바란다며 걱정스럽게 말했고 난 괜찮다고 여러 번 말했다. 솔직히 좋았지만 그 순진한 얼굴 앞에 대고 좋았었다고 말하기도 그랬다. 꽤나 미안하게 생각하는 눈치였다. 난 이 경험 후에 내 감정을 다시 생각하게 되었다. 그 아이도 나도 서로 볼 때마다 사랑한다고 얘기하지만 그게 정말 사랑인지…, 단지 성적 호기심이 왕성한 이 나이에 그냥 호기심을 충족시키는 한 남자로만, 한 여자로만 바라보고 있는 건 아닌지…, 나 스스로도 알 수 없다. 그는 아직 그런 생각을 해본 적이 없는지 마냥 나에게 사랑한다고만 말한다. 언젠가는 이 혼란한 감정도 정립이 되겠지.

[미연] 넌 너무 순진해! ─성적 경험하기

좋아했던 남자에게 너무 순진하다는 이유로 실연 당하고 나의 머릿속에는 순결의 보호는 필수적인 것에서 선택적인 것으로 바뀌고 있었다. 그런 와중에서 그 동안 만났던 순진한 애들과는 다르게 학교도 안 다니고 영등포에서 노는 남자 애들과 알게 되었고 알게 된 지 5일도 안되어서 난 '생'[1]에서 '아다'로 바뀌게 되었다. 처음 만나자마자 만난 지 40분만에 '키스하자'라고 한 시간을 조른 남자—이런 애는 처음이라서 시간 끌기 작전으로 버티다가 다음에 해주겠다며 도망 왔다. 겁나고 무서워서 또 걱정되어 친구에게 털어 놓으니 친구는 "병신! 넌 순진해서 안돼, 키스의 기분? 한마디로 황홀해. 시원하고 그 느낌을 잊을 수 없어" 그러면서 비웃는 것이었다.

그 다음에 만나서 난 순순히 허락했다. 화장실로 가자는 것을 학교에서 배운 것이 있기에 "죽어도 안 가, 하고 싶으면 애들 많은 데서 해"라고 하니 진짜 했다. 생각처럼 멋있고 쉽진 않아서 입을 꾹 다물고 있다가 결국 하루종일 하게 되었다. 그 뒤론 그 느낌을 잊을 수가 없어서 내가 먼저 하자는 소리를 못하고 은근히 '키스하자'는 말을 기다리게 되었다.

문제는 그 뒤에 일어났다. 내가 주선해서 남자, 여자 각 5명씩 미팅을 했다. 취기가 약간 돌 때 병 돌리기를 했다. 병을 돌려 병의 주둥아리가 향하는 사람과 한번 걸리면 볼에 뽀뽀, 그 다음엔 입술에, 그 다음엔 키스, 그 다음엔 반콩[2], 마지막으로 여관 가서 콩을 까기로… 돈이 없어 여관은 못 갔지만 5명과 숨막히고 질릴 정도로 키스를 했다. 키스를 할 줄도 모른다고 구박하고, 자세하게 가르쳐 주었으며 담배도 못하냐며 가르쳐 주었다. 담배 하나로 번갈아 가며 한 갑을 피웠다. 물론 난 더러워서 중간중간 화장실 가서 죽기 살기로 침을 뱉었다. 내가 타락의 길로 들어선 것을 깨달았지만 그때는 이미 남자, 술, 키스 이런 것이 좋아진 후였다.

하지만 나의 미래를 위해 반성하고 있을 때 마침 남자애가 먼저 헤어지자고 그랬다. 이유는 자기와 관계 맺는 여자애가 있는데 나와 더 이상 정이 들면 그 여자와 멀어진다는 것이었다. 2년 전의 일인데 지금 생각하면 후회는 없다. 내 위치로 돌아와 정말 다행이고 후유증이 거의 한달 가까이 간 것 같은데 그 시간들이 아까울 뿐이다. 하지만 부질없던 추억으로 고이 간직하겠다. 물론 지워버리고 싶지는 않다. 지금도 다시 한번 사랑하는 사람과 해본다면 더 멋있게 할 수 있다는 생각을 한다. 다만 수치스러운 것은 친구가 순진하다고 놀렸다고 줏대없이 오기로, 쓸데없는 자존심으로 내 인생을 망칠 뻔했다는 것이다.

---

1) 청소년들 간에 쓰이는 성행동의 은어이다. 첫경험인지 아닌지 어디까지 해보았는지를 따지는 말로 '생(처녀)', '아다(처음 해본 사람)', '후다(많이 한 경우)'로 일컫는다.

2) 성행위를 '콩깐다'고 하고 애무하는 것을 '반콩 깐다'고 한다. 성관계를 많이 한 아이들을 '콩꾼, 콩녀'라고 말한다. 또한 횟수를 표현하는 말로 '성행위 10번'을 한 접시라고 표현한다. 서로 성기를 애무해 주는 것을 '삿갓이' 흥분하면 '꼴린다'로 표현한다.

위에서 살펴본 우리 아이들의 '성문화'는 솔직하고 진지하며 한편으로는 즉흥적인 모습들을 보여 준다. 이성 교제의 공식적이고 공개적인 장은 없지만, 아이들은 개인적인 교제를 통해 친근감, 애정, 성적인 감정, 호기심 등을 느끼게 되고 그 안에서 나름의 성적인 경험과 성에 대한 생각들을 갖게 된다. 아이들은 이성 교제 속에서 그들의 인간 관계와 성적인 행동을 나름대로 형성해 나가고 있는 것이다.

[제희]의 얘기는, 서로에게 끌리는 이성적인 감정을 함께 자라가는 과정에서의 진실한 우정으로 가꾸어 가는 모습을 보여 준다. 그리고 그 우정 속에서 변화된 자신들의 감정을 솔직하게 이야기하며, 또한 현재의 감정이 충동인지 진실인지 구분하기 위해 개인적인 만남을 이십대로 연기하고 있다. 제희와 제희의 남자 친구는 현재의 감정보다는 자신들의 목표를 우선시하며 자신들의 현재의 삶에 최선을 다하려고 하고 있다. 제희의 경우는 성적인 감정을 보다 생산적인 감정과 관계로 바꾸어 나가는 십대들의 현명함을 보여 준다.

[수아]는 첫키스를 하느냐 마느냐라는 순간의 선택에서, 비록 짧은 순간이었기는 하지만, 미래에 일어날 일을 미리 생각해 보고 그 모습에 만족할 수 없어서 그 자리를 떠나며 자기 나름의 행동의 선을 정했다. 그러면서 남자 친구와 냉각기를 두고 자기의 모습을 정립해 가고 있다. 수아는 특정한 상황 속에서 상대방의 일방적인 요구에 따르거나 분위기에 밀리는 것이 아니라 스스로의 판단 기준을 갖고 자신의 행동을 결정해 가는 십대의 모습을 보여 준다.

[희은]은, 사랑하는 사람이라서 키스도 하고 그 이상의 성적 행동에 대해서도 호기심을 가졌고, 해보고 싶은 마음을 갖고 있었지만, 일단 자신이 설정하고 있는 선이 침범 당했을 때는 거절할 수 있는 힘을 가지고 있다. 그리고 자신의 행동을 되돌아보며 나름대로의 행동의 선을 잡아 가고 있다. 희은이 고민하고 있듯이, 청소년들이 만나는 가장 어려운 감정은 아마도 사랑이라는 느낌으로 다가오는 서로에 대한 성적 호기심과 그런 호기심만을 충족시키기 위한 성행위에 대한 충동일 것이다.

[미연]의 얘기에서 보여지듯이, 청소년들이 자신의 행동을 결정하게 될 때 최우선으로 작용하는 것은 주위 친구들의 평가일 것이다. 미연이 키스를 하고 남자 친구들과 육체적인 접촉을 하는 데 가장 크게 작용한 것은 친구가 해준 얘기였고, 선택이 강요되는 상황에서 가장 좋은 참조의 틀은 '또래들의 압력'이었다. 십대의 아이들에게는 다른 누구보다도 친구의 영향이 가장 크며, 자신의 성적인 행동의 기준조차도 다른 친구들을 따라가곤 하는 것이다.

청소년들에게 들려 주고 싶은 이야기

청소년 성문제의 원인은 신체적 발달은 이루어지고 있는데 감정적인 것을 표현하는 것은 미숙하다는 데에 있다. 따라서 신체적 발달과 함께 감정적 표현을 어떻게 조화시켜야 하는가를 알려주는 것이 중요하다. 특히 남녀의 성적인 감정과 욕구 표현 방식이 어떻게 다르며, 그것이 제대로 언어화되지 않은 채 일방적으로 이루어지기 쉬운 점을 분명히 알 수 있도록 해주어야 한다.

보통 성적 행위는 말로 표현되지 않고 남자의 의도적인 접근과 이것에 대한 여자의 무언의 수용이라는 방식으로 은근슬쩍 이루어진다. 처음에는 단순히 손을 잡아보고 어깨에 팔을 두르게 되고 그리고 여자가 이것을 거부하지 않으면 승낙한 것으로 알고 그 다음 단계로 밟아가는 식이다. 성적인 접촉에 대한 서로의 생각과 감정이 조화를 이루고, 서로가 상처받지 않도록 하기 위해서는, 이때에 특히 여자가 정확한 자기 표현을 할 수 있어야 한다. 말로는 안된다고 하면서 입가에는 미소를 띄우는 모호한 태도를 보이면 이것은 이중적인 의미로 해석될 수 있다.

하지만 가장 좋은 것은, 이런 것들이 행동으로 들어가기 전에 말로 표현되고 서로 적정한 선을 잡아가는 것이 좋다. 왜냐하면 어떤 형태의 성행동이 다른 사람에게 해를 입히거나, 아니면 자기 자신에게 고민, 걱정, 죄의식으로 남게 된다면 너무 일찍 서둘렀다는 표시가 될 수 있기 때문이다.

청소년기는 이제 인격이 형성되어 가고 있는 초보 단계이기 때문에, 자제력이란 것이 한계가 있을 수 있다. 특히 성욕의 표현 방법이 적절한 기술을 갖고 있지 못할 때 폭발적이며 충동적으로 진행된다. 아직 어리고 자라나는 청소년 들에겐 그런 일이 일어날 만한 분위기를 만들지 않도록 노력하는 것이 좋다고 생각한다. 그런 상황에서 충분히 대화가 이루어지기도 힘들고, 거절했을 경우 에는 서로간에 상처가 남을 수 있기 때문이다.

남학생의 경우 여자는 남자와 똑같이 생각하지 않을 수도 있다는 것을 알아 야 한다. 그래서 분위기로 밀어 붙이는 것이 아니라 충분한 대화가 있어야 한 다. 특히 여학생의 경우 느낌이 좋지 않을 때는 말로 정확하게 표현할 수 있어 야 한다. 둘이 함께 좋아서 성적인 접촉이 가능하다는 대화에 도달했을 때는 어느 선까지가 좋겠다는 합의가 이루어진다면 좋을 것이다.

대화도 잘 안되고 결정 내리기도 힘든 경우에는 앞으로의 일을 예상하고 그 런 장소에 미리 가지 않을 만한 자기 결정권이 필요하다. 좋아하고 관계가 지속 되기를 원하는 사람일수록 끝내야 할 상황에 빠지지 않도록 조심해야 한다. 거 절해야 하는 상황에 가지 않는 것이 가장 좋은 방법이다. 더욱 중요한 것은 이 성 교제가 꼭 성적인 접촉 아니고도 친밀감을 다르게 표현할 수 있다면 바람직 할 것이다. 음성 녹음이나 편지 등으로 마음을 실어 보내는 방법을 쓸 수도 있 다. 이런 것만으로도 가슴 설레는 감정이 유지된다면 좋을 것이다.

우리는 어떤 관계가 끝났을 때 비로소 순간적인 감정이었는지, 진심이었는지 를 알게 되는 경우가 종종 있게 된다. 후회되는 것이 없고 진심이었을 경우 아 름다운 추억으로 간직할 수 있게 된다. 그것은 자신과 비록 헤어졌다 하더라도 상대방에 대한 신뢰감이 쌓여서 앞으로의 인생을 살아 가는 데 자신감을 갖고 살아 갈 수 있는 밑거름이 되는 것이다. 사랑이란 순간적인 감정이 아니라 오랜 시간에 걸쳐 서로의 기분과 감정과 생각을 나누며 확인해 나가는 과정이기 때 문이다.

우리 모두는 자기 체험에서 배우고 또한 남의 경험을 보고 배운다. 자신의 체험이나 친구의 경험을 보고도 아무것도 느끼는 것이 없고 배우는 것이 없다면 자기 자신도 피폐해질 것이다. 청소년에게 성적인 감정이나 생각은 정리되지 않은 채 혼돈된 덩어리로 가슴에 하나 가득 안겨져 있다. 이것이 해결되기 위해서는 어느 정도의 시간을 기다려야 하며 개인적으로는, 적어도 이십대까지는 기다리라고 말하고 싶다. 성적인 문제에 관한 한, 성실히 생각하고, 마음을 열고 자기 자신을 바라보는 것이 필요하며, 진정한 사랑인가 여부를 구별할 수 있는 안목을 갖추는 것이 중요하기 때문이다.

성교육의 의미

성교육을 하면서 만나는 아이들은 '성욕을 느끼는 한 인간으로 대접해 주는 것'만으로도 가슴 시원해 한다. 보수적인 아이들은 '성'이란 주제로 이야기하는 것이 왠지 꺼려지고 창피해서 다른 사람에게 말하면 안될 것 같은 느낌이었는데 이제는 좀 당당해졌다고 이야기한다. 개방적인 아이들은 자기들끼리 수군거리던 이야기가 수업 시간에 공개되고 있다는 사실만으로도 흡족해 한다.

또한 과거에 '원하지 않았을 때 당했다' 혹은 '한 순간의 실수' 때문에 자책감에 빠져 있는 아이들에게, 성교육은 그런 것에 얽매이지 않고 자기 자신을 찾는 기회가 되고 있다. 자기 자신의 의지로 성적 경험을 결정했다고 생각하는 아이들에게는 다시 한번 자신을 되돌아 보고, '그때는 너무 어려서 충동적으로 생각 없이 행동했구나, 이제는 내 몸은 내가 지키고 내가 책임을 져야 한다'는 생각을 해볼 수 있는 기회가 되기를 바란다. 자신의 성적 행동에 아무런 거리낌이 없었던 아이들은 자신의 상태가, 현재 같이 만나는 친구들뿐만 아니라, 대다수의 다른 아이들과 비교할 때 지금 어느 정도에 와 있는지 점검을 해보게 된다.

아이들은 실제적인 삶의 경험이 적을 뿐만 아니라 이성을 삶 속에서 자연스럽고 자유스럽게 만날 기회가 없어 대부분 이성 교제 속의 성경험에 대해 막연한 환상을 품고 있다. 성교육을 통해 주변 친구들의 경험담을 들려줌으로써 아이들이 이성에 대해, 또 이성 교제와 성에 대해 품고 있는 막연한 환상들을 깨고, 남자들을 같은 인간으로, 또, 이성 교제와 성이 현실 속에서 어떤 모습으로 나타나는가 하는 것을 깨닫게 해줄 수 있다.

나는 성교육이라고 해서 특별히 무엇을 가르친다는 생각은 하지 않는다. 그보다는 그들 속에 이미 잡혀져 있는 성의식을 들추어내 보는 작업에 초점을 맞추고 있다. 그러면 아이들은 자신의 경험과 문제가 혼자만 겪거나 고민하는 것이 아니라 자기 또래의 친구들 역시 같은 경험과 고민을 갖고 있다는 것을 발견하게 된다. 그래서 마음의 가벼움을 느끼며 자신의 문제를 거리를 두고 객관적으로 바라볼 수 있게 되고, 자신의 성적인 행동에 있어서 주체적으로 행동하고 판단할 수 있는 능력을 기르게 된다. 또한, 분출되지 못하고 있던 성적 에너지를 정말로 자기가 원하는 곳에 생산적으로 사용할 수 있게 된다. 결국 성교육은 아이들로 하여금 자신의 행동에 대한 '이정표'를 발견하는 데 도움을 주어야 할 것이다.

무엇이든지 아끼고 가꾸고 소중히 여기는 것이 없어져 가는 이 소비 지상 시대에, 아이들이 자기 몸을 함부로 하지 않고 그에 대해 소중한 의미를 부여하며 살아갈 수 있었으면 좋겠다는 것이 내 바람이다.

■ 글쓴이 김성애는 중앙여고 교사이고, 이 글을 다듬은 이지연은 연대 사회학과 대학원을 졸업했다.

아이들의
자아 찾기

김서경례

얼마나 많은 어른들의 잣대가
아이들의 성장을 가로막고
있는지, 아이들이 자신을
초라하다고 느끼게
만드는지를 알 수 있었다.

무기력한 아이들

학교에 있은 지 올해로 9년째에 접어든다. 그리 길지 않은 교사 생활이었지만 해마다 아이들의 전반적인 분위기가 조금씩 달라진다고 느꼈다. 교사들간에도 요즘 아이들은 버릇이 없고 이기적이라든가, 생각에 깊이가 없다든가 하는 이야기들이 자주 거론되었다. 수업 시간에 태도가 나쁘다고 일으켜 세워 놓았더니 선 채로 앞에 앉은 아이 머리를 땋아 주고 있더라는 이야기, 수업 시간에 책을 가지고 오지 않은 것을 지적했더니 "귀로 다 듣고 있어요"라며 되받아 치더라는 이야기, 청소 시간에 쓰레기를 버리라고 했더니 "지금 이거 하잖아요"라며 짜증스럽게 쏘아붙이더라는 얘기 등등이 마치 무슨 물증들마냥 교사 사이에 돌았고 이와 유사한 이야기들이 실제로 끊임없이 일어났다.

나도 여러 번 그런 아이들의 태도에 화가 나기도 했지만 그보다 더 마음 깊이 깔려 있는 생각은 내가 아이들을 이해하지 못한다는 것이었다. 80년대, 그 시기에 학교를 다녔던 나의 눈에 비쳐진 아이들은 공동체라는 개념과 거리가 멀었고 그것은 반드시 바로잡아 주어야 할 문제처럼 여겨졌다. 그러면서도 나와 다른 환경 속에서 유년기를 거쳐와 지금 이 시기를 살고 있는 아이들에게 너무 내 방식대로만 접근하는 것이 아닌가 하는 반성도 했다. 이런 갈등 때문에 늘 답답했고 교사로서 어떻게 해야 하는지 끊임없이 회의할 수밖에 없었다.

여전히 속수무책인 채로 시간을 보낼수록 점점 무언가를 시도하지 않으면 안된다는 압박감이 강해졌다. 수업 시간에 무기력한 표정으로 나를 바라보는 아이들 속에서 매번 좌절감을 느꼈고, 익명인 채로 만나 극히 형식적인 몸놀림만 나누면서도 서로 아닌 척하고 있는 것이 괴로웠다. 어떤 때는 그 느낌이 너무나 강렬해져 문제 풀고 있는 아이들을 뒤로 하고 그만 교실을 뛰쳐 나오고 싶은 충동이 일곤 했다. 더 이상은 안되겠다 여겨졌을 무렵, 서로 비슷한 느낌을 가진 교사들과 함께 모임을 시작하였다.

먼저, 어떻게 아이들의 학습 의욕을 북돋울 것인가를 놓고 함께 관계 서적을 읽고 토론을 하면서 서로의 경험을 나누었지만 그리 큰 소득을 얻진 못했다. 그 과정에서 우리는 아이들과 함께 하는 프로그램을 시행하지 않으면 뜬구름 잡기밖에 되지 않으리라는 결론을 얻게 되었다. 자기 손해 보는 것에 지나치게 민감하고, 함께 해야 하는 일에선 쉽게 빠져 버리는 아이들에게 정작 필요한 것은 스스로를 돌아볼 수 있는 기회와 시간일 것이다. 아이들이 자신을 성찰하게 되면 삶에 대한 애정과 목표를 갖게 될 것이고 더 나아가 그저 무기력한 상태로만 머물러 있지는 않을 것이라는 기대에서 우리는 집단 상담 프로그램을 실행하기로 했다. 책을 찾고 자료를 모은 다음, 전문가가 아닌 사람들도 행할 수 있는 프로그램을 골라 우선 우리끼리 실시해 보았고 어떤 아이들을 대상으로 할 것인지, 학교와의 관계는 어떻게 조절할 것인지, 담임의 권한에 대해 어느 선까지 우리가 개입할 것인지 —대부분의 아이들은 야간 자율 학습을 실시하므로 아이들이 프로그램에 참여하기 위해 빠져 나오는 것은 담임의 양해가 있어야만 한다—에 대해 논의했다. 그런 과정들로 꼬박 6개월을 보내게 되었고 마침 장학 지도 때 진로 상담과의 업무에 대해 여러 차례 지적을 받았던 터라 조금은 쉽게 학교의 인정을 받으며 상담 프로그램을 시작할 수 있었다.

우리는 프로그램 대상으로 특별한 일탈 행위는 없지만 관심의 대상도 되지 못한 채 은연중에 소외되어 별 의욕 없이 사는 아이들을 주목하였다. 그러자 언제나 위축되어 보이고 대인 관계에 어려움을 느끼는 아이들, 자신의 의사나 감정을 표현하는 데 두려움을 느끼는 아이들, 무언가에 주눅들어 보이는 아이들이 눈에 들어오기 시작했다. 학교 내에서 소위 문제아로 분류되지는 않지만 반항할 의사조차 없을 정도로 무기력해 보여 실은 더 걱정이 되는 아이들 말이다. 우리는 프로그램의 많은 부분을 아이들이 자신을 돌아보고 자기를 표현할 수 있는 그리고 서로의 이야기에 귀기울여 들어 주고 북돋아 주는 내용으로 채우기로 했다.

실제로 이 프로그램은 학생들을 모집하는 문제에서부터 난관에 부딪혔다. 우리가 대상으로 생각한 아이들은 자발성이 적은, 소극적인 아이들이었던 탓에 공고를 통한 모집보다는 담임들에게 선발토록 부탁드렸다. 그러나 담임이 선발한 아이들은 소위 찍혔다거나 학교의 교화(?) 프로그램에 선택되었다는 불쾌감을 가졌으며 개중에는 울며 빠지겠다는 아이들까지 있어 담임을 통한 프로그램 홍보의 문제점이 드러났다. 다시 우리들은 수업 시간을 통해 이 프로그램을 홍보하였다. 솔직하고 진실하게 프로그램의 의도를 전달하되 엉뚱한 상처는 받지 않도록 많이 주의했다. 그 결과 우리가 원했던 대로 18명의 학생들을 모을 수 있게 되었다.

다음은 지난 한 학기 동안 실시한 집단 상담 프로그램을 정리한 것이다.

난장트기
제1주 : 신체 접촉과 움직임을 통한 마음의 벽 허물기
첫 모임에서는 서로간의 어색함을 풀기 위해 손가락으로 상대방의 팔, 어깨, 얼굴을 타고 올라가는 '쥐잡기 놀이'로 시작하였다. 나와 짝이 된 옥희는 내가 교사라 그런지 제대로 마주보지도 못했고 이 분위기를 어색해 했다. 어쩌면 수업

집단 상담 프로그램

주	주제	목적	내용
1	난장트기	첫만남의 어색함을 줄이고 친밀감 형성	신체 접촉과 움직임을 통한 마음의 벽 허물기 : 쥐잡기 놀이, 사인 받아 오기, 취향 알아 오기
2			종이를 이용한 자기 소개 및 애칭 짓기
3	자기 열기	자기 소개의 심화	미완성 문장 완성하기
4			나의 성장 이야기
5	타인 바라보기	서로간의 신뢰성 높이기, 자기 긍정의 기회 갖기, 타인에 대한 관심 확대	비디오 감상과 소감 나누기 : 「나무를 심은 사람」
6			야유회
7			마술 가게
8			사진 말 나누기 및 짝지어 얘기하기
9			상대방 알아맞히기
10	나에게로 떠나는 여행	자기 드러내기, 프로그램의 정리	캠프 : 담요 뺏기, 꼬인 손 풀기, 믿고 쓰러지기, 춤명상, 조별 공동 작업 발표

에서나 만나는 교사들이 끼어 있는 탓에 지금껏 그래 왔듯이 복종하는 것일지도 모르지만 그래도 프로그램을 열심히 따라 하는 옥희의 수줍은 듯 웃는 얼굴

은 마음을 열고 함께 얘기할 수 있는 가능성을 느끼게 했다.

이어진 프로그램은 '사인 받아 오기'와 '취향 알아 오기'였다. 사인 받아 오기는 프로그램에 참여한 모든 사람들의 사인을 가장 빨리 받아 오는 사람에게 조그만 상을 주는 것이며 취향 알아 오기도 유사한 방식으로 '변비가 있는 사람', '남자 친구가 있는 사람', '노래를 잘 부르는 사람'과 같은 항목을 주어 이에 해당하는 사람을 모두 적어 오는 것이다. 두 가지 프로그램 모두 다 상대방에게 자연스레 말을 걸어 보고 쑥스러움도 줄이자는 의도에서 준비하였다. 아이들과 교사들은 모두 신이 나서 서로 마구 쫓아다녔는데 유독 윤선이만 자기 자리에 앉아 물어 보러 오는 친구들에게 사인을 받거나 취향을 알아낼 뿐 선뜻 일어나려 하지 않았다. 우리는 윤선이에게 조금 더 관심을 두고 주목해 보기로 했다.

제2주 : 종이를 이용한 자기 소개 및 애칭 짓기

두번째 주에는 자신을 소개하는 시간을 가졌다. 으레 학기초에 형식적으로 하는 자기 소개 양식을 피하기 위해 종이를 이용하여 자기를 나타내게 해보았다. 종이를 찢거나 구기거나 접거나 혹은 그 외 어떤 다양한 방식으로든 그 위에 펜을 대지 않고 자신을 표현하여 자기를 소개하라는 내 설명에 아이들은 난감해 했다. 낯선 방식으로 자기 소개를 하라는 것이 꽤 부담이 되었던 듯했다. 더구나 이 프로그램에 참가한 아이들은 실제 다른 사람 앞에서 이런 식으로 자기를 드러내 보인 경험이 거의 없기 때문에 아이들이 느끼는 긴장을 충분히 이해할 수 있었다.

정현이는 종이로 커다란 원 뒤에 꼬리처럼 길게 줄을 달아 놓았다. "이 뒤에 붙은 꼬리가 바로 저예요. 전 언제나 제 주변에 있는 사람들의 얘기대로 또 그들의 생각대로 따라 살아 왔어요. 제 스스로의 생각도 없고 의지도 갖지 못한 채 살아 왔다고 여겨져요. 하지만 이제부터는 저의 생각과 방식대로 살아가고 싶어요"라며 꼬리 앞에 붙은 큰 원을 떼어 버렸다. 정현이와는 달리, 아이들은 위축된 모습들이었다. 하지만 자신이 접어 놓은 종이를 만지작거리는 모습에서 자신의 얘기를 하고 싶어 하는 마음들을 읽을 수 있었다. 조금 더 서로의 관계가 익숙해지고 친밀해지면 이런 떨림이나 긴장은 완화될 것이다.

이어서 계속된 '애칭 짓기'는 분위기를 한결 부드럽고 즐겁게 해주었다. 집에서 내내 '셋째딸'이라고 불리는 것이 싫었다는 미애는 이번에는 자진해서 그 이름을 애칭으로 짓겠다고 했고, 직모인 머리카락이 언제나 빗자루처럼 붙어 있는 것이 불만이라는 수진이는 '흩날려'를 애칭으로 정했다. 꽁알꽁알거리는 것이 습관이라며 '꽁알이'로 불러 달라는 소영이를 비롯해 폭탁, 그 녀석, 꿀물, 푸우, 옥녀 등등을 애칭으로 내세우며 아이들은 종이로 자기 소개할 때의 긴장이나 쑥스러움에서 벗어나 서로의 애칭을 재미있어 했다. 서로의 개성이 드러나기도 하고 또 이미지가 너무 잘 맞아서 공감을 하다 보니 어느새 유쾌한 시간이 되었다.

마지막으로 이 모임의 이름을 정하기로 하였다. 지은이는 기존의 틀에서 깨어나 보자는 뜻에서 '우물 밖 개구리'를 제안하였고 모두들 기쁘게 동의했다. 앞으로 매주 금요일 지하 상담실에서 오후 5시 20분에 만나 함께 저녁을 먹고 시작하기로 하였다.

자기 열기

제3주 : 미완성 문장 완성하기

셋째 주에는 "내가 가장 좋아하는 친구는, 내가 백만장자라면, 내 생에 가장 행복한 날은, 내가 가장 성취감을 느낄 때는, 뚜렷한 나의 개성은, 나를 잘 아는 사람은 나를…"과 같이 뒷부분이 미완성인 32개 항목들을 준 후, 완성하게 하고 두 조로 나누어 발표하였다. 그런데 한 조는 한 사람이 32개 항목에 대해 자신의 이야기를 한꺼번에 발표하는 식으로 진행되었고, 다른 한 조는 1개 항목마다 돌아가며 이야기를 하는 방식으로 진행되었다. 교사간에 의사 전달 착오로 생긴 일이었는데 덕분에 후자의 방식이 훨씬 더 효과적임을 알게 되었다. 동일 항목에 대해 함께 이야기를 풀어 갈 수 있어 공감도 많이 할 수 있었고 다양성도 많이 느낄 수 있어 단순한 발표에 그치지 않을 수 있었다.

"부모님과 나는"을 발표할 땐 "서먹서먹하고 거의 대화가 없는 사이이고, 아빠는 더욱 그래요"라는 내용이 많았고 아이들은 나만 그런 불만이 있는 것이 아니었구나 하며 공감하기도 했다. 전반적으로 즐거운 분위기에서 이야기가 진행되었지만 너무 가볍게 되어 버린 것이 아닌가 하는 자성이 들었다.

제4주 : 나의 성장 이야기

넷째 주에는 '나의 성장 이야기'를 하였다. 나의 성장에 도움을 준 사람과 내가 가장 접근하기 어려운 사람, 그리고 가장 긍정적인 영향을 주었던 사건(기뻤던 일)과 가장 부정적인 영향을 주었던 사건(슬펐던 일)에 대해 2조로 나누어 발표하게 하였다.

재옥이는 웬지 계속 떨떠름하게 앉아 있었고 연주도 아주 무덤덤한 표정을 지었다. 연주는 가장 가까이 하기 어려운 사람이 아빠라며 더 이상 자신의 얘기를 하지 않았다. 마지못해 해온 숙제마냥 의무적으로 얘기할 뿐 서로 관심있게 질문하지도 않았고 얘기하는 이들도 마음 속 이야기를 드러내기를 불편해 했다. 기뻤던 일도 의외로 꼽을 것이 없다고 말하는 친구들이 간혹 있어 이야기가 전체적으로 끊어지고 맥을 잡기 어려웠다.

이런 결과는 아이들이 편한 마음에서 자연스럽게 얘기할 수 있도록 하기 위해 다소 가볍고 재미있게 얘기를 끌고 나가려 했던 진행 방법이 적절치 못했던 탓과 도입부에 이 프로그램의 의도를 충분히 이해하고 받아들일 수 있도록 잠시 차분히 생각해 볼 수 있는 기회를 주지 못한 것이 주원인이라 여겨진다. 이와 함께 지난 주에 이어 프로그램이 거의 유사했기 때문에 흥미 유발에서부터 실패했다고 보여진다. 아울러 아이들에 대한 교사의 피드백 노력이 너무 부족했고 그나마 이루어진 피드백 시도가 외려 파헤치려는 듯해 반드시 대답해야만 하는 시험처럼 느껴지기까지 했다. 아버지가 불편하다는 아이에게 "응, 그렇구나. 무언가 아버지 앞에서 어려움을 느낀다는 말이지"라 말하며 조심스레 접근하지 못하고 "왜? 왜 그런 것을 느끼지?" 물으니 오히려 조가비처럼 입을 다물게 만든 격이 되었다. 앞으로는 아이들이 더 쉽게 마음을 열 수 있도록 닫아버리는 질문이 아닌 열 수 있는 질문을 해야겠다고 느꼈다.

타인 바라보기

제5주 : 「나무를 심는 사람」 비디오 감상과 소감 나누기

이번 주에는 아이들과 비디오를 감상하면서 영화의 주제를 무엇이라고 생각하는지 또 자신이 주인공이라면 어떻게 했을지 서로의 소감을 나누기로 했다. 시작할 때 "많이 봤는데, 또 봐요?"라고 했던 동연이는 "3번이나 봐서 지루할 줄 알았는데 볼 때마다 그 사람의 희생적인 모습이 감동적이네요"라고 말해 지루해 하면 어쩌나 걱정했던 나를 기쁘게 했다. 하지만 전반적으로 파스텔화로 만든 애니메이션이라 낯설었고 가벼운 재미를 느낄 수 없어 거부 반응을 보이는 아이들도 있었다. 그리고 이 영화는 자신의 삶을 투영해 보고 타인의 삶을 바라보기에는 주제가 너무 명확했고 다양한 해석을 끌어내기 힘들었다. 진행 방식에서도 서로의 감상을 나누기보다는 어느 한 결론으로만 유도했다는 오류들이 사후 평가에서 지적되었다.

제6주 : 야유회

학교라는 일상의 공간을 벗어나 자연 속에서 함께 지내보면 서로의 새로운 모습을 발견할 수 있으리라는 의도에서 산행을 실시하였다. 대부분 들떠 즐거워 했지만 은하와 미경이는 계속 뒤처졌다. 보아하니 체력이 딸리는 탓도 있지만 산행 자체가 그리 즐겁지 않은 듯했다. 그럼에도 목적지에 자리를 잡고 밥을 비벼 먹을 때는 미경이가 가장 신나했다. 앉은 대로 3개조로 나뉘어져 커다란 그릇에 각자 준비해 온 밥과 반찬들을 모두 한꺼번에 쏟아 넣고 참기름 듬뿍, 고추장 잔뜩, 또 별미의 열무김치까지 아우르니 세상에서 둘도 없이 맛있는 비빔밥이 되었다. 게다가 올라올 때 낑낑대며 들고 온 수박을 후식으로 곁들이니 모두 마음이 한없이 푸근해지는 듯했다.

이어서 손뼉 쳐가며 간단한 레크리에이션도 하고 즉석으로 조장을 선정해 조별 대항 게임을 하기도 했다. 프로그램이 진행될 때마다 모두 즐거워했으며 서로의 실수에 폭소를 터뜨리기도 하였다. 그런데 수진이는 모두 편한 자세로 눈을 감고 새소리를 듣고 바람을 느껴 보라고 했을 때 시종일관 옆의 친구와 키득대었다. 진지한 것이 쑥스러워서일까? 농담처럼 내뱉는 그 아이의 많은 말들 속에 숨겨진 예리함과 솔직함은 오늘의 행동과 어떤 연관 속에서 바라보아야 할 것인가? 진지한 자신의 모습이 우스꽝스럽게 여겨질 것이란 두려움이 있는 것은 아닐까? 이번 산행을 계기로 서로간의 관계가 더 깊어지고 편안해짐을 느낄 수 있었다.

제7주 : 마술 가게

일곱번째 주에는 '마술 가게'라는 프로그램을 실시하였다. 마술 가게에서는 이 세상에서 돈 주고 살 수 없는 것, 한 가지를 사면 반드시 다른 한 가지를 팔아야만 한다. 만약 사고 싶은 것이 '사랑'이고 팔고 싶은 것이 '미움'이라는 식으로 얘기하면 그 둘은 한 가지 가치를 표현하는 것이므로 사고 싶은 것은 '용기'이고 팔고 싶은 것은 '미움'이라는 식으로 선택해야 한다. 마술 가게는 주인인 교사가 손님인 아이들과 한 명씩 얘기하면서 이들의 문제를 끄집어 내고 스스로 펼쳐 보일 수 있게 하는 것이다. 이 과정에 다른 친구들은 그저 듣기만 하는 것이 아니라 해주고 싶은 이야기 또는 묻고 싶은 이야기를 함으로써 서로 도울 수 있게 하였다.

하영이는 타인을 편안하게 해줄 수 있는 능력을 사고 싶어했고 다른 사람에게 걱정을 끼치는 모습을 팔고 싶다고 했다. 하영이가 이런 생각을 하는 이유를 알기 위해 그 아이의 내면으로 다가가되 편안하게 마음을 드러낼 수 있도록 서둘지 않도록 주의했다. 하영이는 국민학교 때 친구에게서 받은 상처들이 지금까지도 대인관계에 작용하였고 무엇보다 아버지와의 불협화음이 그 아이의 그

늘을 만들었다. 항상 상냥하고 애교가 넘쳐흐르길 바라는 아버지의 기대에 못 미치는 하영이는 자신이 많이 부족하다고 여겨져 초라해진다고 하였다. 함께 참여한 나머지 아이들이 "아버지가 너무 하셨다. 우리 아빠도 가끔 그러시지만 어른들이 말씀하시는 방식이 다 옳은 것은 아니니까 나의 생각과 다른 것을 지나치게 강요하실 땐 마음에 담지 않을려구 해"라고 말해 주어 하영이가 쉽게 이야기할 수 있도록 해주었다. 이야기 끝무렵에 하영이는 "아버지가 제게 아버지 방식으로만 고집을 피우시는 것은 잘못이라고 생각해요. 비록 아버지가 못마땅해 하셔도 저는 제 나름의 생각이나 삶을 가질 수 있다고 생각해요. 이젠 아버지가 생각하시는 것처럼 부족한 것 투성이인 사람으로서 저를 보지는 않을 거예요"라고 말하였다.

마술 가게는 자신을 드러낸다는 점에서 가장 밀도 있게 행해진 프로그램이었고 함께 한 친구들의 이야기에서 많은 도움을 얻을 수 있었던 탓에 아이들에게서 가장 좋았다고 평가를 받은 프로그램이다.

제8주 : 사진 말 나누기 및 짝지어 얘기하기

여덟번째 주의 만남에서는 사진 말 나누기와 짝지어 얘기하기를 실시하였다. 사진 말 나누기는 전시되어진 사진들 중에서 가장 마음에 드는 것을 골라 와 그것을 뽑은 이유와 느낌을 발표하는 프로그램이다. 사진 말 나누기 프로그램은 사진을 선택한 그 시기에 그 사람의 마음 밑바닥에 깔려 있는 관심사나 생각을 볼 수 있고 본인 스스로 그것을 자각할 수 있다는 점에 있다. 그리고 무엇보다도 글을 쓰지 않고도 자신의 의사를 전달할 수 있기 때문에 쉽게 참여할 수 있고 비슷한 사진에 대해 전혀 다른 해석을 하므로 사고의 다양성을 느낄 수 있다는 장점이 있다.

희정이는 온통 갈라져 버린 황폐한 땅 너머로 걸어가는 사람의 실루엣이 있는 사진을 골라 왔는데, 그 사진에서 희망을 가진 인간의 의지를 느꼈다고 했다. 이 말에서 희정이의 삶에 대한 마음 자세를 엿볼 수 있었다.

짝지어 얘기하기는 안팎으로 두 개의 원형이 되도록 앉아서 안쪽의 친구들이 한 가지 주제에 대한 이야기가 끝날 때마다 옆으로 이동해 새로운 사람과 정해진 시간 동안 새로운 주제를 가지고 이야기를 나누도록 하는 것이다. '스트레스라고 느껴지는 일', '선생님 때문에 상처 받았던 일'과 같은 주제를 주었다. 음악이 흐르는 가운데 정해진 주제에 대해 둘이서만 얘기할 수 있다는 것이 주는 친밀감 때문에 아이들이 좋아한 프로그램이었고 시간의 부족을 아쉬워하였다. 반면 미정이는 둘만이 대화를 해야 한다는 어색함 탓에 이 프로그램이 어려웠다고 말하기도 했다. 그러나 대다수의 아이들이 적극적으로 호응하는 것으로 보아 이 프로그램을 친밀감을 형성하기 위해 초반부에 행했다면 더 효과적일 거라는 결론을 내리게 되었다.

제9주 : 상대방 알아맞히기

캠프를 떠나기 전에 마지막으로 실시한 프로그램은 '누구인지 알아맞춰 보세요'였다. 몇 개의 질문에 아이들이 답을 한 후, 질문지를 모두 걷어서 진행자가 그 답지 내용을 읽어 주면 누구인지 알아맞히는 프로그램이다. 막연하게만 보아 온 타인에 대해 얼마나 관심이 있었는가 그리고 그 막연한 느낌이 때로 얼마나 부정확한지를 느낄 수 있는 기회를 갖도록 하기 위함이었다.

미나 같은 경우는 질문지에 본인의 생각이 아닌 자신이 가장 좋아하는 가수 이승환의 선호도를 적어 내었다. 예컨대, '내가 가장 갖고 싶은 물건'으로 구식 라디오를 꼽았고 '내가 가고 싶은 나라'로는 너의 나라(그가 부른 노래의 제목)를 '내가 살고 싶은 동네'로 문정동(이승환이 사는 동네)을 들었다. 좋아하는 색을 꼽을 때는 이승환이 좋아하는 색을 모르는 탓인지 무색이라고 적어 놓았다.

이 프로그램 진행 후, 미나의 이런 반응에 대해 교사들간에 서로 다른 논의가 있었다. 집단 상담은 상대방을 통해 스스로를 돌아볼 수 있는 반성적인 요소가 있어야 하고 또 교사와 학생이 만나는 장이니만큼 가르쳐야 할 것이 있다면 가르쳐야 한다는 입장이 그 하나였다. 반면 지금 우리가 하는 집단 상담 프로그램은 소극적인 아이들이 스스로를 표현할 수 있도록 돕는 것이므로 그 아이들이 자기 속의 이야기를 쉽게 풀어낼 수 있도록 충분히 허용적이어야 한다는 생각도 있었다. 다수가 후자의 입장이었지만 어느 한쪽으로 완전히 결론을 얻지는 못했다.

캠프

제10주 : 나에게로 떠나는 여행

우리는 지나온 시간들을 함께 정리할 수 있도록 하자는 의도에서 캠프를 기획하였다. 기말 고사가 끝난 날 예비 모임을 가지면서 캠프 장소와 기간, 조별끼리의 식단 등을 준비하였다. 1박2일의 짧은 여정인 탓에 시작부터 짧다고 아쉬워 했지만 학교에서 숙박을 하는 캠프를 반대했던 터라 우리 교사들이 어렵게 얻어 낸 그나마의 기회에 감지덕지할 수밖에 없었다.

우리는 대성리에 도착하자마자 저녁을 먹고 캠프 프로그램을 시작했는데 대부분이 조단위로 이루어졌다. 처음에는 몸도 풀고 조원끼리 함께라는 의식도 느낄 겸 '담요 뺏기' 게임을 했다. 한 조 모두가 한 개의 담요를 움켜잡고 있으면 다른 조가 와서 간질거리든 힘으로 뜯어내든 직접적인 폭력을 제외한 다양한 방식으로 상대 조 사람들이 담요를 놓게 만들면 되는 게임이다. 바닥에 뒹굴고 얼굴이 빨개지도록 간지럼을 참아 가면서도 아이들은 담요를 안 뺏기려 했고, 상대방은 온갖 방법을 동원해 뜯어내려는 통에 실내가 온통 뽀얀 먼지투성이였다. 평소에 조용하기만 하던 희정이도 또 모든 일에 시큰둥하던 지현이도 제법 끈질기게 이 게임에 임하고 있어서 마음이 흐뭇했다.

그 다음에는 '꼬인 손 풀기'라는 게임을 진행했다. 처음 시작할 때는 두 사람이 마주보고 각자 팔을 엇갈리게 놓은 채로 상대방의 손과 내 손을 각지 끼우듯 잡는다. 그리고 나서 그것을 몸을 돌리거나 움직여서 서로 합심해서 풀도록 하되 손 깍지는 절대 풀어선 안되는 것이 규칙이었다. 2명이 풀어내면 4명이, 4명이 풀어내면 8명이, 8명이 풀어내면 16명이 급기야 모두가 한데 얽혀 깍지를 풀도록 하는 것이다. 아이들은 어렵게 요령을 터득하고 나서는 제법 서로 도와 가며 풀어냈다. 온몸을 비틀면서 낑낑대기도 하고 서로 애타게 말로 가르쳐 주며 잘해 내었다.

그 후 이어진 프로그램은 조원들이 원으로 빙 둘러서고 그 가운데 한 명이 들어간 후 눈을 감고 "자, 이제 친구들을 믿고 아무 방향으로나 쓰러지세요. 원을 그리고 있는 친구들은 온 마음을 다해 친구를 받아 줍시다"라는 진행자의 얘기에 따라 원 안에 있는 친구가 아무 방향으로나 쓰러지면 그 방향에 있던 친구가 온 마음과 몸을 다해 쓰러지는 친구를 받아 내는 내용의 "믿고 쓰러지기" 게임이었다. 믿고 쓰러지기를 하면서 아이들은 신뢰한다는 것이 생각보다 무척 어렵다고 느꼈으며 또 자기를 믿고 쓰러지는 친구에게 책임감을 가지게 되더라는 얘기를 소감으로 발표했다.

하지만 그런 가운데 친구들을 믿고 쓰러진 희정이를 미나는 뒤로 피하고는 받아 주지 못했다. 자기가 받기에는 희정이가 무거워 보여 겁이 나서 피해 버렸다는 것이다. 미나의 무책임함에 대해 우리 교사들은 지금까지 우리가 아이들에게 보여 주었던 행동 양식에 대해 다시 생각해 볼 것이 있음을 깨닫게 되었다. '상대방 알아맞히기'에서 미나가 보였던 행동을 놓고 우리가 어느 선까지 허용하고 어느 선까지 금을 그을 것인가에 대해 논의를 했던 것이 다시금 불거져 나온 것이다. 우리 모두는 가르침이 반드시 훈육의 방식을 취해야 하는 것은 아닐 테지만 허용이 잘못 이해되어 올바로 풀어내지 못한다면 그것은 도리어 좋은 결과를 얻지 못한다는 생각을 갖게 되었다. 여전히 이런 점들은 아이들을 만나는 우리들에게 조심스런 과제로 남아 있다.

끝으로 '춤 명상'을 실시했다. 우리는 일상 속에서 이성적인 언어로만 자신을 표현하길 기대 받으며 살기 때문에 그런 경직성에서 벗어나 몸의 감각을 자연스럽게 느껴 보며 자유로운 몸놀림을 통해 해방감을 느끼고 더 나아가 몸짓을 통해 자신을 표현할 수 있게 하자는 의도로 행해졌다. 촛불만을 켜 두어 은은한 어두움을 느낄 수 있게 한 후 「그랑 블루 The Grand Blue」를 틀어 주고 편안한 자세로 앉도록 한 다음 팔, 어깨, 목, 허리를 물 흐름에 맡기듯이 움직여 보도록 했다. 조금 익숙해진 듯싶을 만큼 시간이 흐른 후 서서히 일어서게 하고 「더 파워 어브 원 The power of one」의 주제곡에 맞춰 몸이 느끼는 대로 마음껏 움직이라고 했다. 잘 추어야겠다는 부담을 가지거나 기존의 춤을 그저 모방하려고만 하지 않도록, 춤을 추어야 한다는 생각이나 멋지고 아름다워 보여야 한다는 강박관념에서 벗어나 적극적으로 몸이 가는 대로 움직이라고 진행자가 조언을 해주었지만 아이들은 영 알 수 없다는 어정쩡한 표정으로 스스로의 속으로 몰입하지 못한 채 주춤거렸다. 소감 나누기에서 아이들은 춤에 대한 부담감을 덜어 주고 스스로의 몸을 느껴 보라는 진행자의 말이 추상적으로 다가왔고 기존의 춤이 아닌 특별한 몸놀림을 해야 한다는 것 같아 더 힘들고 어려웠다고 하였다.

춤 명상이 끝난 후 '나에게로 떠나는 여행'이라는 주제로 3개조가 간단한 공동 작업을 발표토록 했다. 한 조는 간단한 극을 보여 주었는데 자신에게 게으름, 사치, 이기심과 같은 유혹들이 다가와 자신을 흔들어 놓지만 모두 뿌리치고 스스로의 모습을 가지려 한다는 내용이었다. 다른 조는 인간 피라미드를 만든 후 한마디씩 하여 전체 이야기가 되도록 구성하였다. 사실 발표라고 하기에는 너무 허술하고 뜬구름 잡는 듯한 내용이었지만 함께 머리를 맞대고 얘기해 봄으로써 또 전체 프로그램의 주제를 다시금 인식한다는 면에서 꼭 필요한 작업이라고 여겨진다.

그 다음 날에는 우리가 본래 계획했던 '장애인 인도하기'나 '자연 느끼기'를 비가 오는 바람에 전혀 시도하지 못했다. 대신 강가를 한 바퀴 도는 산책을 하고 방에 둘러앉아 1학기 동안 진행된 전체 프로그램에 대한 소감을 얘기하였다. 대부분의 아이들이 아쉬움을 표현하고 계속 상담 프로그램을 진행해 함께 만나기를 원했다. 무엇보다 스스로를 진지하게 바라보아야겠다는 생각을 가지게 되었다는 친구들이 많아 한 학기 동안 진행된 이 프로그램의 작은 성과를 느낄 수 있었다.

씨앗 하나 뿌리기

우리가 실시해 온 6개월간의 프로그램은 캠프를 끝으로 마무리되었다. 지나오는 시간 동안 우리 교사들은 매주 준비 모임과 평가회를 가지면서 프로그램을 조절해 왔다. 그러나 그런 노력에도 불구하고 많은 아쉬움과 시행착오가 남는다.

우선, 프로그램의 내용 부족을 꼽을 수 있다. 아이들의 상황이나 성향에 대한 사전 파악이 어려워 그런 면을 프로그램에 반영할 수 없었다. 대다수의 아이들이 무척이나 소극적이고 또 몇몇은 생각하는 자체를 번거로워 하는데 생각하고, 얘기하고, 표현하는 식으로 이루어진 프로그램은 많은 한계점을 지닐 수밖에 없다. 따라서 아이들이 쉽게 접근할 수 있는 다양한 표현 방식의 프로그램 개발이 필요하다고 생각한다.

두번째, 프로그램의 순서에 대해서도 재검토가 요구된다. 친밀도 형성이 무엇보다도 이 프로그램의 성공과 실패를 결정하는 관건이며 따라서 함께 하루 이상을 보낼 수 있는 야유회나 캠프가 선행되는 것이 바람직할 것이다. 또 '짝 지어 얘기하기'와 같은 프로그램도 앞부분에 놓여져야 더 효과적이라 생각한다. 자신을 드러내는 작업보다는 타인의 삶을 바라볼 수 있는 프로그램이 우선하고 그 다음에 자신의 내밀한 면을 드러내는 것이 프로그램을 좀더 밀도 있게 만들 수 있다고 생각한다.

세번째, 프로그램을 통해 얻을 수 있는 다양한 상호작용에 대한 배려가 부족하였다. 즉 아이들이 느끼기만을 기대하다 보니 교사와 아이들의 감정적인 상호작용이나 아이들끼리의 상호작용을 고려하면 더 큰 효과를 볼 수 있는 면들을 놓친 아쉬움이 있다. 서로간의 친밀한 관계를 통해 깊어질 수 있는 내용들이 평면적인 선에서 그치고 말았다.

네번째로 들 수 있는 것은 교사들끼리의 프로그램에 대한 충분한 의견 교환과 서로간의 이해가 부족했다는 점이다. 그 결과 실제 프로그램 진행시에 다소 어긋나기도 하고 매끄럽지 못한 면도 있었다. 서로 비슷하게 생각한다고 넘어가거나 방법적인 논의를 세세히 하지 못해서 뒤늦게 그 차이를 발견하고 아쉬워하기도 했으며 작은 문제가 되기도 했다.

끝으로, 아이들과 접하면서 느낀 점들, 몇 가지만 이야기하면서 실험기에 불과한 이 글을 마무리할까 한다. 요즘 아이들은 조금이라도 '썰렁한' 이야기를 하면 인정 사정 봐주지 않는다. 썰렁하면 아이들은 들어주는 척조차 하지 않을 뿐 아니라 조금 심한 경우, 아예 귀를 막아 버리거나 들으라는 듯이 큰소리로 썰렁하다고 비아냥댄다. 우리 프로그램에서는 크게 눈에 띄지는 않았지만 재미 있게 얘기할 자신이 없는 아이들은 발표할 때, 쭈볏거리고 미안해 했다. 아이들이 썰렁에 대해 갖는 부담은 관계를 형성하는 데 자신감을 갖지 못하게 하고 위축되게 만든다.

그러나 요즘 아이들이 타인을 고려하지 않고 마음에 상처를 주는 행동들을 서슴없이 한다고 해서 쉽게 '자기밖에 모르는 이기주의자'로 봐서는 안된다고 생각한다. 아이들은 가해자인 동시에 피해자이고 이 문제는 단순히 훈계로 고칠 수 있는 간단한 현상이 아니다. 어른들이 보기에 요즘 아이들의 성향이 올바르지 않다고 해서 그들을 적대시하거나 너무 많이 풀어 주었다는 식으로 생각하지 않기를 간절히 희망한다. 실제로 프로그램을 진행하면서 아이들 자신도 혼란스러워 하고 외로워하며 힘들어 하고 있음을 많이 느꼈다. 얼마나 많은 어른들의 잣대가 아이들의 성장을 가로막고 있는지, 아이들이 자신을 초라하다고 느끼게 만드는지를 알 수 있었다. 부모의 기대와 무수히 잘난 타인들과 비교되면서 아이들에게 열등감은 친숙한 감성이 되고 마는 것이다.

집단 상담 프로그램이 끝난 지금도 난 여전히 아이들의 모습을 제대로 이해하지도, 파악하지도 못했다. 하지만 머리가 아닌 마음으로 아이들을 받아들이고 아이들과 함께 살아갈 수 있는 힘을 이 프로그램을 통해 얻었다. 전에 눈도 마주치지 못하던 아이가 밝은 모습으로, 잔뜩 위축되었던 아이가 자연스러움으로 다가올 때, 그리고 언제나 매사에 투덜거리기만 했었다고 스스로를 돌아보는 아이를 볼 때 10주 넘게 진행해 오며 끊임없이 갈등하고 자신 없어 했던 이 프로그램에 일말의 희망을 느끼게 된다.

다음 기회에 아이들을 만날 때는 아이들을 마음 가득히 느끼며 좀더 겸손하게, 좀더 준비해서 프로그램에 임할 것이다. 아이들에게 자신을 사랑할 수 있는 씨앗 하나가 뿌려지길 기대하며.

■ 글쓴이 김서경례는 어떠한 사람이 되어야만 한다는 말과 지금 속해 있는 이 일상에서 탈출해 버리고 싶다는 말이 번갈아 일기를 채웠던 중고등학교를 지나와 교사로서 아이들 앞에 섰을 때 매순간 부끄러움과 열등감을 느꼈다. 좀더 치열하게 부딪치며 살아오지 않고 말로만 마음으로만 되뇌였던 자신의 모습 때문에. 막 시작한 상담을 통해 가졌던 만남의 기쁨도 앞으로 몇 년간은 접어두어야 할 테지만 이곳, 미국에서 돌아가 아이들을 만날 생각에 언제나 가슴이 설레인다.

연극으로 어두운
교육 현실을
헤쳐 나간다

조민정

우리는 사람과 사람, 마음과
마음의 다리를 놓아 가기로 했다.
세상의 지배력을 거슬러 가는
인간의 힘을 믿었다.

연극의 시작

발령받은 첫해

어떻게 하든지 아이들과 감동을 주고받는 도덕 교사가 되고 말 것이라는 아집
에 가까운 열정 하나로 임했다. 나 자신은 제대로 받아보지도 못한 열린 교육을
아이들에게 해주어야 한다는 강박관념 속에서…

첫해의 내 모습은 한마디로 가관이었다. 어느 날은 흥에 겨워 교단을 떠다니
는 광대로, 어느 날은 근엄한 토론장의 사회자로, 어느 날은 퀴즈 쇼의 진행자
로, 어느 날은 진지한 도덕 설교자로… 생각할 수 있는 모든 방법을 다 동원해
보았다. 하지만 광대는 끊임없는 에너지가 소모되었고, 50명과 함께 한 토론장
은 남의 말은 듣지 않고 떠들어대는 시장바닥이 되었고, 그나마 들어 주더라도
1대 다(多)로 쳐다보는 구도 속에서 무슨 대등한 토론인가? 게다가 상품에 눈
먼 퀴즈 쇼도 어쩌다 한 번이지, 5분을 넘어가는 설교는 잔소리가 되고…

풀어 놓을 자유 공간 하나 없고 야외 수업이랍시고 나가면 애들은 운동장가

에 서서 남 뛰는 거나 쳐다보고 이리저리 우왕좌왕이니… 게다가 시장바닥이라도 좋으니 아이들이 제 입 열어 말하는 거라도 볼라치면 옆반 수업 방해 말라고 하고 남녀 분반으로 되어 있는 아이들을 성교육 좀 하려고 모아 놓으면 그렇게 난리치던 놈들이 서로 눈치 살피느라 애써 바꿔 놓은 시간표를 아깝게 만들어 버렸다. 한 시간만에 일어나는 혁명이란 없었다.

다른 특별실이라도 빌려 볼라치면 왜 그렇게 주인 눈치 보는 셋방 신세 같은지… 도덕 교실 달라니 예산이 없단다. 열린 수업이란 게 뭔지 갈피를 잡을 수 없었다. 창문이나 열어 놓고 있으라는 건지….

연륜이 짧으면 환상이 크다고 난 그래도 어려운 교육 현실 안에서도 아이들이 날 감동시킬 것이라는 환상으로 임했는데 현실의 벽보다 아이들의 묵묵부답, 무기력, 돈이 중요한 세상이니 거기에 발맞춰 살 수밖에 없다는 대답 속에 숨은 벽이 더 컸다. 어떻게 하든지 감동을 주고야 말겠다는 설교는 침만 튀는 잔소리가 되고, 어떻게 하든지 감동을 받고야 말겠다는 욕심은 혼자만의 벽치기였다. 뭔가가 필요했다. 어두웠던 80년대를 거쳐 어렵게 졸업을 하고 뜻밖의 임용고시를 만나 허우적거리다가 교사가 된 난데… 내가 어떻게 교사가 됐는데… 뭔가가 필요했다.

내게 힘을 내게 하고 아이들도 깨어나게 하는 그 뭔가가… 이 현실을 헤쳐 나갈 힘을 주는 그 뭔가가….

그러던 어느 날 연극을 만났다

"악법도 법이다"라고 했던 소크라테스의 일생이 우연히 연극으로 옮겨졌는데 그렇게 자신 없는 벽 같기만 하던 아이들이 소크라테스를 말했다. 그 많은 눈동자 앞에서 목소리를 키웠다. 자기들과는 전혀 상관 없는 사람 같은데도 소크라테스를 맡은 아이와 독배를 건네 주는 간수역을 맡은 아이가 죽음 앞에서 울었다. 죽음을 눈앞에 둔 체념 섞인 항변이 그네들 신세와 무에 그리 비슷한 것이 있는지 그 눈물을 보고 아이들도 울었다.

평생 연극 구경 한 번 가본 적이 없던 내가 그걸 보고 눈이 틔었다.

'그렇구나. 어쩌면 아이들은 이렇게 또 다른 껍질 속에서 자신을 보여줄 수도 있겠구나. 남의 껍질을 쓰고도 자기 감정이 드러날 수가 있겠구나. 저것이 소크라테스가 아니라 아이들이 만들어낸 자기들의 얘기라면…!'

내 인생에서 연극은 그렇게 시작되었다

이리저리 두리번거리다가 연극을 통해 교육을 더 잘해 보자고 모이신 선생님들 틈에 나도 끼어들었다. 연극으로 아이들의 마음을 풀어내고 연극에 못다한 얘기들을 담아내고, 연극을 통해 다른 교사들과 만나가는 대열에 나도 함께 서 있었다. 그날부터 연극 수업, 연극반 활동을 하는 내가 되었다. 아니 연극을 하는 내가 되었다. 아이들과의 경험을 나누고 그것을 극으로 만들면서, 아이들과 극을 만들어온 선배들의 체험 속에서 연극은 삶이 되고, 연극을 매개로 내 삶이 자라갔다.

아이들과 뒹굴고 싶어서 시작한 연극이 이제는 나와 아이들 모두의 삶이 되었다. 연극은 교육을 위한 하나의 좋은 수단이기도 하지만 그 자체가 생생한 삶이었다.

이야기를 쌓아 나가며

연극은 삶을 바꾸기도 하고 벽을 걷어 내기도 한다

우리는 연극 행위를 통해, 교사와 아이들, 아이들과 아이들, 교사와 교사, 교사와 학부모, 학부모와 학부모, 학부모와 아이들을 잇는 '징검다리'이고자 한다. 세상이 사람과 사람 사이를 끊어 놓고, 사람을 평가하는 기준이 물질이게 하고, 경쟁의 승리자만 월계관을 쓰고 대접받는 곳이라 해도 우리는 사람과 사람, 마음과 마음의 다리를 놓아 가기로 했다. 세상의 지배력을 거슬러 가는 인간의 힘을 믿었다.

우리가 만드는 연극은 교육의 모든 일상이나 사건을 담고자 한다. 아니 우리가 다리를 놓아야 할 모든 사람, 사건, 상황을 담고자 한다. 그러나 아이들과의 연극 때문에 모인 우리들은 이제 그것을 어떻게 풀어 나갈 것인가에 대한 고민을 시작하였다. 현실의 벽 안에서나마 무엇이 더 교사를 해방시키고 아이들을 해방시키고 우리 모두의 삶을 풍요롭게 하고 그 만남을 풍성하게 할 것인가? 그것은 단순히 특별활동 연극반을 지원하는 자료를 만든다고 해서, 연극으로 하는 수업 방법을 고안해 자료화한다고 해서 될 일이 아니었고, 또 교사의 연극 경험 없이는 그 자료마저 제대로 나오지 않으리라 생각했다.

그래서 우리는 공연 집단인 교사 극단 징검다리로 출범했다
공연을 하기로 결정하자 무슨 극을 어떤 식으로 보여줄 것인가의 고민이 시작되었다. 전문 극작가나 전문 연출가에 의해 만들어진 대로 움직이는 것이 아니라, 비록 도움을 받더라도 우리의 이야기를 우리 손으로 보여 주어야 했다. 아이들 손으로 만든 아이들 얘기로 우리들이 감동하듯이 우리 이야기를 우리 손으로 만들어야 했다.

먼저 교사인 우리들의 이야기를 수집했다. 가슴 아팠던 순간들, 감동으로 찡했던 순간들, 기가 막혀 분에 떨던 순간들, 어쩔 수 없이 손을 놓아야 했던 순간들 모두가 우리 단원들 하나하나의 입에서 나왔다. 그 이야기들을 쌓아 나가며 우리는 우리가 무엇을 보여주고 싶은지를 찾아 갔다. 우리를 절망케 하는 현실의 벽이 그 모습을 드러내고 우리가 만나야 할 아이들을 보는 시각이 하나씩 세워지고 나를 비롯해 내 옆에 있는 사람들의 고뇌와 미추(美醜)가 하나씩 드러났다. 같은 벽 안에 갇힌 우리들 중 완전한 악당도 완전한 선인도 없었다. 우리는 우리를 이렇게 갈라 놓고 아프게 하는 것의 정체를 알아야 했다. 그래서 교단에 공존하는 다양한 군상들의 모습과 그 뿌리를 캐는 것으로 시작했다. 교사라는 존재부터 출발한 이 문제 의식은 첫 공연작 「김선생님, 지금 뭐하세요?」를 낳았다. 극의 완성도를 떠나 우리는 '함께 만들어 간다'는 것의 의미를 이 극으로부터 배웠고 인간이 주고받는 감동이라는 것이 작지만 얼마나 진솔한

것에서 나오는지를 알았다. 전문 배우가 아닌 우리들이 무대에 서면서 내보인 것은 또 다른 껍질이 아닌 삶, 그 삶의 진실성이었던 것이다. 보는 사람 모두에게 이 느낌이 전달되었으리라. 이 땅의 교사 모두 우리에겐 '김선생님'이었다.

우리는 그렇게 삶을 느꼈고 어두운 벽을 헤쳐 나갈 가능성을 배웠다. 그때 알았다. 우리가 연극을 하는 이유는 삶 속에 있으며, 연극과 함께 하는 삶에서 함께 하는 것의 의미와 사랑하는 법과 살아가는 법을 알게 될 것이라고….

절망 묻은 희망

첫 해에 교사의 얘기를 꿰어낸 우리는 2회 공연을 위한 공동창작 논의에서 서서히 아이들의 얘기를 해나갔다. 교사가 지닌 고뇌의 태반이 아이들을 앞에 두고 느끼는 것이라 우리는 '김선생님'이 갖고 있는 고뇌의 일면, '아이들을 어떻게 바라볼 것인가'의 질문을 두번째 공연작의 주제 의식으로 끌어내었다. 우리들이 가지고 온 아이들 얘기는 참으로 그 범위가 넓었다. 성적으로 고민하는 아이, 부모님과의 갈등에 지쳐 있는 아이, 바람에 눕는 풀잎처럼 여린 아이, 무엇이 문제인지도 모른 채 방황의 길에 빠진 아이, 야무지게 거부의 몸짓을 보이는 아이, 별 뚜렷한 문제가 없는 중간층이라는 이유만으로 교사로부터 소외받는 아이… 그렇게 다르게 살아가는, 그러나 같이 아파하는 아이들을 우리는 어떻게 보아야 할 것인가? 한 사람, 한 사람의 입이 떼일 때마다 우리는 스스로에게 질문을 하고 스스로의 아집과 편견에 뜨끔뜨끔 놀랐다. 그리고 아이들을 바라보는 시각은 우리가 인간에 대해 갖고 있는 생각 그대로며, 세상을 보는 시각 그대로라는 것을 알게 되었다.

특히 우리가 극을 만드는 과정에서 가장 중시하는 것이 즉흥극을 통한 대본 창작이다. 단원들이 모아온 이야기를 극으로 꾸며 상황을 재창조해 낸다. 그 즉흥극의 과정에서 우리는 아이가 되고 동료 교사가 되고 부모가 되고 또 내가 된다. 이 즉흥극에서 생겨 나는 감정이입의 심로는 진짜 극보다 오히려 더 극적이며, 그 순간 난 상대를 다시 들여다보게 된다. '아! 이렇게 아파하고 있었구나', '이런 마음이면서 나에게 그런 얼굴을 보였구나', '나만 아파하는 게 아니었구나', '세상이 얼마나 아이들을 아프게 하는가' 하는 각성 속에서… 이 순간의 경험이 아이들 앞에서 내 눈초리, 내 말 하나, 내 몸짓 하나를 다르게 한다. 아이가 없는 곳에서 나눈 아이와의 대화가 그대로 아이사랑이 된다.

이렇게 만들어 낸 것이 제2회 공연작 「블루기타」이다. 우리는 「블루기타」를 통해, 아이들은 어른들 눈에 인정받지 못하는 면이 있어도 스스로의 세계 속에서는 삶을 풀어내는 나름의 방식이 있으며 그들의 내면은 자라고 있다는 믿음을 보여주고 싶었다. 우리가 이렇게 믿지 않으면 어떤 교육적 행위도 의미가 없으리라 말하고 싶었다.

그 어느 곳 하나 마음 둘 곳 없어 학교를 떠나 방황하는 아이에게나, 경제적 뒷받침이 안되는 가정에서 꿈을 싸안고 허상인지를 고민하는 아이에게나, 경쟁에서 늘 이겨 왔지만 더 이상은 승리자가 되고 싶지 않은데 그것이 미래라고, 그것이 네 꿈이라고 강요당하는 아이에게나, 착하고 성실하나 이기지 못하는 사람은 필요로 하지 않는 곳에서 두리번 두리번 방황하는 아이에게도 모두 절망 묻은 희망이 있다. 그것은 포기가 아니다. 좌절이 아니다. 그것은 그대로 삶의 한 단계이며 그로 인해 삶은 발전한다. 절망에 깃드는 한 줄기 햇살로 그들은 삶 속으로 스스로 자라간다. 그들이 걸어가는 세상은 어둡고 험해도 그들은 빛을 향해 걸어갈 것이다.
― 「블루기타」를 만들면서

이런 아이들을 사랑한다는 것, 가르친다는 것은 어떤 것이어야 할까? 우리는 이제 그 사랑의 정체를 밝혀야 한다는 생각으로 세번째 작품의 공동창작에 들어갔다. 좌절과 절망이 있어도 스스로 걸어가는 아이들에 대한 믿음이 있는 한, 아이들을 통한 대리 만족이나 아이들을 위한답시고 강요되는 승리는 사랑이 아니었다. 세상이 요구하는 바가 그렇다 해도, 아무리 몇 사람의 소리나 몸짓이 그 요구를 거스르기엔 힘겹다 해도 우리들의 진정한 아이사랑은 그러해선 안 되었다. 경쟁 사회에서 살아남도록 채찍을 가하며 강하게 키우려는 것이 사랑이 아니라 자기 삶 속으로 걸어갈 수 있도록 화분에 갇혀 있던 뿌리를 땅으로 옮겨 놓아 주는 것이 진정한 사랑임을 말하고 싶었다. 이 세상에서 한 인간이 스스로의 힘으로 똑바로 설 수 있게 도우는 사랑은 드러나는 강요나 억압이어서는 안된다. 세상의 몰아침 때문에 우린 얼마나 자신에게, 서로에게 상처를 주어 왔던가? 진정한 사랑의 각성이 있기까지의 과정은 얼마나 아픈 것인지, 그러나 그 사랑은 얼마나 자유롭고 아름다운가? 이것이 「어린 소나무 산에 옮겨심다」를 만들어낸 우리의 의지였다.

의도한 것은 아니지만 우리들이 교육에 대해 고민하는 바는 교사, 학생, 학부모라는 교육의 3주체를 차례로 다루는 것으로 이어져 왔다. 다른 소재, 같은 의식. 누구를 더 자세히 보여주던 간에 우리가 담고자 하는 사람의 모습은 세상에 의해 규정당하나, 자신의 힘으로 이 땅 위에 굳건히 서고자 하는 사람이다. 많은 고통과 많은 좌절이 있으나 이 세상을 헤쳐 나갈 힘과 가능성을 믿는 사람. 그래서 우리는 우리의 연극 몸짓이 세상을 살아가는 대안임을 믿는다.

이런 믿음으로 아이들과 연극반을 만들었다. 징검다리에서처럼 함께 극을 만들고 생활극 창작을 통해 아이들의 얘기를 직접 극으로 담는 것을 해나갔다. 가위바위보로 드글드글 몰려온 40명의 중학교 2학년들을 데리고 하나씩 하나씩 그 믿음을 펼쳐 나갔다. 자기들 생활을 그대로 보여주는 데 특별한 재능이 필요하진 않았다. 단지 서로를 믿고 배려해 주는 가운데 자리잡은 진솔함만이 필요할 뿐이었다. 특히 가정 형편이 어려운 아이들이 많은 환경이라 집 얘기를 많이 했다. 세상살이에 지친 부모님 얘기, 그 지치고 힘듦을 자식들에게 짜증과 폭력으로 풀어내는 아픔, 사랑하지만 사랑한다는 표현에 서툰 자기 자신에 대한 답답함들… 일주일에 한 번 있는 특별 활동 시간에 그 얘기들을 풀어냈다. 모둠별로 만들어 보는 즉흥극 속에 아이들의 현실이 있고 아이들의 마음이 있었다.

연극도 사람이 하는 일이라 아이들간의 갈등도 있었다. 소위 말하는 날라리들과 범생이들이 패가 갈려 서로를 경원시하다가 힘들게 만들어낸 공연 속에서 그 응어리를 다 풀었다. 함께 만든 자기들의 이야기를 사람들 앞에서 보여주었고, 극이 끝나고 서로 부둥켜 안고 울었다. 해냈다는 신기함과 끝났다는 허전함, 하나가 되었다는 일체감으로.

그 눈물의 경험을 후배들이 이어받아 학교 폭력 속에 변해 가는 자신들의 이야기를 담았다. 공연을 끝내고 아이들이 부쩍 컸다. 자신을 돌아보는 눈과, 함께 한다는 것의 의미를 알아서일까? 참 듬직한 아이들이었다. 참 듬직한 동지들이었다.

수업 시간 짤막한 촌극에서 시작한 내 인생의 연극이 아이들에게도 삶이 되었다. 내가 흘리는 눈물이 되었고 아이들의 감동이 되었다. 아이들과 나 사이에 징검다리가 놓였다. 아이들과 아이들 사이에 징검다리가 놓였다. 그래서 우리는 연극을 한다. 힘들게 살아가는 틈바구니 속에 하나의 의미를 남긴다.

어찌 연극이 즐겁지 않으랴. 어찌 가르치는 일이 즐겁지 않으랴.

이젠 전국 곳곳에서 교사 극단들이 생겨나고 있다. 인천, 부산, 김천에서는 이미 공연을 수차례 올렸고 자리를 잡아가고 있다. 태안에서도 교사 문화패가 결성되었다는 소식이다. 작은 지역임에도 불구하고 열정 어린 교사들이 모여 지역 문화를 선도하기로 결의했고 공연자 등록까지 마쳤다고 한다. 영주, 포항, 광주, 대구, 제주 등지에도 교육극에 대한 연구 모임과 극단이 있다. 이들은 여러 가지 방법으로 지역 문화의 활성화와 보급 그리고 무엇보다 청소년 문화 교육의 활성화를 위해 노력하고 있다. 고민이 깊어갈수록 대안의 힘은 커갈 것이다. 사람은 스스로의 힘으로 이 세상 속을 걸어 나가리라는 믿음도….

■ 글쓴이 조민정은 교사극단 징검다리 소속, 강일중 재직, 「김선생님 지금 뭐하세요?」(1995), 「블루 기타」(1996), 「어린 소나무 산에 옮겨 심다」(1997) 등을 출연 및 기획했다. 극단 징검다리는 1993년 9월 창단 발기하여, 수차례의 수련 과정을 거침(연기, 연출, 민속춤, 민요, 즉흥극), 1994년 1월 워크숍 「아버지의 행군」, 1994년 7월 작품 공동 창작 시작, 중등 특별활동 자료집 발간, 1995년 2월 창단

공연, 엄인희 연출 「김선생님, 지금 뭐하세요?」, 1995년 8월 교사 연극 교실, 1996년 2월 제2회 정기 공연, 고동업 연출 「블루기타」, 1996년 5월 「블루기타」 스승의 날 기념 초청 공연, 1996년 8월 교사 연극 교실, 1997년 2월 제3회 정기 공연, 구재연 연출 「어린 소나무 산에 옮겨 심다」.

교실 카페,
그 신나는
이야기

백신영애

아이들에게 불량 비디오를 본다고
욕할 것이 아니라 학교 차원에서
영상 시대의 아이들에게 맞는
좋은 교육용 비디오 테이프를
관리하고 빌려줄 수 있게
되는 날은 언제일까?

교실 카페의 시작

요즘 우리 학교에는 전에 없던 새로운 교실이 하나 생겼다. 나는 일찌감치 출근하여, 곧장 교실로 향한다. 아이들에게 쾌적하고 깨끗한 공간, 늘 신선한 공간, 들어오기만 하면 웬지 가슴이 뛰는 그런 공간으로 만들기 위해서다. 먼저 부드러운 음악을 틀어 놓고, 창턱에 올려 놓은 작은 화분들을 돌보며 어지러진 것들을 정리한다.

맨처음 이 공간에 음악을 틀어 놓았을 때, 아이들은 갑자기 "와~ 카페 같다"며 환호성을 질렀다. 음악과 함께 모여 앉을 수 있는 책상이 몇 개 있을 뿐인데. "선생님, 제가 여기 인테리어를 해보면 안될까요?" "여기서 뭐 먹어도 되요?" "선생님, 여기서 진짜 카페처럼 차를 팔면 안될까요?" 아이들은 중구 난방으로 떠들어댔지만 나는 카페라는 말에 정신이 번쩍 났다. 아이들이 카페를 드나든다고 어른들은 걱정하지만 카페라는 말이 주는 그 신선한 자유로움을 아이들이 이 정도의 교실에서 느꼈다면 일단은 성공한 셈이었다. 아이들과 나는 이 공간을 '교실 카페'로 부르기로 했다.

수업종이 울리면 아이들은 삼삼오오 왁자지껄하게 들어오면서 교실 뒷편의 게시판에 다가선다. 수업중에 했던 '자기 소개서' '나는 이런 일을 할 거야' 작품들, 특활반 사진 일지, 특활반 모듬이 만든 포스터나 공연 안내 포스터를 신기하게 바라본다. 공연에 대한 정보에 어두운 아이들에게는 작은 포스터 하나도 신기한 모양이다. 아이들에게 가장 인기 있는 것은 다달이 더해 가는 '청소년 문화 연구반' 아이들의 활동을 담은 사진 일지다. 아이들이 이곳에 들어와서 다른 친구들의 작품을 감상하는 모습을 보는 것은 나의 작은 즐거움이다.

수업을 바꾸고 싶었다

올해로 교사 생활을 한 지 거의 20년이 되어 간다. 그 동안 아이들과 여러 유형의 수업을 시도해 보았지만 교과서 진도나 입시 문제에 쫓기는 것이 늘 아쉬웠다. 그런데 올해부터 고입 연합 고사가 없어져서 아이들과 무언가 새롭게 시작해 볼 수 있는 여지가 생겼다. 새 술은 새 부대에 담는다는 옛말도 있듯이 새 입시 제도, 새 교육 과정에 맞추어 가장 먼저 내 수업을 바꾸고 싶었다.

내가 맡은 도덕 교과는 지식이나 기술보다는 자신의 내면을 성찰하여 그것이 바람직한 행동으로 변화되는 것을 가장 중시하기 때문에 어떻게 그것이 가능할 것인가가 늘 나의 일차 관심사였다. 첫단계로 자신의 정리된 의견을 다른 사람 앞에서 공언하는 것도 중요한 일이다. 그 동안 경험을 돌이켜 보니 아이들이 나름대로 갖고 있는 지식의 양은 무척 많은데 잘 정리되지 않은 상태로 흩어져서 언어로 나오지 못하고 있다는 것을 알게 되었다. 나는 아이들이 자신의 생각을 정리하여 사람들 앞에서 이야기하고, 또 미처 생각하지 못한 것은 남의 이야기를 듣고 보완할 수 있는 기회를 자주 가져야겠다고 생각했다.

학기초에 나는 교과서 안팎의 내용이나 주제를 선정하여 토의하는 식으로 수업을 진행하기로 계획했다. 그런데 짧은 수업 시간에 교실에 올라가 모듬별 책상을 만들고 토의를 시작하는 일은 여러모로 애로 사항이 많았다. 토의 후

모둠 발표를 할 때마다 필요한 기자재들을 이 교실 저 교실로 끌고 다니는 일은 여간 힘드는 일이 아니었다. 또 쉬는 시간이 짧기 때문에 전 수업 시간에서의 긴장도 다 안 풀린 상태에서 책상 배열을 새로 하고 토의 주제에 대한 제안설명을 하고 토의에 들어가다 보면 분위기 잡는 데만도 시간이 꽤 걸렸다. 주제에 대한 이해가 끝나 이제 본격적으로 토의를 시작하려면 끝나는 종이 울리곤했다. 게다가 옆 반에서 수업하시는 선생님이 우리가 너무 시끄러워서(웃고 떠드는 경우가 많기 때문에) 수업을 할 수가 없다면서 도덕 교실이 따로 있었으면한다는 이야기를 건넨 적도 있다.

그렇다, 안정적으로 토의 수업을 할 수 있는 토의실이 하나 있으면 이런 문제들은 쉽게 해결될 수도 있겠다. 이제 생각에 머무를 것이 아니라 구체적인 방법을 찾아 보아야 할 시점이었다.

창고를 카페로 꾸미기

신학기 첫날, 우리 학교가 교사를 신축할 대상 학교로 지정되어 올해에 2학급정도를 적게 받아들여 교실이 남는다는 것을 알게 되었다. 나는 다른 도덕과교사들에게 남는 교실을 도덕과 전용 교실로 만들자고 제안했다. 늘 교과 전용교실이 있었으면 하고 바라고들 있던 터라 쉽게 동의를 얻을 수 있었다. 학교에허락을 얻고(내년이면 때려 부술 교실이라서 그런지 쉽게 허락이 났다) 교실 관리와청소, 기자재 구비, 환경 미화까지 내가 모두 맡기로 하였다. 남는 책상을 넣어두는 창고가 되어 버린 교실에 들어가 사방을 둘러보았다. 원래 학교에서 교사전용 탁구실을 만들려다가 아래층이 일반 교실인지라 소음이 날 것을 염려해사용이 보류중이던 교실이었다.

나는 교실 구석구석에 쌓여 있는 먼지를 털어내는 등 대청소를 하고 하드 보드지로 '토의실'이라는 명패도 달아 놓았다. 또 비록 '초코파이 책상'(요즘 아이들의 체형에도 맞지 않는 1인용 책상)이었지만 모둠별로 토의할 수 있도록 책상4개씩을 붙여 놓았다. 며칠에 걸쳐 부랴부랴 전근 간 선생님이 두고 간 교사용 책상과 의자도 가져다 놓고, 나즈막한 교탁 위에 TV와 방송반 비디오 재생기를 빌려다 시설도 하고, 언제나 쓸 수 있는 녹음기도 가져다 놓았다. 자료실에 있던 캐비넷을 올려 와서 백과 사전이랑, 교무실의 내 책상 옆, 라면 상자 속에 있던 아이들의 작품들과, 교과 활동을 하면서 마련한 여러 참고 도서와 틈틈이 모아 둔 녹화 비디오 테이프도 비치해 놓았다. 교실 한 면을 다 차지하는 넓은 창과 복도 쪽 창에도 빈 교실에 남아 있던 커튼을 쳐서 아늑한 분위기가 나도록 했다. 교실 뒷편의 게시판에는 그 동안 모아 두었던 영화나 연극 포스터들을 붙여 놓았다. 다른 도덕과 선생님과는 시간표가 서로 겹치지 않도록 이용 시간을 조정했다.

웬 열린 학습실?

아이들과 나는 날마다 교실 꾸미기에 여념이 없었다. 그날도 아이들과 게시판에 아이들의 작품을 붙이고 교무실로 내려오는데, 한 연구부 교사가 나를 반갑게 맞더니 토의실로 한 번 올라가 보잔다. 학교에 종합 장학 지도가 나오는데, 이번 장학 지도 사항은 각급 학교에 열린 교육의 일환으로 '열린 교실'이나 '열린 교육 코너'가 설치되어 있는지 점검하는 것이라고 했다. 학교마다 걱정이 이만 저만이 아니라고 했다. 그런데 때마침 우리 학교에는 내가 아이들과 함께 꾸민 토의실이 있었던 것이다. 연구부장과 교감까지 토의실에 들러 고개를 끄덕였다. 잘만 꾸미면 그런 교실처럼 보일 가능성이 있다는 것이었다. 큰돈을 들일 수는 없지만, 필요한 물품을 신청하면 가능한 다 구입해 주겠다고 했다.

이 일을 어떻게 받아들여야 하나 고민하다가, 어차피 학교에서 시작한 일이니 학교의 관리를 받는 것은 당연한 일이라는 생각에서 도움을 청하기로 하였다. 그러나 새로 학교를 지어야 하는 마당에 많은 것을 요구할 수는 없었다. 아이들의 1인용 책상을 여러 개 붙여 놓은 것이 좀 지저분하고 딱딱해 보이니 좀 더 부드러운 분위기가 날 수 있도록 책상보를 마련해 줄 것과, 교실 뒷면 전체를 베니어판으로 덮어서 전시 공간으로 활용할 수 있게 해달라고 요청하였다.

또 백과 사전, 책장, 아이들의 수업 결과물을 담아 놓을 수 있는 캐비넷, 교사용 컴퓨터를 놓아 달라고 하였다. 학교에서는 큰 걱정을 덜었다는 듯이 그것을 다 해주겠다며, 물건들을 구입하는 데는 시간이 며칠 걸리고 장학 지도는 모레니까 우선 교무실에 있는 것이라도 가져다 놓으라고 하였다. 나는 아이들과 함께 급한 대로 교무실에 있는 낡은 책장을 올려다 놓고, 책장 옆에는 박스를 놓아 날마다 나오는 수업 자료들을 넣어 놓고 아이들의 필요에 따라 가져다 쓸 수 있도록 해놓았다.

혼자 조용히 시작한 일에 학교가 관심을 보이는 것이 좋은 일이 될지 어떨지를 걱정하고 있으려니 어떤 교사는 평소에 준비를 해두어서 그런 일이 생긴 것 아니냐면서 나를 격려해 주었다. 막상 종합 장학 지도 전 날, 학교에서는 토의실이라는 팻말을 떼고 거기에 '열린 학습실'이라는 팻말을 달도록 종용하였다. 열린 학습 중에 토의도 포함되어 있으니 팻말쯤이야 무슨 상관이겠느냐는 생각이 들면서도 그 알량한 교실 하나에 열린 학습실이라는 팻말을 달고 무언가 하고 있다는 것을 보여 주어야만 하는 현실이 딱했다.

종합 장학 지도가 나온 날, 장학사는 우리 교실을 휙 둘러보더니 아무 말도 없었다. 나중에 들으니 그 장학사 왈 "열린 학습실이라고 해서 무언가 굉장한 것이 있는가 했는데 별 것도 아니었다"고 했단다. 공문 한 장 보내 놓고 검사만 나온다고 한 것은 누군데. 어차피 학교의 크고 작은 일들은 우리 교사들이 해야 할 몫이라는 사실만 확인한 쓸쓸레한 경험이었다.

학교에서 열린 학습실에 여러 지원을 한다니까 이상하게 말하는 사람도 있었다. ○○ 선생님 개인 사무실을 만들어 줄 필요가 있냐는 것이다. 그 이야기를 듣고 "아 맞아. 학교에 손님이 와도 좁은 교무실에서 자리가 없어 이야기를 나누기도 곤란했는데, 이제 교실 카페가 생겼으니 거기서 이야기하면 되겠구나"란 생각이 들었다. 개인 사무실을 쓸 수 있느냐 없느냐의 문제는 바로 교사의 인권 문제가 달린 아주 중요한 문제이다. 교사가 자기의 공간에서 여러 교육 활동을 안정적으로 실천할 수 있다면 더 바랄 것이 없지 않은가? 교사가 개인 사무실을 쓸까봐 걱정인 사람들은 누굴까? 그 이야기를 들은 학교 측에서는 개인 사무실이 아니라 우리 학교 전체 차원에서 관리하는 교실이니까 누구든 쓸 수 있다고 해명하고 나섰다. 어떤 학교에서는 이동식 수업을 실시하면서 다양한 교실을 만들고, 교무실마저도 교사들이 연구할 수 있는 공간으로 만들기 위해서 신경들을 쓴다는데….

국어과에서는 자기네 수업에서야말로 토의를 해야 한다고 했다. 나는 바로 옆방이 비어 있으니 국어과에서도 한 번 꾸며 보라고 제안했다. 아무도 거기에 대답하는 사람은 없었다. 장학 지도 때문에 학교 전체에 소문이 나서 책과 비디오 테이프를 빌려 가는 교사들도 생기고, 집들이 선물이라며 예쁜 CD 케이스를 가져다 준 교사도 있었다. 학생부에서는 대의원 회의를 하고 싶다는 요청을 해 왔다. 교실 카페가 학교 차원의 토의실 노릇도 할 모양이다.

교실 카페에 모이는 아이들

우리 교실 카페의 단골 손님은 청소년 연구반 아이들이다. 일주일에 한 번씩 점심 시간을 이용하여 모둠별로 돌아가며 모여서 지난 특별 활동에 대한 소감이나 앞으로 할 일들에 대해 이야기하는 시간을 갖는다. 청소년 문화 연구반 아이들이 워낙 많아 얼굴도 다 모르고 이름도 잘 모르는 형편에서 같은 모둠 아이들끼리라도 얼굴을 알고 서로 친해지기 위해서다. 나도 아이들과 함께 하고 싶어서 이른 점심을 먹는다. 덕분에 우리 청소년 문화 연구반은 그럭저럭 많은 활동을 하고 심도 깊은 이야기를 나누게도 되었다.

점심 시간에는 아이들을 위해 비디오를 켜놓는다. 육상대회 날 아이들이 흥겹게 응원한 모습이라든지, 청소년 문화 연구반 활동을 찍은 비디오 필름을 틀어 놓으니 관심 있는 아이들이 찾아 오기도 하고 수업 시간에 발표할 자료를 얻기 위해서 비디오 테이프를 모둠별로 와서 보기도 한다.

아이들은 교육용 비디오나 책들을 빌려 달라고 오기도 한다. 그 자료는 모두 내 개인 수업 자료이긴 하지만 보고 싶어하는 아이들에겐 빌려 주되 반납할 때는 반드시 독후감이나 청취 소감을 내도록 한다. 한 번은 토의실 당번을 자청하고 나선 2학년의 진희가 '성철 스님' 녹화 비디오를 빌려 갔다. 진희는 엄마와 떨어져, 할머니와 같이 사는 아이다. 다음 날, 내가 출근하기를 교무실에서 기다리고 있던 진희가 "선생님, 소감문 써왔어요. 그리고 『부모 은중경』도 읽었어요." "정말?" "할머니하고 같이 보았어요. 선생님 교실에 올라가서 한 번 읽어 보세요." "그래." 정희는 노트 앞뒤로 소감문을 써왔다. 저번 시간에 숙제를 안 해 와서 혼이 났는데, 비디오 소감문을 다 써오다니 정말 믿기지 않았다. 흐뭇한 아침이었다. 중간 고사가 끝나고 나니 비디오 테이프 빌려 달라는 아이들이 꽤 생겼다. 시청 소감문을 써도 좋으니 서태지 뮤직 비디오, 내일은 늦으리 환경 콘서트, 세계의 교육 현장 서머힐, 영화 등을 빌려 가면서 그렇게 좋아할 수가 없었다. 아이들에게 불량 비디오를 본다고 욕할 것이 아니라 학교 차원에서 영상 시대의 아이들에게 맞는 좋은 교육용 비디오 테이프를 관리하고 빌려줄 수 있게 되는 날은 언제일까?

지난 5월에는 점심 시간과 방과 후에 토의실이 무척 시끄러웠다. 청소년 문화 연구반 연극 모듬 아이들이 또 하나의 문화에서 주최한 『새로 쓰는 청소년 이야기 · 1』 출판 기념 문화제에 들고 나갈 촌극을 만들기로 하였기 때문이다. 점심 시간과 방과 후에 아이들이 하나 둘 모여 연습을 했다. 생각대로 자신이 맡은 역할이 잘되지 않아서 속상해 하기도 하였지만 연극을 못하면 어떠랴. 학교 공간에서 아이들이 모여서 무언가 하고 있다는 것이 더 중요한 것이 아닌가? 연극반 교실이 하나 없어서 '돌산에서' '공터에서' '놀이터에서' 연습하는 아이들에 비하면 얼마나 다행인가.

교실 카페를 찾는 손님들

스승의 날에 즈음하여 졸업생들이 찾아왔길래 우리 교실에 데려가서 이야기를 나누니 졸업생들은 자기들이 졸업하고 나니까 이런 것이 생겼다고 아쉬워했다. 학교에 찾아와도 교무실 한 귀퉁이에 삐죽이 서 있게 하다가 이야기도 제대로

아이들이 카페를 드나든다고
어른들은 걱정하지만 카페라는 말이
주는 그 신선한 자유로움을 아이들이
이 정도의 교실에서 느꼈다면
일단은 성공한 셈이었다.

하지 못하고 슬며시 내보내야 했던 것을 생각하면 얼마나 좋은지 모르겠다.

또 우리 카페의 손님으로 빼놓을 수 없는 사람들이 있다. 격주 수요일마다 특별 활동을 하는데 우리 청소년 문화 연구반에는 다른 부서와는 달리 명예 교사가 늘 온다. 신문반 모듬을 위해 인터넷 웹진을 하는 이은정, 성모듬 활동을 도와주는 대학원생 이효희, 보라매 청소년 회관 교사 임미영, 청소년을 위한 성교육 책을 쓰고 있는 이지연, 조윤정 님을 비롯하여 늘 우리의 활동을 비디오 카메라에 담아서 산 교육의 장을 보여 주고 있는 정호현 님은 우리 카페에 와서 물심 양면으로 도움을 주신 분들이다. 얼마 전에 모 방송국에서 와서 아이들의 삐삐에 대한 것을 촬영하고자 한다고 했을 때, 나는 주저없이 우리 교실 카페로 안내하였다. 언제 누가 어떻게 와도 보여줄 수 있는 공간, 그리고 수업이 있다는 것은 즐거운 일이다.

교실 카페에서는 무슨 일이 있었나?

교실 카페에서 벌어진 일 가운데 가장 먼저 꼽을 수 있는 프로그램으로, 청소년 문화 연구반 학생들을 대상으로 이루어진 멋진 성교육을 들 수 있다. 느닷없이 이루어진 성교육 프로그램에 아이들이 조금 당황했지만 부드러운 분위기에서 여러 자원 명예 교사들이 와서 아이들과 함께 성교육 프로그램을 함께 한 것이다. 연구팀들의 철저한 수업 준비 덕분에 아이들은 아주 솔직하고 진지하게 자기네 이야기를 하였고 우리는 그것을 비디오에 담기도 하였다. 특별 활동을 하기엔 교실이 좀 좁은 감이 있지만 그래도 넓은 도서 열람실에서 하는 것보다는 집중력이 있어서 좋았다.

2학년 아이들과 함께 한 북한 돕기에 관한 토론회도 정말 잊을 수 없다. 실제로 1학기말에 아이들에게 토의실 운영에 관한 설문지를 받으면서 가장 기억에 남는 것이 무엇이냐고 물으니 아이들은 대부분 북한 동포 돕기에 대하여 몇 시간에 걸쳐 토론을 벌이다가 나중에 친구들의 이야기와 여러 가지 자료를 보고 생각을 바꾸게 된 것이 가장 기억에 남는다고 대답했다. 그리고 3학년 학생들과 또 하나의 문화 청소년 문화제 비디오 테이프를 함께 볼 때는 아이들의 반응이 너무나 진지해서 놀랄 정도였다. 좋은 영화가 나와도 시끌벅적하고 집중도가 떨어지는데 자신의 친구들이 나와서 연극하는 모습은 진지하게 보아주었다.

우리들의 이야기를 하는 곳, 우리들의 역사를 만들어 가는 곳이 바로 교실 카페다.

아이들이 행복하려면 우선 교사가 행복해야 한다

아침에 교무실에 들렀다가 '가게문'을 열러 가는 기분은 아주 좋다. 커피를 끓이고 음악을 틀어 놓고 수업 준비를 하는 기분은 이루 말할 수 없다. 이런 공간이 있다면 정말 선생 노릇 해볼 만하다고 느끼는 하루하루다. 창밖으로 보이는 오동나무 잎새가 넉넉한 것처럼 내 마음도 그렇게 너그러워진다. 수업이 없는 시간에는 교무실에 내려가서 공문을 처리하기도 하고, 교사들과 만나 이야기를 나누기도 한다. 점심 시간에는 아이들이 다 나간 다음에 뒷정리를 하고 오느라 늘 늦게 내려와 늦은 점심을 먹지만 즐겁기만 하다. 차 한 잔을 끓여서 다시 오후 수업을 위해 교실로 올라가는 마음은 그렇게 넉넉하고 푸근할 수가 없다. 교실에다 올려다 주기로 한 컴퓨터가 아직 없어서 수업 자료를 만들 때마다 교무실 컴퓨터를 찾아야 하지만. 그런데 얼마 전에 아이들과 '교실을 고쳐 드립니다!'라는 수업을 할 때, 아이들이 토의실을 고쳐 달라면서 "선생님 책상에 컴퓨터 하나 놓아 드리지요"라고 이야기해서 나를 흐뭇하게 했다.

작년 같으면 비디오 한 번 보려면 방송반에 신청을 하고 교실에 가서 설치하느라고 방송반 학생들이 무척 애를 먹었는데 이제는 언제든 수업 도중에 비디오를 켤 수 있는 시설이 있으니 걱정할 것이 없다. 한 손엔 수업 자료, 또 한 손엔 수업 기자재 등을 들고 다니다 보니 늘 바쁘고 정신이 없었는데 이젠 그런 것들이 제자리에 있어 손쉽게 이용할 수 있으니 시간 손실이 없다. 4층까지 수업 한 시간 하고 또 내려왔다 올라갔다 하면서 사실 아이들 45분 수업 시간을 많이 까먹었는데 늘 교실에서 아이들을 기다리고 있으니 아이들 수업 시간을 잘라 먹을 필요가 없다. 그러나 아이들에게는 쉬는 시간 10분 사이에, 체육 시간이나 음악 시간 뒤에 이동할 경우 좀 힘드나 보다. 그래도 대부분 교실에 일찍 와서 반갑게 인사를 하며 뒷게시판으로 가서 이것 저것 읽을 거리 볼 거리를 본다.

우리 교실에서는 아이들이 졸 틈이 없다. 교사가 혼자 강의를 하면 아이들은 지루해 하는 경우가 많은데 이 교실에서는 웃고 떠들고 이야기하느라 정신이 없다. 그렇다고 아무 것도 하지 않고 놀기만 하는 것이 아니라 결과물을 내고 발표를 하는 모습을 보면 토의를 즐겁게 하는 것이라고 볼 수 있다. 우리 교실에서는 조용하면 무언가 잘못된 것이다. 나에게 야단을 맞는 중이거나 주어진 주제가 흥미가 없는 일이라는 증거이기 때문이다.

처음으로 전용 교실을 운영하느라 이번 학기에는 쉬는 시간에조차 수업 준비 하느라 무척 바빴고, 공간 지키기에 급급한 나머지 아이들에게 소홀했던 면이 없지 않다. 또 그 동안 내가 너무 교실 카페 주인티를 냈다. 어느 집에 가도 주인이 너무 주인티를 내면 손님들이 부담스러운 법이다.

이제 아이들과 나 모두 어느 정도 사용에 익숙해지고 서로를 알아가는 과정도 거치고, 이런 공간의 필요성을 서로 인정하고 있으니 좀더 여유가 생길 것 같다. 무엇보다 중요한 것은 아이들과 나 사이에 키워 가는 신뢰감이다. 아이들이 나의 이런 의도를 이해하고 믿어 주어야만 그리고 내가 아이들을 이해하고 믿어 주고 참아 주어야만 한다는 것이다. 서로 신뢰감이 없다면, 아무리 좋은 공간이 있어도 무슨 소용이란 말인가?

살아 있는 공간, 교실 카페

학기말에 나는 그 동안 한 번도 해보지 않았던 토의실 운영과 수업에 대한 평가를 2학년 몇 개 반에서 받아보았다. 무기명으로 설문에 답해 준 학생들의 말은 나에게 앞으로 무엇에 힘을 써야 할지를 알려 주었다.

"토의실 문에 들어서면 지루한 공부보다는 새로운 주제에 대해 의논한다는 것이 너무 좋다. '오늘은 또 무슨 주제로 토의를 할까?' 하는 생각부터 든다. 그러나 한 가지 안 좋은 점이 있다면 시험 때 너무 빡빡하다는 거. 하지만 토의할 때는 자꾸 생각하는 힘이 길러지니까 좋다."

"이상하게도 토의실에서는 더 열심히 하게 된다. 수업 자료를 찾다 보니 요즘은 매일 신문을 보게 되었다. 그래서 더 많은 것을 알게 되었다. 생각하는 힘이 진짜 깊어진 것 같고 말솜씨도 생긴 것 같다."

"선생님. 더욱 이런 일에 힘써 주시고 저희를 위해 이렇게 해주셔서 감사합니다. 앞으로 더욱 새로운 주제로 토의하고, 춤, 연극, 꾸미기 등 우리의 소질을 살릴 수 있는 것들을 많이 준비해 주세요."

"학교에 바랍니다. 지금 옆 교실을 쓰지 않는데 가운데 벽을 허물고 둘을 합쳐 교실을 더 넓혀 주세요. 토의실을 팍팍 밀어주세요."

대부분 토의실에서 무언가 조금이라도 다른 분위기를 느꼈고 좋았다고 한 아이들이 있는가 하면 일부의 아이들은 진도나 열심히 나가는 것이 나을 것이고 이동하는 것조차 귀찮다고 대답했다. 앞으로는 싫든 좋든 이동식 수업이 이루어진다는데….

2학기에도 역시 시끄러울 것 같다. 학교 축제도 있고, 2학년 연구 수업도 있으니 교실이 북적댈 것 같다. 아이들 기획으로 자신들이 꾸미는 콘서트도 열고, 한 달에 한 번이라도 수업이 일찍 끝나는 날 아이들과 함께 영화를 보는 일도 머리 속으로 구상중이다. 무언가 하느라고 아이들이 북적대는 교실 카페는 살아 있는 공간이 된다.

■ 글쓴이 백신영애는 요즘은 햇빛 밝은 창가에서 조용히 수업 준비를 하는 것이 정말 좋다. '공간은 존재의 집'이라는 말이 실감이 난다. 이제는 차분히 좋은 수업을 하나하나 만들어 가야겠다.

틈새내기 2

이런 공간은 어떨까

교무실이 바뀌고 있다
—— 신수진

우리는 원한다, 이런 학교를…
—— K여중 학생들

우리들 일곱 개의 가상 체험 공간
—— 가슴, 시각개발연구소

한성여고 교감. 교무실과 교감,
주임실로 나눠져 있어, 행정 업무는
이 행정실에서 모두 처리된다.

신일중 교무실
6학급 1학년의 비교적 작은 학교.
의자만 돌리면 학년 협의회가 가능하다.
각 학년마다 PC가 1대씩 있어
업무를 돕는다.

한성여고 교무실.
교과별로 교무실 배치를 바꾸며
책상, 의자 등 집기도
인체 공학적인 것으로 바꾸었다.

교무실이 바뀌고 있다

신수진

교무실의 교사가 편안할 때
거기에 드나드는 아이들이
덜 경직된다는 것은 상식이다.

교사를 대상으로 하는 잡지를 만드는 직업 때문에, 나
와 동료들은 학교를 꽤 많이 돌아다닌다. 그런데 학교
를 다닐 때마다 놀라는 것이 있다. 서울에 있는 학교든
시골에 있는 학교든, 강남에 있는 학교든 강북에 있는
학교든, 중학교든 고등학교든 학교 건물은, 모두 어쩜
그렇게 똑같이 생겼을까 하는 것이다. 그래서 우리는
위치를 잘 모르는 학교를 찾아갈 때도 대충 학교답게
(?) 생긴 건물을 찾아가곤 하는데 거의 틀린 적이 없다.
학교 안의 모습도 거의 예외 없이 똑같다. '학생 통행
금지'의 중앙 현관, 일렬로 늘어선 교실과 복도, 덩그
라한 운동장. 거기다 학교를 정말 학교답게 하는 교무
실. 교무실, 그 천편일률적인 불편함. "사람들이 형사,
경찰이 불친절하고 위압적이라고 이야기하지만 그 형

사들이 제일 꺼리는 곳이 바로 학교 교무실입니다. 그만큼 교무실 분위기가 불친절하고 폐쇄적이라는 얘기죠."

사립인 어느 여중에 근무하는 교사의 이야기다. 좁고 여유 없는 교무실이 그 불친절함의 원인이다. 의자도 제대로 들어가지 못하는 작은 책상밖에 자기 공간이 없는 교사는, 누군가 찾아오면 자기 옆자리 교사의 의자를 끌어다 앉힐 수밖에 없다. 거기 앉는 사람은 자리 임자가 들어올 때마다 비켜 줘야 하고 그나마 그가 학생일 땐 의자에 앉아볼 기회도 없다.

가끔 들르는 사람의 불편함이야 그렇다 치지만 거기에 상주하는 교사들에게도 교무실은 전혀 친절하거나 효율적인 공간이 아니다.

대부분의 학교는 소위 업무 분장이라고 하는 행정적인 구분에 의해 교사들의 좌석을 이합집산시키고 있다. 학생부니 연구부니 환경부니 하는 얘기가 바로 이 업무 분장에 의한 부서의 구분이다. 교육청에서 '시달'한 공문 처리가 여기에서 주로 이루어지는 업무인데, 이를 위해 담당 학년이나 교과와는 무관하게 학생부는 학생부 대로, 연구부는 연구부 대로 모여 앉는 것이다. 이 좌석 배치의 장점은 각 부서 주임(요즘은 부장 교사라 한다)이 담당 교사들에게 업무 지시를 하기 용이하다는 데 있다.

교실 공간의 여유가 조금 있거나 교무실 하나로는 도저히 모든 교사를 수용할 수 없을 때는 '관리실'이라고 하는 행정실이 만들어져 교사들이 조금 분산된다. 학생부실, 환경부실 등이 그것이다. 여기에 과학실, 미술실, 전산실, 도서실 등의 기능실로도 교사들이 차츰 분산되는 추세에 있긴 하다. 교사들은 "학생부실 같은 관리실이건 과학실이나 미술실 같은 기능실이건 어쨌든 나뉘어져 있는 것이 좋다"고 얘기한다. 뒤에서 얘기가 나올 '감시의 눈길'에서 조금 자유로워진다는 장점 때문이다. 하지만 이런 공간의 이동이 공간 자체에 대한 '마인드의 변화'에서 비롯된 게 아니라는 점에서 운영 그 자체에는 큰 변화가 없다.

그런데 이렇게 천편일률적으로 비효율의 '첨단'을 달리던 교무실 환경에도 조금씩 변화가 생기기 시작했다.

서울 신일중·고의 교무실에 지난 해부터 작지만 의미 있는 변화가 생겼다. 한 학년 6학급, 전체 18학급밖에 되지 않는 중학교는 학년을 중심으로, 한 학년 12학급의 고등학교는 학년을 중심으로 하되 부분적으로 학과(교과)를 기준으로 교사들이 모여 앉게 된 것이다.

중고가 함께 건물을 사용했던 신일중·고는 교실과 교무실 등이 여기저기 흩어져 있어 공간 활용이 매우 비효율적이었다. 이의 개선을 위해 중학교와 고등학교 교실을 나누는 과정에서, 교무실 위치를 옮기면서 아예 공간 배치까지 완전히 새롭게 바꾼 것이다.

가운데에는 교감과 교무주임의 자리가 위치하고, 1 - 3학년 담임 교사들이 전체 교무실을 사용하고, 그 옆에 붙어 있는 생활지도실에 상담 교사와 비담임들이 모여 있다.

한 학년 담당 교사 6명이 학년 주임의 책상 좌우로 130cm 높이의 칸막이를 보고 앉는 형태에다 왼쪽 가운데 자리에는 PC가 위치해 있다.

3학년 담임인 조장희 교사는 "진로 지도나 학생 생활 지도에는 교과별 배치보다 학년별 배치가 효율적입니다. 일단 교재 연구는 개별적인 작업이고, 교과 협의도 항시적으로 필요한 것은 아니니까요" 하고 말한다.

그의 말처럼 학년별 배치의 가장 큰 특징은 교사들 사이의 정보 교류가 활발할 수 있다는 것이다. 이를테면 3학년의 경우 가장 중요한 목표인 고교 입시를 위한 진학 정보나 학교 생활 기록부 등 해마다 지침이 바뀌고 있는 각종 양식의 작성 요령을 서로 나누는 일이 매우 중요하게 된다. 또한 보통 3학년 담임이면 3학년 수업을 많이 들어가게 되므로, 자연스럽게 담임 교사와 교과 담당 교사 간의 의견 교환이 이루어진다. 즉 이 교과 시간의 수업 태도와 저 교과 시간의 수업 태도가 비교되어, 어느 학생이 어떤 교과에 흥미와 소질이 있는지, 우리 반이 어느 교과 담당 교사와 문제가 있는지가 파악되는 것이다. 또 어느 시간이든 말썽을 일으키는 '문제아'에 대해서는 그 반에 들어 가는 모든 교사의 관심이 집중되어, 그 원인이나 대책에 대해 광범위하게 이야기할 수 있다. 처음에는 "그 아이가 내 수업 시간에 이런 말썽을 피웠다"는 이야기부터 시작되지만 이내 그 아이의 가정 환경이 어떻고, 작년까진 괜찮았는데 무엇을 계기로 그렇게 변했다느니 하는, 아이에 대한 총체적인 정보가 교류된다는 말이다. 이는 서로의 자리가 떨어져 있을 경우엔 제대로 이루어지기 어려운 정보의 교환이다.

반면 서울 한성여고의 경우는 교무실 구조를 교과별로 재배치한 지 3년째가 된다.

과학실험실 옆에는 과학과 교무실을, 상담실 안에는 가정과 교무실을 별도로 설치하고, 통합교무실 안에 120cm 높이의 칸막이를 설치해 외국어과, 국어과, 수학과, 사회과, 예체능과 등의 교과 교사들이 역시 칸막이를 바라보며 등을 지고 앉아 있다. 업무에 몰두할 수 있도록 칸막이를 향해 앉지만 의자를 돌리면 마주 볼 수 있게 돼 있는 구조는 신일중·고와 마찬가지지만, 원래 한성대학이 쓰던 건물이니만큼 다른 학교 건물에 비해 공간 자체가 매우 넓은 이점을 활용하여 각 칸막이 안, 즉 같은 교과 공간의 가운데에는 원형 탁자를 마련해 놓았다.

하나의 교무실 안에 칸막이를 해서 교과를 구분하는 데서 한 걸음 더 나아간 것이 서울 중동중·고의 교무실이다. 94년 삼성에서 인수한 중동중·고의 경우, 그 이듬해부터 전체 교무실보다는 교과마다 각기 다른 공간에 학과별 교무실을 두는 것으로 교무실 환경에 변화를 가져왔다. 교사의 교과 전문성을 극대화하기 위해 교무실을 개조할 때 전체 속에서 칸막이로 구획되는 것보다 아예 공간 자체를 축소하여 달리 운영하는 게 효과적임은 두말할 나위가 없다.

연구실로 헤쳐 모여

이렇게 교과별로 교사들이 모여 앉는다는 것은, 교무실이라는 것을 학교 행정과 휴식을 위한 공간보다는 교사 연구실로 정착시킨다는 의미이다. 즉 교사 업무의 중심축을 교과 지도로 놓고 있다는 것이다. 같은 교과를 가르치는 교사들끼리 공동의 관심을 발전시킬 수 있고, 또 교사들 사이에 보이지 않는 경쟁심을 유발시킬 수 있다는 것이다. 특히 사회과와 과학과의 경우에는 통합교과적 접근을 위해서도 함께 모여 있는 것이 유리하다.

애초에 업무 분장별 좌석 배치가 누구의 머리에서 나온 발상이고 언제부터 그랬는지는 알 수 없다. 하지만 교사들이 수업 시간을 제외하고 대부분의 시간을 보내는 공간의 구조가 정작 교사에게서 수업이나 아이들에 대해 생각할 여유를 빼앗아가 버렸던 것은 분명하다. 다리를 움직이기도 불편한 작은 책상, 책 몇 권 꽂다 보면 금방 옆 교사의 책상까지 침범해야 하는 좁은 책상에서 '연구'란 사치스런 말이 되어 버려, 교재 연구를 하기 위해서 오히려 책을 싸들고 어디론가 떠나는 교사들의 모습도 많이 볼 수 있다.

좁은 공간 안에 많은 교사가 모여 있음에도 서로의 속내를 털어 놓거나 진지한 얘기를 할 수 없는 것이 바로 교무실이다. 교무실 공간은 대체로 아무런 구획 없이 뻥 뚫려 있다. 또 서로 마주보며 앉게 하는 책상 배치는 교사들이 서로 이야기를 많이 나눌 수 있는 환경을 제공한다. 하지만 누가 무슨 얘기를 하는지 다른 사람들에게 그대로 노출되는 상황에서, 교사들은 뒤탈 없고 부담 없는 얘기만 하게 된다. 이것은 교무실 가운데 버티고 있는 교감의 눈길에서 자유롭지 못하다는 데서 그 원인을 찾을 수 있다. 지금은 많이 나아졌지만 아직도 많은 학교 교무실에서 전화기가 교감의 책상 위에만 놓여 있을 정도이다. 결국 이러한 교무실 공간에서 의미 있는 의사소통이 이루어지길 바라는 것은 무리다.

교무실 공간의 이런 특성은 교사뿐 아니라 학생에게도 영향을 미친다.

"너, 교무실로 와!"

학교를 다니면서 이런 소리를 많이 들어봤다면 그는 문제아였을 가능성이 크다. 야단 맞는 곳 아니면 심부름을 하러 가는 곳, 이것이 대부분의 아이들이 교무실에 대해 갖고 있는 인상이다. 이유는 간단하다. 도무지 교무실이란 것이 교사가 학생을 야단치는 것 말고는 아무 것도 할 수 없게 생긴 것이다. 다음은 서울의 어느 중학교 교무실에서 목격한 장면이다.

점심 식사를 마친 예쁘장한 여교사가 한 구석 개수대에서 이를 닦았다. 그 교사가 이를 닦는 동안 교사 책상 옆에 우두커니 서 있던 아이는 교사가 이를 닦은 후 자리로 오자 힐끗 쳐다보았다.

"너 도대체 왜 그러니? 내 수업 시간에만 그런 것도 아니잖아? 다른 시간에도 그렇게 딴 짓을 한다며? 한두 번이어야지."

잠시 후 아이는 교사의 책상 옆에 꿇어앉아 바닥에 종이를 펴놓고 반성문을 쓰기 시작했다. 반성문 작성에 별로 진도를 내지 못하는 아이는 종이를 내려다보았다 지나가는 교사들의 다리를 쳐다보았다 했다. 하지만 벌 받는 아이의 본분을 지키기 위해서인지 교사의 다리 위로 시선을 높이진 못했다.

교무실에 불려온 아이에게 쏟아지는 것은 "넌 또 무슨 말썽을 피워서 불려왔냐"면서 지나가며 툭툭 건드리는 교사들의 눈길이다. 교무실에서 교사 개인의 프라이버시가 지켜지지 않는다면, 아이들에게 돌아가는 것은 '무슨 말썽이 생겨서 불려온 아이일 것'이라는 낙인이다. 아이들이 무슨 일로 교무실에 불려왔는지, 교사와 무슨 얘기를 나누는지가 다른 교사들에게 그대로 노출되기 때문에, 아이들 역시 교사에게 자기 속내를 드러내진 못한다. 그저 '모범 답안'의 대답만 몇 마디 할 뿐이다.

아이들에게 필요한 것은 형식적인 상담실이 아니라, 쭈뼛거리지 않고 '선생님'을 만날 수 있는 공간이다. 대부분의 학교에서 교사들은 아이들이 교무실에 드나드는 것을 반기지 않는다. 가뜩이나 시끄럽고 어수선한 교무실에 아이들까지 와서 소란을 가중시키는 것이 피곤하기 때문이다. 그러나 신일중에서는 아이들이 무상으로 교무실을 드나든다. 심지어 "선생님, 호치키스 좀 빌려주세요" 하면서 오기도 한다. 이는 교무실 공간 변화가 가져온 모습이라기보다는 신일중 자체의 개방적인 분위기 탓이지만, 교무실의 교사가 편안할 때 거기에 드나드는 아이들이 덜 경직된다는 것은 상식이다.

교무실의 '칸막이'는 교사나 아이들의 프라이버시를 보장해 준다는 측면에서, 학년별 배치나 교과별 배치 그 자체보다 더 의미 있는 변화이다. 신일중 정두현 교감의 자리에 앉아서는 교사들의 움직임이 전혀 보이지 않는다. 130cm라는 조금은 높은 듯한 칸막이로 가려진 탓이다. 조장희 교사는 "좋죠. 일단 조용하고, 피곤하면 엎어져 잘 수도 있고요"라며 웃는다. 그는 웃으며 얘기했지만 피곤하면 엎어져 잘 수도 있다는 것은 매우 중요하다. "교감이 딱히 평교사들을 감시하려고 지켜보고 있는 것이 아니라고 하더라도, 교사들의 모습이 자연스럽게 보일 때 저 사람이 지금 뭘 하고 있나 궁금하게 마련이고, 그럼 잔소리를 하게 된다"는 것이 '감시'를 당하는 교사들의 의견이다. 별 것 아닌 것 같은 칸막이는 피곤하면 엎어져 잘 수 있는 자유를 교사들에게 보장하는 것이다.

칸막이를 학년별로, 교과별로 구획지어 놓은 신일중·고와 한성여고가 그 구획 안에서는 책상들이 일렬로 늘어서 있는 것에 비해 중동중·고는 아예 개개 교사의 책상이 엇갈리게 배치해 놓고 칸막이를 해놓았다. 그럼으로써 책상에 앉아 있는 동안에는 완벽하게 '자기만의' 공간을 가진다.

중동중·고의 경우 "삼성이라는 막강한 재단이 버티고 있으니 그 돈 드는 일이 가능하지" 하고 얘기할 수 있을지 모른다. 신일중·고와 한성여고는 교무실 구조를 바꾸고 집기를 새로 갖추는 데 약 1억 원 남짓이 들었다고 하는데, 이 경우도 마침 학교에 돈이 생긴 참이긴 했다. 그러나 이들 학교의 교무실이 이러한 모양새를 갖출 수 있는 근본적인 원인은 다른 학교와 다르게 행정 처리를 담당하는 교사가 따로 있다는 것이다. 신일중 정두현 교감은 "행정 업무라는 게 주로 공문 처리인데, 그 업무에 집중해 주십사 해서 주임 선생님들은 담임도 안 맡고 수업도 적게 드리는 것이 아닙니까? 우리 학교에서는 어지간한 행정 처리는 주임 선생님들이 알아서 하십니다" 하고 이야기한다. 한성여고의 경우 아예 교무실과 행정실을 분리 운영하고 있어 교무실을 교사 연구실로 하려는 의지를 보여준다. 교무실엔 평교사(각 교과 주임이 있긴 하지만)만 있고, 거기서 남교사 여교사 휴게실을 지나면 교감·주임 교사실이 따로 있어 행정 처리를 전담하고 있는 것이다.

바뀌지 않으면 학교가 죽는다?

한 가지 주목할 점은 이 학교들이 모두 사립학교라는 것이다. 요즘 각 학교를 옥죄고 있는 교육 개혁 조치들의 실효성이 의심받는 상황이긴 하지만 기본적으로 그 이념이 학교 교육의 경쟁력을 제고시키려는 방향임에는 틀림이 없다. 수능과 논술이라는 입시 체제가 교사들에게 끊임없이 자기 혁신을 요구하는 것이라는 사실도 분명하다. 또 한 가지 변수는 올해부터 시행된 고입 공동학군제이다. 서울 P여고의 경우, 천편일률적인 학교 체제에서 우선 학생들의 교복 제한을 조금 완화함으로써 복장에 민감한 여중생들에게 어필하려고 했다.

예전처럼 학교를 세워 놓기만 하면 아이들이 저절로 몰려오던 때가 지났다는 얘기다. 무엇인가로 아이들을 끌어들이지 않으면 삼류 학교로 전락하는 데서 나아가, 자칫하면 사립학교의 경우 존립 자체가 위협을 받는 시대가 올 것이라는 분위기를 감지한 학교 내의 개혁 조치가 바로 교무실 환경 변화이다.

요사이 2, 3년 동안의 교육 개혁 조처들은 주로 기업의 요구에 의한 것이다. 지금의 학교 교육으로는 경쟁력 있는 노동력을 길러 내지 못한다는 불만이 반영된 것이다.

'공교육' 자체가 산업 사회에서 필요한 적절한 노동력을 제공하기 위해 만들어졌다는 것은 주지의 사실이다. 포드주의로 상징되는 자본주의적 노동에는 작업에 필요한 기술을 익힐 수 있는 문자의 습득, 단순 반복적인 작업을 참고 견디는 규율의 내면화 등이 필요했다.

포드주의는 학교에서도 관철되었다. 교사가 학생들을 대상으로 강의를 하는 방식은, 최대한 많은 학생에게 최대한 빠르게 동일한 수준의 교육을 실시할 수 있다는 측면에서 최고로 효율적인 것이다. 교무실에서도 마찬가지다. 교감, 주임을 중심으로 한 좌석 배치는 행정 처리에 최고의 효율성을 부여하기 위한 것이었다. 교실에서 이루어지는 수업 자체가 평준화되어 있으므로(커트라인만 맞추면 되므로), 교무실에서 중요한 것은 수업보다는 행정 처리일 수밖에 없었다.

이제 상황이 바뀌었다. 어느 그룹의 기업 광고에서 '세계 경영'을 외칠 정도로 우리 나라 기업들의 경쟁 상대는 세계가 되었다. 기술력으로도, 저임으로도 경쟁력이 약화된 우리나라 기업들은 그 원인을 '창의성 없는 노동력'에서 찾았고, 이제 학교를 향해 직접 목소리를 높이기 시작했다. 이제 학교도, 교사도 그동안 학생에게만 일방적으로 강요되던 '무한 경쟁' 속으로 빠져든 것이다.

단순하게 입시 성적만을 기준으로 학교의 질을 따진다 하더라도 먼저 떠올릴 수 있는 것이 교사의 자질이다. 따라서 교무실 구조 혁신은 여유 있는 재단과 인정 많은 교장의 결단에 의한 '자비'가 아니라, 냉정한 거래이다. 재단과 교장이 요구하는 것은 교사의 사명감이 아니라 '전문성'이고, 그 전문성 제고를 위해 먼저 환경을 제공해 주겠다는 것일 뿐이다. 그리고 그 대가로 괄목 상대할 '실적'을 요구할 것이고, 결과가 기대에 미치지 못한다고 생각하면 '정리 해고' 등의 고통을 요구할지도 모른다.

또한 교과별 배치나 교사 개인 공간을 마련해 주는 칸막이는 '교사의 개별화'를 초래하기도 한다. 그리고 이런 환경 변화가 요구하는 아이들과의 관계 역시, 끈끈하고 전면적인 것은 아니다. 이를 어떻게 볼 것인가는 여러 가지 이견이 있을 수 있다.

하지만 아이들이 지금 교사와 맺어져 있는 관계는 어떤 것인지, 또 아이들이 교사와 맺기를 원하는 관계는 어떤 것인지를 먼저 생각해 볼 필요가 있다.

올초 서울시 교육청에서는 각 학교 상담실에 마치 성당의 고해실처럼 생긴 칸막이를 설치하도록 지시했다. 상담하러 온 학생이 자신의 신분을 노출시키지 않고 자유롭게 상담 교사와 이야기를 나눌 수 있게 하라는 한국 카운셀러 협회의 요청을 받아들인 것이다. 출입문을 향해 앉아 있는 상담 교사가 상담실 문을 열고 들어오는 학생을 쳐다볼 수밖에 없다는 과정상의 시행 착오로 보면 아이들에 대한 배려의 차원이 깊어졌다는 것은 고무적인 일이다. 하지만 "이미 아이들 마음이 학교에서 다 떠나 있는데 상담실의 칸막이가 무슨 필요냐"는 Y중 이모 교사의 한탄대로라면 이미 아이들은 교사에게 무엇을 털어 놓으려 하지 않는다.

내가 만난 아이들 중 교사에게 먼저 상담 요청을 해본 아이는 하나도 없었다. 교무실이 어떻게 변하든 관심도 없다. 그저 교사와의 만남이 불쾌하지 않기를 바랄 뿐이다. '훌륭한' 교사와 '끈끈한' 관계를 맺고 싶은 것이 마음 한 구석의 욕구라 할지라도, 그런 관계를 맺을 만한 교사는 몇 되지 않는다는 게 아이들의 판단이다. 아이들이 원하는 것은 수업을 잘 가르치는 교사, 자신들을 대등한 인격으로 대해 주는 교사, '전문인'으로서의 교사이다.

곳간에서 인심난다. 교사들이 잡무에서 해방된 후에야, 편안한 자기 공간이 생긴 후에야 비로소 아이들을 대하는 자신들의 태도를 객관적으로 반성할 수 있는 여유가 생긴다. 적어도, 지금 살펴본 교무실의 변화는 아이들의 요구를 들어줄 조건 하나는 마련한 셈이다.

■ 글쓴이 신수진은 69년생. 『우리교육』에서 3년째 기자로 일하고 있다. 교육의 '교'자도 모르면서 교사들을 위한 교육 전문지를 만든다고 낑낑거리고 있다. 그래도 교육의 문외한이 교육판을 보면 그 안에 푹 빠져 있는 사람들이 못 보는 것을 볼 수도 있지 않을까 하면서 스스로를 위로한다. 해직 시절에도 씩씩함을 잃지 않았던 교사들이, 오히려 요즘 "절망의 끝이 안 보인다"고 하소연하는 걸 많이 듣는다. 그만큼 아이들과 예전 같은 의사소통이 이루어지지 않는다는 얘기다. 우선은 교사들은 교사들 대로, 아이들은 아이들 대로 자신을 추스리는 일이 급하지 않을까? 그러면서 스스로의 선입견을 너무 과신하거나 남에게 강요하지는 말아야겠다. 학교 안이나 학교 밖이나, 우선은 숨통을 틔워 주는 좀더 많은 '여지'가 필요한 때라고 본다.

우리는 원한다,
이런 학교를…

K여중 학생들

배움터란 어떠한 공공 장소보다 더 쾌적하고 깨끗해야 한다는 것에 의견이 모아졌다. 또한 학교란 무엇보다 아이들이 즐겁게 지낼 수 있는 장소가 되어야 한다.

아름다운 공간을 만들기 전에

우리는 학교를 아름다운 공간으로 만들기 전에 학교라는 공간의 개념을 정확히 할 필요가 있었다. 학교는 21세기 주역인 학생들과 그들을 가르치는 선생님들의 생활 공간이다. 배움터란 어떠한 공공 장소보다 더 쾌적하고 깨끗해야 한다는 것에 의견이 모아졌다. 또한 학교란 무엇보다 아이들이 즐겁게 지낼 수 있는 장소가 되어야 한다.

그러나 우리 학교는 그렇게 오래 되지도 않았건만 너무 날림으로 지어서 벽이 갈라지고, 마루틈 사이로는 쥐들이 오가고 있다. 책상은 초코파이 책상(책상 위에 초코파이 올려 놓고 찍은 광고에 나오는 그 책상이라는 뜻)이다. 칠판은 너무 오래 되어 안 닦여서 선생님들이 분필을 쓰시려면 손가락이 아플 지경이다. 환경 미화 하려면 묵은 때, 먼지 치우느라 교실은 막상 꾸미지도 못한다. 화장실은 자주 막히고 더러워서 하루 종일 화장실 안 가고 참는 아이들도 있다. 겨울에는 연통 있는 난로를 쓴다. 마루바닥은 나무가 썩어서 물 묻으면 냄새가 나고 축축하다. 또, 창문에 있는 보호대는 한 손으로 흔들어도 덜렁거린다. 그리고 TV는 너무 높이 있어 고개가 아프다.

우리는 학교를 다시 지을 상상을 해보았다.

주변 환경

도시 속의 시골처럼 많은 나무들이 있는 교정을 만들고, 자연 학습을 위해 텃밭을 가꾼다. 그러면 학교에서만이라도 자연과 동화함을 느낄 수 있을 것이다. 또 산책로도 만들고, 구석에 연못이 있어서 물고기들이 뛰어 놀고, 물풀이 자라며 연못 한가운데는 조그만 분수대를 설치한다. 둘레에는 돌계단을 만들고, 그 주위에는 포도 나무를 심어 가꾸었으면 좋겠다. 지금 있는 멋진 등나무 교실은 더 넓히고, 야외 학습을 할 수 있도록 자연 학습장도 개설한다. 또한 원숭이, 닭 등을 키울 수 있는 사육장도 있었으면 좋겠다. 각종 식물들도 많이 기른다.

본관

교무실, 교장실

교무실, 교장실 등 선생님들의 공간을 배치한다. 교무실은 책상을 고급으로 넓게 하고, 따로 회의실을 만들고, 냉난방 시설 및 커피 자판기를 설치한다. 교무실은 위압적이 아니라 아름답게 꾸미고, 선생님들의 휴식실을 만든다. 그리고 편안하고 쾌적한 숙직실을 만든다. 양호실은 침실이 많아 아이들이 아플 때 편안히 쉴 수 있었으면 좋겠다.

교실

교실의 모양은 공간을 가장 잘 활용할 수 있다고 생각되는 직사각형으로 한다. 창은 채광을 중시하여 좀 크게 하고 커튼을 다는데, 계절마다 변화를 준다. 벌레가 들어오지 않도록 방충망을 설치하는 것은 필수다. 벽지는 파스텔톤으로 하여 아늑한 분위기를 내고, 좋아하는 연예인의 사진을 걸어 놓을 수도 있다. 바닥과 복도는 집안같이 장판으로 깔거나 카펫을 깔아 바닥에 앉아 공부할 수도 있다. 복도 옆 공간에는 학생들 작품을 걸되, 한 달에 한 번씩 번갈아 단다. 교실의 앞뒤 문은 유리 자동문으로 한다.

책상은 다섯 명씩 조를 짜 공부할 수 있는 직사각형이나 원형으로 만들 수도 있다. 다리에 바퀴를 달고 자기가 좋아하는 색깔을 골라 조별로 사용하며, 회의를 할 때는 옮겨서 둥글게 만들 수도 있다. 책상마다 컴퓨터와 통신 장치를 설치하여 선생님이 자신의 컴퓨터로 학생의 학습 진행 상태를 알 수 있게 할 수 있다. 의자는 청소년들의 성장에 알맞은 것으로 특허를 인정받은 푹신하고 편한 것이면 좋다. 책가방을 없애는 대신 CD를 가지고 다닐 수도 있으며, 개인 사물함을 설치하여 노트, 미술 용구, 체육복, 신발 등을 넣을 수 있다.

교실마다 에어콘, 온풍기, 공기 청정기 기능을 하는 기계를 설치하고 OHP, 오디오, 비디오, TV 등도 설치하여 능률적이고 편안한 학습에 도움을 준다. 분필 가루가 날리지 않는 백색 칠판이나 최신식 스크린이 있으면 더 좋다. 칠판 양쪽에 슬라이드 프로젝트, 비디오를 설치해도 좋고, 수학 시간에 사용할 수 있는 그래프, 오선지, 세계 지도는 필수다. 칠판 위의 단추를 누르면 칠판이 양쪽으로 갈라지거나 회전하면서 TV가 나온다. 냉난방, 불 켜고 끄기, 문 열고 잠그기 등 모든 작동을 컴퓨터로 한다. 교실 뒤에 큰 어항을 놓는 것도 좋다.

교실 뒷편에는 화장실과 방을 하나 만들어, 수업중에 아픈 아이가 들어가 쉴 수 있게 한다. 그 방에는 CCTV나 스피커를 설치하여 선생님 설명을 듣게 할 수도 있다. 교무실을 따로 만들지 말고 선생님이 학생들과 같이 이 교실에서 생활할 수도 있다.

별관

별관에는 우선 강당이 있어 아이들의 재주와 솜씨를 자주 뽐낼 수 있어야 한다. 각가지 특별 교실, 예를 들어 안전한 과학 실험실, 시청각실, 도서실 등을 배치한다. 그밖에 필요할 때 쓸 수 있는 크고 작은 토의실… 또, 비디오방과 노래방이 있으면 아이들이 나쁜 길로 새는 것은 저절로 방지된다. 아이들이 이곳으로 몰리는 것을 방지하기 위한 적절한 계획과 대책을 세운다.

음악실에는 슬라이드로 악보를 보고, 다른 음악에 대한 자료도 볼 수 있게 한다. 오디오로 음악을 감상하고, 피아노는 기본이고 여러 소리를 낼 수 있는 키보드도 있다. 의자는 계단식으로 되어 잘 보이고 합창 같은 것을 즉석에서 할 수 있다. 교육 자료로 음악에 관한 책을 모아 두어 음악에 대해 더욱 잘 알게 한다. 또 행사 게시판을 만들어 음악회 팜플렛을 붙이면 그것을 보고 음악회에도 갈 수 있다. 또 악기를 모아 놓는 곳을 만들어 집에 없는 악기나 들고 다니기 힘든 악기, 교과서에 나오는 악기 등을 마련해 모아 놓는다. 그리고 유명한 음악가의 초상을 붙여서 그들을 보고 그들처럼 되는 꿈을 키울 수 있을 것이다.

학교의 변천사를 알 수 있는 학교 역사관 교실도 만들어 시대별로 사진 등을 전시한다. 후배들에게 "아, 옛날엔 우리 학교가 이랬구나" 하고 되돌아볼 기회가 주어지도록….

쉼터

학교는 무언가를 배우러 오는 곳이다. 하지만 배우는 것 못지 않게 쉬면서 재충전하는 것도 중요하다. 매점이나 식당뿐 아니라 쉼터를 만들어 쉬는 시간, 점심 시간, 방과 후에 대화를 나누는 장소로 이용한다. 쉼터 안에는 음료수 자판기와 휴지 자판기 등을 설치하고, 공중 전화, 우체통도 설치한다. 전체 색상은 눈의 피로를 풀어 주는 녹색 톤으로 하고, 테이블은 동그란 것을 여러 개 놓아 모여 앉을 수 있게 함으로써 서로 이야기하고 토의하는 분위기를 만든다. 전체 벽면을 통유리도 하고 쉼터 주위에 나무를 많이 심어 꼭 숲속에 온 것 같은 편안한 분위기를 조성한다. 벤치도 많이 설치한다.

운동장

먼저 운동장에 모래를 까는 것보다 폭신폭신하여 언제라도 누울 수 있는 초록색 잔디를 깐다. 또 언제라도 놀 수 있는 미끄럼틀과 그네, 정글짐, 분수대 같은 것을 설치한다. 뒷산의 일부를 깎아서 롤러 스케이트장으로 한다.

체육관을 지어 농구장, 테니스장, 탁구장, 스쿼시, 볼링, 스케이트, 수영장, 에어로빅, 헬스장, 그리고 여자아이들이 담력을 키울 수 있는 태권도장 등을 만든다. 일주일 내내 공부만 하는데 그 중 하루쯤은 이런 새로운 운동 시설을 이용하면 좋다. 물론 샤워실은 필수이다. 운동장에 분수기를 설치하거나, 폐타이어를 가공한 물질을 깔아, 달린 후 먼지를 없게 한다.(일본의 어느 학교에서 시도했는데 괜찮다고 했다.)

방과 후에 이런 시설을 개방하면 탈선하는 학생이 줄어들 것이고, 학생들의 건강도 좋아질 것이다.

화장실

좌변기와 양변기를 각각 설치하고, 원터치 방식의 단추로 물을 내리게 한다. 또 화장지가 나올 수 있는 단추를 만들어 한 번 누르면 화장지가 나오는데 일정량이 나오면 손을 떼고, 두 번 누르면 화장지가 들어 가게 한다. 환풍기, 방향제를 설치해 언제나 깨끗하게 한다.

화장실 안에 샤워실과 탈의실을 만들어 편리하게 옷을 갈아입을 수 있게 한다. 탈의실은 바지와 티셔츠 등을 걸 수 있는 옷걸이와 잠바, 웃옷 등을 걸 수 있는 다양한 옷걸이를 만든다. 수도꼭지는 올렸다 내렸다 하는 편리한 꼭지로 바꾼다. 바람으로 손의 물기를 말리는 기계도 설치하고, 큰 거울을 만들어 머리부터 발끝까지 볼 수 있게 한다. 바닥은 예쁜 타일을 깐다.

식당 및 매점

학교에서 급식을 한다. 음식이 올라오는 엘레베이터를 설치해 각 교실에서 받아 먹을 수 있게 한다. 한 층에 두 대씩 정수기를 두어 학교에서 물을 마실 수 있도록 한다. 또 음료수 자판기를 설치한다. 아예 식당을 운영하여 다양한 음식을 메뉴판 보고 식권으로 사먹게 할 수도 있다. 단, 음식값은 비싸지 않게 한다.

롤러스케이트장

체육관
— 농구장, 테니스장, 탁구장,
  스쿼시, 볼링, 스케이트
  수영장, 에어로빅,
  헬스장, 3
  태권도장

쓰레기장버스

옥상

교무실

학교 내부 매점이나 식당에서는 학생 아르바이트도 할 수 있다. 식당 옆에 문구점을 차려 학용품을 팔아도 좋다.

옥상

옥상 뚜껑은 반원형으로 날씨에 따라 열고 닫기를 조절할 수 있다. 예를 들면 비, 눈, 너무 강렬한 햇빛 등에는 닫히고, 어느 정도 들어 오는 햇빛에는 열리는 것이다. 또 옥상에서의 키포인트는 브라운관으로, 극장에서 볼 수 있는 것과 같은 것이다. 이 브라운관을 통해 학생들이 보고 싶은 영화나 비디오를 볼 수 있다. 냉난방기를 설치하여 온도를 조절하고, 옥상의 공기를 깨끗하게 한다. 이곳은 학생들이 도시락을 먹을 수 있는 또 하나의 공간이기도 하다. 밥을 먹으면서 재미있는 영화를 볼 수 있도록 원목으로 된 책상과 의자를 설치한다. 그러면 학생들의 새로운 모임 장소도 될 것이다. 또, 일정한 시간 동안 운영하고, 일정한 시간에는 학생들이 원하는 비디오를, 일정한 시간에는 교육 프로그램 비디오를 보게 한다. 또 별을 관찰하는 시설과 백엽상, 풍향계, 풍속계도 설치한다.

쓰레기 처리장

학교에서 생활하다 보면 쓰레기가 참 많이 나온다. 종이, 플라스틱, 과자 봉지 등등…. 학교의 쓰레기를 자치적으로 재생하고 활용할 수 있는 기계를 설치하여 에너지도 얻고 환경도 깨끗이 한다.(스위스에서는 어떤 관에 쓰레기를 버리면 금속, 유리, 종이 등으로 분류되고, 종이 등을 태워서 그 태운 연기의 힘을 에너지로 이용한다고 한다.) 이 기계가 설치된 건물은 쓰레기장이란 느낌이 들지 않도록 둥근 원통 모양의 파스텔톤의 타일을 붙여 좀 색다른 느낌이 들도록 하고, 주위에는 나무와 꽃 등을 심는다. 기계에 연결된 관은 지하로 통해 있어 미관상 거슬리지 않는다. 문제가 생길 경우 즉시 최첨단 컴퓨터로 포착하여 모든 활동이 정지되고 고쳐지도록 한다. 교실 한편에는 청소기와 자동 유리 세척기 등 청소를 손쉽게 할 수 있는 기계들의 도구함이 있다.

기타

학교를 타원형으로 설계할 수도 있다. 또 건물벽을 유리로 하고 고층으로 만들수도 있고, 건물과 건물 사이를 원통 모양의 유리로 연결할 수도 있다.

중앙 컴퓨터를 학생 개인 책상에 놓인 컴퓨터와 연결하여 수업을 받는 것은 물론이고, 터치 스크린, 리모콘, 입체 영상 안경 등의 첨단 도구를 활용하여 수업을 받을 수도 있다. 책상과 의자의 구조를 조립식, 이동식으로 만들 수도 있고, 출석부 대신 자동 출석 카드를 쓸 수도 있다. 기숙사를 세우고, 여러 노선의 스쿨버스를 운영할 수도 있다.

학생수를 줄이고 학과목과 시험을 줄이는 것이 공간 개선 이전에 이루어져야 할 과제이며, 학교를 학생회 주도의 자치적인 운영 공간으로 확보해야 한다는 의견도 있다.

아름다운 공간을 만든 후에…

이제까지의 우리의 상상이 당장 실현되기는 어렵겠지만, 이와 같은 계획이 실현된다면 학생들의 스트레스가 해소되고, 자율성, 창의성이 높아지고, 건강, 성장 상태도 좋아질 것이다. 또 어른들이 말하는 소위 '탈선'이라는 것도 줄어들 것이다. 물론 학교가 좋다고 해서 모든 것이 다 잘되는 것은 아니다. 학생들이 학교를 아끼고 자신이 이 학교의 주인이라는 의식을 가질 때 학교는 아름다워질 것이다. 이 모든 꿈은 우리 혼자만의 것이 아니라 모든 세대의 꿈일 것이다. 더욱이 우리 다음 세대에는 아주 불가능한 것도 아닐 것이다. 다음 세대들은 이렇게 말할 수 있기를 꿈꾸어 본다. "학교가 좋고 재미있다!"

■ 이 글은 도덕과 2학년 학교 생활이라는 단원에서 아이들이 모듬 토의를 해서 만든 공동 작품이다. 마침 K여중이 교사를 새로 지을 예정으로 설계에 막 들어간 즈음이어서, 자신이 다닐 학교를 아이들이 설계해 보면서 그 안에서 살게 될 자신의 모습 또는 후배들의 모습을 그려 보았다.

우리들
일곱 개의,
가상 체험 공간

가슴, 시각개발연구소 — 최정화 박기동 박혜성 이정라 장재진
유경 박활민 황윤혜

한 공간

난 어렸을 땐 이상하게도 드글드글, 바글바글한 만원 버스, 만원 극장, 독서실 또한
사람들이 많이 있는 곳이 좋았다.
청소년을 위한 카페?
대중 목욕탕!
샤워장, 냉탕, 온탕, 사우나, 맛사지실 등등…
구분되고, 만들어져 있는 공간.
공간에 의해서 움직이는 곳은 싫다.
나에 의해서 자의적으로 움직이는 곳,
사람들을 최대한 아주 많이 넣을 수 있는 곳.
드글드글, 바글바글
그저 서 있을 수도 있고, 앉을 수도 있고, 이야기하고, 듣고, 보고, 즐기고, 느끼고
내 마음대로 할 수 있는 곳.

두 공간

HOME SWEAT HOME
1 편안하게
2 숨어든다
3 함께 속의 자유, 개인 보장
4 즐긴다

큰집이다 + 훌륭한 인테리어 (따뜻하게, 군더더기 없고)

일반집과 같다. 그러나 크다. 그리고 여러 기능

거실 (비디오 보기, 게임, 음악, 춤, 파티, 발표회)

+

개인방 (숨어들기, 이야기하기, 동아리 모임, 생각하기)

+

부엌 (밥 먹기, 라면 끓이기)

+

욕실 (씻기, 빨래, 생각하기)

+

침실 (쉬기, 자기)

+

공부방 (숙제하기, 컴퓨터 통신, 그룹 스터디)

=

일반집과 같다 + 평범하지만 특별한 곳 + 독립 기능 + 따로 또 같이 + 즐긴다.

세 공간

폐쇄, 그 안에서의 가상 체험.

비가 계속 내려서 정말로 햇빛이 너무 그립다. 약속 시간보다 2시간이나 일찍 와버려서 어딘가에서 시간을 때워야만 했다. 그래서 전에 누군가에게 들었던 가상 체험 카페를 가기로 맘을 먹고 물어물어 찾아간 곳. 하지만 첫인상은, 여기서 무엇을 체험할 수 있을까 하는 의문이 생길 정도였다.

'블랙홀' 거의 끝이 안보이는 어둠의 계단을 내려와 문을 열고 들어간 곳은 정말 어둠, 칙칙, 밀폐… 이런 낱말들을 생각나게 했다. 군데군데 여러 명이 가상체험 기구들을 뒤집어 쓰고 무언가를 열심히 하고 있었고, 그나마 불빛이 있는 BAR 쪽에선 몇몇이 진지한 얘기를 하며 술을 마시고 있었다.

나는 자리를 잡고 기구들을 다 갖추고 난 다음에야, 왜 그렇게 그 친구가 여기를 꼭 가보라고 했는지 실감할 수 있었다.

난 여러 가지 메뉴들을 다 제쳐두고 약속 시간 전까지 따사로운 햇빛을 받으며 해변가를 거닐 수 있었다.

약속 시간이 다 되어서 그 카페를 나왔을 때, 밖에 비가 오고 있었다는 사실을 잊어버린 채, 우산을 두고 나와 다시 우산을 찾으러 내려갔을 땐 정말로 이곳에서 내가 체험했던 것이 사실이었나 하는 생각이 들 정도였다. 거의 정육면체의 지하 공간에 사방이 BLACK으로 칠해져 있고 불빛이라고는 Bar에 있는 '간접등' 뿐인 이 공간에서…

나는 약속 장소로 가면서 또 다른 메뉴들은 어떤 것이 있을까 하는 생각을 하며, 다시 와봐야겠다는 생각을 했다.

네 공간

각각 구분된 공간의 조합체

음악 감상 공간 CLASSIC

조명은 어둡게 (푸른색)

좌석은 이동식으로, 테이블은 없고 , 좌석 손잡이에 컵받침 등 설치

레저 공간

포켓볼 등

음료, 스낵 등은 레카 등으로 운반

음악은 댄스 위주, 조명은 현란하게

좌담장

매일 한가지의 주제를 놓고 누구나 참여할 수 있는 좌담 정도

홀은 원형으로 제안자는 가운데에서 회의 주제

조명 가장 밝게

음료, 스낵은 입장할 때 셀프 서비스

DANCE BAR

테이블은 없고 스텐드 바 형식 공간

원형 홀

명상 공간

좌석은 모두 독립적으로, 좌석별 조명 설치

독서를 하든, 명상을 하든 자유

음료는 입장 가능 하지만, 스낵은 금물

건물 전체의 입퇴장은 한곳으로, 시간제로 입장권 판매

1시간 5,000원 2시간 10,000원 등…

입장을 하면 어떠한 공간이든 출입이 가능

종업원: 청소년 아르바이트

다섯 공간

종합 선물 세트-보고, 듣는 수집의 공간+행위의 공간

공간의 연계, 문화의 연대성 → 힘

청소년의 경향 – 정보의 수집(보고 듣는) 후 따라하기

　　　　　　공연, 사구팔구, 개인교류, 놀이

공간의 특징

독립성, 자유성, 기계화(자판기)

공간의 의미

공연+ 음악+ 음식+ 패션+ 경향

여섯 공간

폐쇄와 개방 한곳에

1인실, 2인실, 다인실

10년 전으로 돌아가.

나는 고2, 학교 끝나는 데로 달려 가는 곳.

나는 자존심이 강하고 개인을 중시하므로 친구와 단둘이 편하게 있고 싶고,

남자 친구 사귀고 싶으면 넓은 곳으로 나가고. 그런 공간.

일곱 공간 = 카페 + 인공 정원

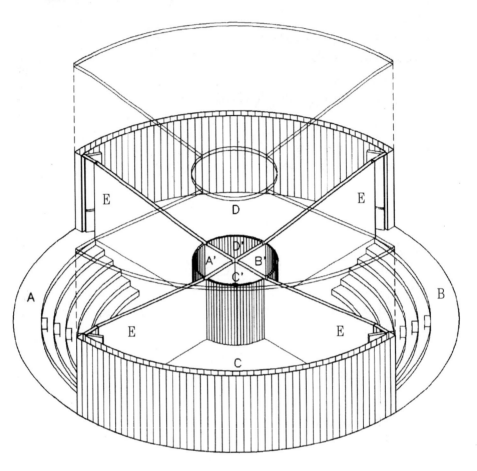

A 공연장 (물의 공간 WATER SPACE, 야외)

B 공연장 (물의 공간 WATER SPACE, 야외)

C 공동 회의실 (풀의 공간 GREEN SPACE, 인공정원)

D BAR (풀의 공간 GREEN SPACE, 인공정원)

A′ B′ C′ D′ 준비실, 창고

E 방음벽

++ 바람개비 모양의 반투명 지붕 (C와 D에만 만든다)

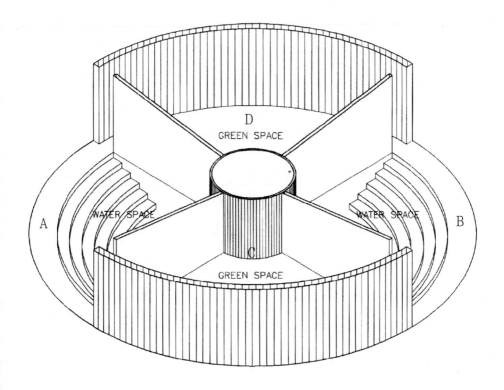

A 물의 공간 WATER SPACE, 야외

B 물의 공간 WATER SPACE, 야외

C 풀의 공간 GREEN SPACE, 인공정원

D 풀의 공간 GREEN SPACE, 인공정원

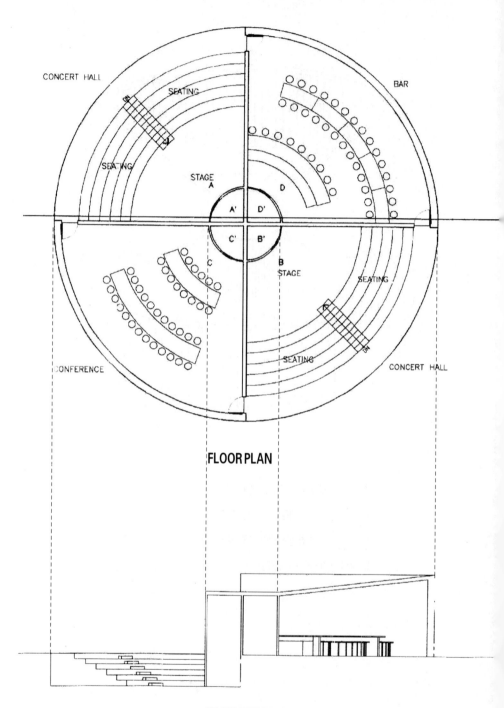

CONCERT HALL

SEATING

SEATING

STAGE
A

BAR

D

A'   D'

C'   B'

C

B
STAGE

SEATING

CONFERENCE

SEATING

CONCERT HALL

FLOOR PLAN

SECTION VIEW

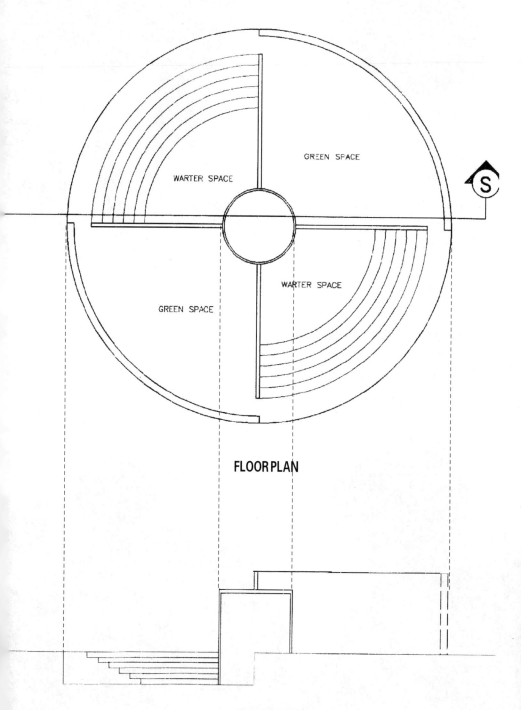

GREEN SPACE

WARTER SPACE

S

WARTER SPACE

GREEN SPACE

FLOOR PLAN

SECTION VIEW

적응과 성장

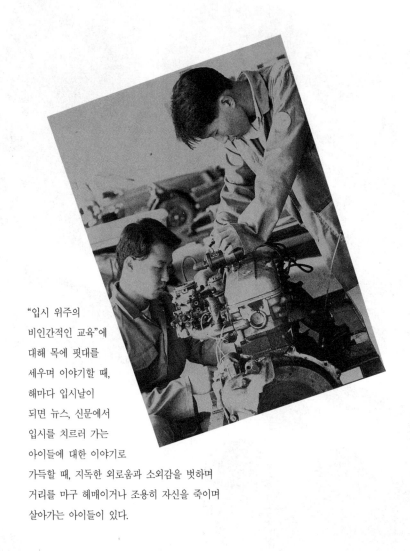

"입시 위주의
비인간적인 교육"에
대해 목에 핏대를
세우며 이야기할 때,
해마다 입시날이
되면 뉴스, 신문에서
입시를 치르러 가는
아이들에 대한 이야기로
가득할 때, 지독한 외로움과 소외감을 벗하며
거리를 마구 헤매이거나 조용히 자신을 죽이며
살아가는 아이들이 있다.

고등학교 중퇴자 엄마의 이야기

조한혜순

학벌을 얻지 못함으로
아이의 밝은 미래가 끝난 것이
아니라고 생각하는 것이
부모와 아이가 새로운 게임을
시작하는 시점이 된다.

머리말

아이의 등교 거부 및 중퇴 과정의 의미를 생각해 본
다. 이에 대해 정상적인 좋은 가정의 모습을 갖추는
것에 실패했다던가, 아이가 괜찮은 제도권에 편입할
수 있는 가능성이 상실된 불행한 경우라고 생각하지
않는다. 오히려 내가 나도 모르게 갖고 있었던 학벌
제일주의에서 벗어나 더 폭넓게 세상을 이해하게 되
는 계기로 삼고 있다.

중학교 2학년 때 아이는 미국에서 공부하고 있던
나와 살기 위해 왔고 미국 학교에 입학했다. 한국 학
교와 그곳 분위기의 차이는 혼란을 주었고 2년 후에
학년을 다 못 마치고 한국에 돌아왔다. 그러나 한국에
와서도 아이는 이후에 보통 학교에는 가지 않았고 영

산에 있는 성지 고등학교에 한 학기를 다녔다. 지금은 자퇴를 한 상태다. 아이에게 문제된 것은, 아이 자체 성격의 소심함, 가정 내의 불안정, 그리고 한국 학교의 폭력성, 개인 존중이 결여된 분위기 등 복합적이다.

이 과정에서 나는 우선 아이를 돕고, 나와 단절하지 않게 하는 것이 중요하다고 생각했다. 아이들이 부모가 원하는 만큼의 공부 수준에 올라가 있지 않으면 부모와 단절되어서, 쉽사리 대화 단절, 새로운 친구 모임, 가출의 형태로 발전하는 것이 안타깝다. 마치 모범생이 아니면 '낙오자' '긍정적으로 살기를 회피한 자' 또는 '부모에게는 배신자'인 것처럼 낙인을 찍을 것인가? 모범생 범주에 들어가지 않으면 '범죄자' 범주에 들어간다는 것이 공평한가? 모범생에 속하는 기준이 무엇이며, 몇 퍼센트의 학생이 거기에 들어갈 수 있는 건가? 그 외의 학생들 모두를 우리 사회에서 날려 버릴 것인가?

상황―아이의 등교 일지

92년 8월; 아이가 노스케롤라이나 차펠힐이라는 작은 마을의 칼브레트 학교에 처음 가는 날, 이웃집 한국 아이 지웅이와 학교 버스를 타고 흥분과 두려움으로 갔다.

92년 9월; 노동절 날. 아이, "학교가 재미있는데 오늘 왜 놀지?"

92년 10월; 박물관 견학날. 세 대의 버스가 왔는데, 선생님은 두마디 주의를 주었다. "껌 씹지 말 것, 술 마시지 말 것 no gum, no drink" 모든 순서는 순조로웠다. 아이는 한국의 학교에서 10대의 버스가 온 후, 교장 선생님의 훈시를 들으며 1시간 동안 운동장에서 조회를 선 소풍날을 기억했다.

92년 12월; 모든 과목에 A를 받아오던 아이가, 학기말이 되자 두렵고 학교 가기가 무섭고…

92년 2월 -6월; 아이의 등교율이 40%가 되어서(표면적인 이유는 오후까지 못 일어나서, 말하자면 몸의 거부 반응), 학교 사회 복지사 social worker가 개입되고, 항우울제를 먹기 시작. 일단 8학년 과정을 마치고, 여름을 친척집에서 다시 건강히 보냄.

92년 8월 – 93년 4월 ; 9학년 다니다가 중단하고 한국에 돌아옴. 고등학교에서의 아이의 등교율은 여전히 40%였음. 중학교 사회 복지사가 무조건 이해하고 도와준 반면 고등학교에서는 처벌 위주로 했는데 이 아이의 경우에는 도움이 안됨. 8학년 때와 달라진 것은 학교에서 친구들(말하자면 좀 노는 애들)을 사귐. 주말이면 틴 센터 프로그램에서 놀고 대학교 주변에서 스케이트 보드를 타고 다님.

그 후; 2년은 쉬고, 성지 고등학교에 1학기 다니다가 자퇴를 하고 집에 있다. 앞으로 고졸 학력을 따기보다, 원하는 것을 찾기 위해 몇 가지 배우고, 부모와 대화하는 시간을 많이 가지려 한다. 아직 두려움을 심하게 느끼고 우울증 증세가 있으나, 협동해서 최선의 생활을 이끌어 가려고 하고 있다.

제2막 1장 : 부모가 새로이 시작하는 치유 과정
아이의 등교 거부 이후 2, 3주 동안은 '이제 끝이다. 아이 인생이 그리고 내 삶이!'라고 생각했었다. 그런데 왜 그런 생각이 들었을까?

나는 그냥 시험을 잘 봐서 일류 학교에 다닌 축에 든다. 생각해 보니 그것은 내게 다른 많은 면에서도 특별 취급을 받게 해주었다. 나는 그냥 쉽게 공부했기 때문에 자식의 공부에 연연해 하지 않는다고 생각했다. 사실은 연연하지 않는 것이 아니라 당연히 내 아이도 일류층의 공부를 할 것이고 내가 받은 혜택을 누릴 것이라고 기대하고 있었던 것이다. 즉 공부를 못한 사람은 잘한 사람이 누린 특권을 못 누려서, 잘해서 누린 사람은 그 특권의 좋은 점을 너무 잘 알아서, 똑같이 '자식이 공부를 잘해야 한다'고 생각하고 있는 것이다. 내가 아이에게 별로 공부를 안 시킨 것은 외형상의 차이이지 나도 무의식 중에 의심 없이 공부가 최고이며, 잘하는 것만이 살길이라는 명제를 절대적인 것인 양 갖고 있었던 것이다.

그러나 아이가 정신과로부터 우울증 진단을 받고 심리적으로 어려워하고 있다는 것을 알았을 때, 어떻게 하는 것이 우선 아이의 마음을 편하게 하는 것일까 생각해 보았다. 병 때문이건 반항하는 것이건 아이가 학교를 더 이상 계속할 수 없는 상황이 생긴 것은 분명한 사실이었다. 나를 위해서, 내가 나중에 공부 잘한 아이의 엄마 소리를 듣고 싶어서 아이가 '공부를 잘하고 좋은 학교에 들어가 주길' 바라는 것은 아이에게 전혀 도움이 안된다는 것을 인정해야 했다. 일단 상황을 받아들인 다음 내가 아이를 진정으로 돕기 위해 생각하고 행동한 것은 다음 두 가지였다.

첫째, 아이에게는 믿어 주는 사람이 필요하다. 지금 기존 방식을 거부하지만, 그 다른 방식으로 살아 나갈 힘과 자원이 없는 상태이므로 내가 그 자원이 되어 주어야 한다. 그러기 위해서는 일단 서로 감정적인 신뢰가 끊어지지 않는 것이 중요하다. 둘째, 나는 아이가 어떠한 상황에 있던 그를 인정하고 믿어야 한다. 나의 이성적인 생각뿐 아니라 진심으로 그렇게 하려면, 마치 절대적인 명제처럼 생각해 온 '공부 잘하는 것만이 살길이다'를 철저히 없애야 하는 것이다. '철저히'라고 한 것은 머릿속으로만 없애면, 은연중에 '공부를 못하거나 안하기(학교에 안가기)로 한 너는 희망이 없는 놈'이라는 메시지가 나의 말과 행동에서 아이에게 전달되기 때문이다. 그리고 아이는 자신을 완전히 믿어 주지 않는 엄마에 대해 저항하게 되기 때문이다. 이것이 아이의 '자신은 신뢰받을 만한 존재다'라는 긍정적인 자기 존중감과 '완전한(무조건적) 신뢰를 받고 싶은 욕구'의 건강한 표현이라고 생각할 수 있기에는 오래 걸렸다. 오랜 자기 암시, 자기 훈련, 분석이 요구되는 과정이었다.

성적이 나쁘거나 또는 제도권 학교의 학벌을 얻지 못함으로 아이의 밝은 미래가 끝난 것이 아니라고 생각하는 것이 부모와 아이가 새로운 게임을 시작하는 시점이 된다. 나는 이것을 연극의 2막 1장이라고 표현해 본다. '공부 전쟁'의 1막에서 실패했다 하더라도 연극은 끝난 것이 아니다. 2막은 1막이 끝이 아니란 인식에서부터 시작된다. 연극은 끝나지 않았고 우리가 끝내지 않는 한 막은 오를 것이다.

2막은 우리의 아이들을 위하여 부모가 시작하는 장이다. 부모들은 이제 더이상 하나 또는 둘인 자신의 아이만의 부모가 아니라 이 사회의 부모가 되어야한다. 그러기 전에 아이가 자신에게 어떠한 존재인가를 조용히 생각해 보아야한다. 지브란의 『예언자』에 나오는 시로 2막을 시작했으면 한다.

여러분의 아이들은 여러분의 아이가 아닙니다.
그들은 삶의 갈망 그 자체의 아이들이지요.
그들은 당신을 통해서 왔고 당신으로부터 온 것은 아닙니다.
그들은 당신과 같이 있지만, 당신에 속한 것은 아니지요.
당신은 그들에게 사랑은 줄 수 있지만 당신의 생각은 줄 수 없어요.
그들은 그들 자신의 생각을 가지니까요.
당신은 그들의 육체를 집에 두고 보살피지만,
그들의 영혼을 그렇게 할 수 없지요.
그들의 영혼은 내일의 집에 살지요.
그곳은 당신이 꿈속에서조차 방문할 수 없는 곳이에요.
당신이 그들처럼 되려고 애쓸 수는 있어요.
그러나 그들을 당신처럼 만들려고 시도조차 하면 안되지요.
인생은 뒤로 흘러가지 않고, 어제라는 시간 속에 살지 않기 때문이죠.
당신은 활이고 당신의 아이들은 그 활에서 쏘아지는 화살입니다.
화살을 쏘는 사람은 영원의 길목 위에 표적을 맞춥니다.
그리고 힘을 다해 활인 당신을 구부립니다.
화살이 빠르고 멀리 날아갈 수 있도록.
당신이 화살수의 손에서 구부려지는 것을 기뻐하십시오.
그는 날아가는 화살을 사랑하지만,
안정되게 구부려진 활 또한 사랑하니까요.

제2막 2장 : 부모와 아이와의 관계 회복
2막 2장에서는 부모와 아이와의 관계 회복이 과제다. 부모가 우선 자신의 삶에 대한 가치, 자식의 장래에 걸은 기대를 뒤집어 보고 점검해야 한다. 이 과정은 이성적 분석의 과정이 아니다. 자식이 어떠한 길을 가든 어떠한 존재가 되든 자식이 행복해질 수 있는 방향으로 도움을 주겠다는 생각이 의지로 연결되야 한다. 의지는 생각으로 생기는 것이 아니고 훈련을 통해 생긴다. 지금의 의지가 자연적인 것이 아니고 사회적으로 학습된 것이므로 자신을 새로 재학습하는 훈련이 필요하다. 내가 제시하는 재학습 훈련 과정은 다음과 같다.

가. 새로운 관계를 만든다

자식을 통해 내가 못한, 또는 내가 잘해서 그 유익을 너무 잘 아는 성공을 대리 성취하겠다는 생각을 버려야 하며, 자연적인 부모 자식의 관계를 회복한다. 아이를 낳았을 때의 감격, 이 아이가 준 기쁨들을 생각하면서 사회가 주입한 부모 입장, 자식의 도리, 그리고 부모 자식간의 관계를 완전히 떨쳐버리고 자연인으로서, 보다 주체적인 인간으로서 부모와 자식의 관계를 정립할 필요가 있다.

나. 재학습을 계속한다

나의 경우, 아이를 좋게 생각하고 다 잘될 거라고 매일 나에게 주입했다. 그 전에 아이에게 "내가 자주 말하지는 않지만, 네가 자랑스럽다. 너는 정말 따뜻하고 사랑받는 젊은이가 될 거야" 라는 카드를 보낸 적이 있다. 아이의 행동이 파괴적이고, 스스로 절망해 보일 때에도 나는 그 글을 진심으로 읽으려고 노력했다. 내가 믿어 주는 것이 중요하다고 생각했다. 내가 믿는 대로 안될 수도 있지만, 일단 믿어 보는 것은 결국 나은 결과가 될 것이다.

다. 딴 배를 탄다

위의 노력을 하면, 자식이 새로운 존재로 보인다. 전처럼, 부모과 자식이 한 배에 타고서 '너 죽고 나 죽자—너 죽으면 나도 끝이야' 식의 애증을 서로 터뜨리며 불안정성을 가중시키는 관계가 더 이상 아니다. 부모와 자식이 각각 다른 배에 타고 있다는 것을 배울 필요가 있다. 네가 빠질 수도 있고 아닐 수도 있지만, '나는 내 배에 안전히 타고 있다'는 느낌을 가져야 하는 것이다. 그래야만 아이의 불안한 배에 다가갈 수가 있는 것이다. 더 이상은 이미 '감정적으로는 독립한 아이의 배'에 올라가서 불안정성을 더 가중시키는 감정적 부모여서는 안된다.

아직 아이와 대화의 끈이 남아 있다면, 그리고 아이의 신뢰를 받는다면, 아이에게 조언을 해서 안정된 항로를 찾아가도록 도와줄 수 있다. 부모가 저 스스로 안정된 배에 있는 존재라는 것을 아이가 이해한다면, 신뢰를 할 것이다. 아이가 이제 부모가 자신의 배를 잘 운항하는 선장이 되어 있는 모습을 본다면 부모를 다르게 대할 것이다. 이것이 산교육 아닌가? 부모가 자식을 통해 대리 성취를 하겠다는 욕심을 철저히 버리면, 아이는 부모로부터 조언을 들으려고 할 것이다. 그러면 배는 뒤집어지지 않고 고비를 넘길 수 있게 된다.

이미 부모가 아이와의 대화가 끊겼다면, 지켜보아야 한다. 같이 불안을 가속시키지 않으면서 유사시에 빨리 손을 쓸 수 있도록 열심히 지켜보아야 한다. 매우 어려운 일이며, 이때는 상담원의 조언이 도움이 된다. 그리고 어쩌다 아이가 방향을 잡거나 또는 도움을 청하러 올 수도 있다. 건강한 도움만을 주어야한다. '혹시 아이가 빠지면? 하는 걱정은 일단 접어야 한다. 힘든 상황에서 걱정을 위한 걱정은 소용이 없다. 문제 해결을 위한 걱정만을 해야 한다. 그리고 자기에게 도움이 되는 사람의 연결망을 적극적으로 만들어야 한다. 반면에 이해를 안하고, 걱정을 시키면서 절망감을 주는 사람은 친척이든 친구이든 연결을 끊는 것이 좋다.

제2막 3장 : 새로운 연대 만들기

2막 1장에서 부모 스스로의 자기 치유 과정을 거쳐 2막 2장이 그 부모와 아이와의 관계를 건강하게 회복하는 훈련을 하는 과정이라면 2막 3장은 새로운 사회, 새로운 연대 만들기가 될 것이다.

부모의 노력 이외에도 전문 기관의 개입이 필요한 것이다. 부모가 못하는 관리 능력 개발, 객관적 방향 제시를 해주는 지원 세력이 있어야 한다.

아이가 갈등을 겪으면서 생길 수 있는 관리 능력 부족, 친구 부족, 사회성 부족, 절망적으로 생각하는 습관들을 가정과 사회라는 '새로운 학습장'에서 부모와 아이가 건강한 삶을 연습하는 것을 도와주는 것이다. 공적이거나 사적 기관이 필요한 것이다. 이 아이들이 제도권의 역작용에 의해 상처 입었다고 보지만, 또한 순작용을 이해하고 적응하게 도와주는 기관은 사회 사업 단체일 수도 있고 부모의 연대 모임일 수도 있다.

미국에서 학교와 가정을 연결하는 여러 사람들과 기관들이 나에게 큰 도움이 되었다는 것을 기억한다. 학교에 안 나간다고 해서 나와 아이가 사회와 고립되지 않고 연결될 수 있었던 미국의 공적 영역과 사적 영역을 연결하는 여러 제도들에 대해서 이야기하고 싶다.

지역 사회 봉사자들이 운영하는 「틴 센터 Teen Center」에서는 청소년들을 위해 금요일 저녁 밴드가 와서 공연을 하거나 영화를 보여 주는 프로그램을 진행시키고 있었다. 어느 날 청소년들을 대상으로 목회 활동을 하고 계시는 분youth minister께서 아이들이 정말 버릇이 없고, 술, 담배, 섹스에 대해 도덕심이 희박함을 이야기한 후 이어 말했다. "그러나 내가 십년 청소년을 목회한 경험을 통해 내린 결론은 이 아이들에게도 희망은 있다는 것입니다. 이 아이들은 일찍부터 어려움을 겪었고, 우리보다 어려움을 잘 극복할 것이라 생각합니다. 그들은 정보에 밝고, 자기 부모에게 별 안정감을 못 느끼고 있습니다. (대중 음악 가사의 예, '나는 내가 가본 적이 없는 집에 가고 싶어…' 등. 또 딸이 화장술을 엄마에게 가르쳐 주고, 아이들이 아빠보다 컴퓨터를 잘 안다.) 이 아이들이 생각하는 방식은 매우 다르고 효율적일 수 있습니다. 전쟁 전에 태어난 조부모 세대는 평생 한 직장에 다니며 한 도시에 살았고, 전쟁 후 태어난 부모 세대는 세상을 배우기 위해 비행기를 타고 전 세계를 다녔다면, 지금의 십대, 이십대는 다른 사람들을 돕기 위해 전세계를 돌아다니게 될 수도 있다고 생각합니다."

대부분의 어른들은 학교 앞에서 스케이트 보드를 타고 다니거나 틴 센터에 가는 십대 아이들을 끔찍하다고 생각한다. 학교 도서관에서 같이 일하던 친구가 신문에 13세짜리를 위한 파티를 호텔에서 해줬더니 아이들이 싸우고 난리였다는 기사를 오려서 보여준 적이 있다. 내가 아이의 생일 파티를 동네 회관 빌려서 할 거라고 했더니 걱정을 하면서, "너 용감하다. 괜찮니?"라고 물어 온다. 많은 어른들은 청소년들이 이상하고 제멋대로라고 본다. 불량하고 계획도 없는 애들로 본다. 그렇다고 그들을 범죄자나 낙오자 취급을 하는 것은 아니다. 2 - 3년 후면 대학에 가거나 맥도날드에 취직해서 그냥 살아갈 것이라고 생각하는 것 같다.

사실 아이의 틴 센터 친구들은 착실한 그룹에 속하는 애들은 아니다. 그곳에는 마약 등의 많은 위험이 있다. 그럼에도 부모는 그 애들의 주말 활동을 지원한다. 나도 그곳에 못가게 하는 것보다, 그곳에 가서 자신이 옳고 그른 것을 판단하게 하는 쪽을 택할 수 있게 해주는 것이 중요하다고 생각했다. 다른 부모들도 관찰은 하되 그곳에 아이들이 갈 수 있도록 필요한 지원을 해주었다. 열심히 아이들을 차에 태워 데려다 주고 데려 오고 한다. 우리집은 학교 주변이라 틴 센터가 끝나면 아이는 걸어서 왔다. 때로는 여러 친구들이 함께 와서 자고 가고는 했다. 아이 친구의 엄마들은 어디서 누구와 자는지 꼭 점검하고 나와 통화해서 확인했다. 아이들도 자신이 어디 있는지 밝히는 의무를 꼭 했다.

어느 날 덩킨이라는 아이의 엄마가 토니는 나쁜 애니 조심하라고 나에게 말했다. 고등학교 졸업하고 패스트 푸드점에서 일하는 토니는 고아인데 양부모 집에 살고 있었다. 토니는 어느 날 죽고 싶어서 켈리포니아로 떠났다. 그는 죽지 않고 돌아와서 그가 아는 사람 집에 거주하며 십대들과 어울려 다녔다. 많은 십대들이 그를 좋아하고 따랐다. 그가 자살하지 않고 낮에는 일하고 자기들이랑 재미있게 노는 것이 십대들에게는 위로가 되는 모양이였다. 하루는 밤에 아이가 "엄마 나 켈리포니아에 안 가면 죽을 것 같애" 하길래, 나는 "지금은 갈 수 없으니 참아야 한다"고 했더니, 그러면 토니집에 가게 버스 값을 달란다. 나는 버스가 끊어진 시간이니 데려다 주겠다고 나섰다. 그 집 앞에 도착해서 일단 벨을 눌러 보고 있으면 내가 떠나겠다고 했더니 "아니 그냥 가, 토니는 집에 있을 거야. 왜냐하면 토니니까!" 자신이 토니를 필요로 하는 지금 그가 분명 거기 있을 거라는 그 확실한 신뢰에 찬 말에 아무 말도 못하고, 자고 다음 날 오라며 버스 값과 햄버거 값을 주고 집으로 왔다. 아이는 그날 밤 토니의 친구 차로 집에 왔다. 기분이 많이 좋아서 웃는 얼굴을 하고.

그 당시 한국에서 생활하지 않았으며 주변에 한국인 그룹이 적었다는 사실은 오히려 나에게 도움이 되었다고 회고한다. 한국에 있었으면 분명히 받았을 가족 구성원, 친척, 동네 사람, 친구 집단 등 모든 사람들의 유언 무언의 압력들, 예컨대 '애를 저렇게 두면 어쩌려고 어떻게든 학교에 보내야지!'라는 시선으로부터 자유로울 수 있었기 때문이다. 대신 나 혼자 전략을 생각하고 실행할 수 있었다. 예를 들어 다음과 같은 일이 가능했다: 식사 준비와 같은 집안일에 참여를 시킨다; 신발을 산다든가 어떤 결정을 내려야 할 때 그 선택 범위를 정해 준다; 안정감을 주고, 작은 일에는 자상하게 잘해 주고, 큰 일에는 권위를 세운다; 내 상황을 솔직하게 말한다.

아이의 재활, 새로운 참여 방식 훈련을 도와 주면서 사회를 바꿔 가는 일을 동시에 해야 한다. 단시간 내에 사회 전반의 모든 구조를 바꾸기는 불가능하다. 다행한 것은 이제 그럴 필요도 없다는 것이다. 부모들이 한창 자라던 세대인 60년대와 70년대에 (또는 그 이전에는 더욱) 비해 세상은 급속도로 달라졌다. 그때는 학벌이 요구되는 공무원, 교사로 취직하면 부와 명예가 보장되었다. 또 대규모 기업이 증가하던 시절이었다. 그래서 정부 기관이나 대기업의 공식적 분야에 속하면 권위가 있고, 여러 생활 분야에서도 어깨에 힘 주고 특별 취급을 받으며 살 수 있었다. 부모들은 좋은 학벌로 직업의 성패를 거의 판가름하는 시절을 살았다. 그들이 학벌을 자식의 장래를 위해 강요하는 것은 당연한 일이다. 그러나 앞으로는 스스로의 감정을 알고 만족을 찾을 수 있는 능력 또한 더욱 필요하다.

아이의 개성을 무시하고 좋은 학벌만 강요한다면 무리가 생길 것이다. 또 이제는 정부나 대기업의 소위 공적 분야와 그 외 분야와의 경계가 모호해지고 있다. 산업 구조나 기술 발전의 방향, 사람들의 행동 양식이 변하고 있다. 대규모 기업과 학벌이 중요한 산업 분야 외의 다양한 '생산적인 소규모의 컴퓨터 출판' '소수를 위한 작은 휴식 공간 제공 사업(?)' '연예' '광고' '다양한 분야의 디자인 산업' '레포츠 산업'이 늘어나고 있다. 디자인이나 컴퓨터계에서는 기존의 방식을 탈피한 새로운 아이디어를 필요로 하는데, 모범생인 학생들은 오히려 이 분야에 불리할 가능성이 있다.

물론 아직 '갑' 회사와 '을' 회사의 주종 관계가 심하며, 정신 노동과 육체 노동의 임금의 차이가 심하다. 많은 지식을 필요로 하는 전문가 자격증은 분명히 안정된 생활을 보장한다. 그런데 이제 이런 자격증 전문가는 매우 소수의 사람에게 돌아갈 것이다. 주변에 좋은 학벌을 가진 이십대 후반의 젊은이들이 좋은 직장을 그만두고 새로운 일을 시작하는 경우들을 본다. 이들에게 중요한 것은 부와 명예를 주는 직장이 아니라 '자율성이 존중되고' '자신의 취향'을 살리는 직업이다. 즉, 부모 세대에 좋은 삶을 위해 필요했던 '조건'들이 바뀌고 있다. 아니 '좋은 삶'에 대한 정의 자체가 바뀌고 있는 것이다.

이렇게 변화하고 있는 사회 분위기 속에서 지금 나와 아이에게 중요한 것은 이미 '제도권' 교육을 거부했지만, 앞으로 보다 넓은 범위에서 새로운 개념의 사회 제도권과 연결을 짓고 살아가는 '사회 생활'을 구상하고 준비하는 것이다.

우선 학교에서만 할 수 있고, 해야 한다라는 생각을 버리면 대안이 나올 거다. 제3막을 여는 일도 우리가 함께 해야 할 몫이리라.

■ 글쓴이 조한혜순은 42살, 회사원이다.

어느 자유주의자
아버지의 고백

서광선

"아버지, 그건 자업자득입니다."
속이 상할 대로 상한 이 아버지의
말에 큰아이가 내뱉듯이
하는 말이었다.

첫째 아이 : 화공학도가 음악도로

"아버지, 그건 자업자득입니다." 큰아들의 말이다. 미국에서 음악 공부를 하고 있는 큰아들에게 동생 이야기를 해주었다. "네 동생이 드디어 대학 가기를 거절했다. 고2까지 그렇게 공부 잘하던 아이가 입시를 몇 달 앞두고 대학 가기를 포기한다는 데 어떻게 해야 할지 모르겠다." 속이 상할 대로 상한 이 아버지의 말에 큰아이가 내뱉듯이 하는 말이었다. 아버지를 칭찬하는 말인지 나무라는 말인지 종잡을 수가 없었다.

사실 이렇게 응답하는 큰아들도 부모의 가슴에 못박은 '전과자'다.

큰아이는 나의 늦어진 공부 때문에 결혼도 서른이 넘어서 하게 된데다가 결혼한 지도 5년이 넘어서야 얻은 귀한 아들이었다. 학자의 집안에 태어났으니 우리 아들은 훌륭한 학자로 키워야 한다고 마음먹고 있었다. 영국의 철학자 버트란드 러셀처럼 세살 때부터 그리스어를 가르치고 유치원에서는 영어 소설과 원서를 읽도록 해야 한다는 것이 나의 교육관이었다. 큰아이는 보통 다른 한국 아이들처럼 장난꾸러기로 건강하게 자라났다.

유치원에 갈 나이가 되면서부터 노래를 잘 불러서 동네 아주머니들의 '인기 가수' 노릇을 하였다. 남자 가수, 여자 가수 할 것 없이 가수들의 흉내를 내가며 능청스럽게 노래를 해댔다. 네 살 땐가 다섯 살 되던 해 디즈니랜드 구경을 갔을 때 거리의 초상화가가 앞에서 노래하는 포즈를 취한 큰아들을 그린 그림을 아직도 가지고 있다.

중학교에서 측정한 지능지수가 150을 훨씬 웃돈다는 교장 선생님의 말씀을 듣고 온 아내는 흥분을 감추지 못했다. "우리가 어떻게 해야 이런 천재적인 아이를 제대로 책임지고 기를 수 있을까요?" 아내는 궁리하느라 바빴다. 중학교를 마치는 해 여름, 미국과 캐나다의 늪지대를 미국 소년들과 함께 카누를 타고 모험하는 여행에서 돌아온 아이의 영어 회화 실력은 자리를 잡아가고 있었다. 중학교 때부터는 친구들과 메탈 그룹을 시작했고 발표회를 열기도 하면서 신세대 음악에 심취하고 있었다. 큰아이 정실이가 통기타를 끌어안고 몸을 흔들면서 불러대는 송창식의 「왜 불러」는 아이들과 어른들의 인기 곡목이었다.

대학은 고민하는 눈치도 없이 연세대를 선택했고 화학공학과에 우수한 성적으로 장학생 대접을 받으며 입학하였다. 학교 교사들과 주위 친구들이 서울대에 가지 않는 것을 아까워 할 때도 자기가 좋은 것이 좋은 것이라고 대꾸하고 있었다.

대학에 들어가서 제일 심각하게 고민한 것이 과외 활동 동아리를 선택하는 것이었다. 나는 기독교 이념 서클이나 철학 서클 같은 데 들어 가기를 은근히 원했다. 그러나 정실의 선택은 오르페우스라는 클래식 기타 동아리였다. '날라리' 기타가 아니니까 그런대로 좋다는 생각이었다. 그런데 정실이는 그 동아리에서 일학년을 마치기도 전에 두각을 나타내기 시작했다. 신입생 연주 경연 대회에서 일등을 하고, 전체 동아리 기타 연주회에서 지휘를 맡기도 하였다. 기타 동아리 일이라면 연주회 준비에서부터 시작하여 거의 모든 것을 도맡아 하다시피 했다. 그애의 컴퓨터 실력이 일을 많이 하게 했던 것 같다.

대학의 학업 성적이 조금씩 떨어지기 시작했다. 관심을 보이는 부모에게 별로 신경도 쓰지 않았을 뿐더러 안심시킬 생각조차 안하는 것 같았다. 대학원에 가려면 대학 시절 성적 관리를 잘해야 한다는 말 정도 이상으로 성적을 탓하기가 쑥스러웠다. 대학에서 학과 공부에만 매달려서 절절 매고, 사회 생활이나 과외 활동을 제대로 즐기지 못하는 학생들을 은근히 업신여기던 터에 우리 아들이야말로 공부도 잘하고 과외 활동도 잘하는 아이려니 자신을 가지고 있었던 것이다.

대학교 2학년을 마칠 무렵, 정실은 중요한 사안으로 부모와의 대화를 요청해 왔다. "전공을 음악으로 바꾸기로 하겠습니다"였다. 아이 엄마는 당황한 나머지 언성을 높였다. "어떻게 들어 간 대학인데, 그리고 화공학과가 어때서 전공을 지금 바꾸겠다는 거냐? 우리 집안에는 음악 하는 사람이 하나도 없다. 외가를 포함해서 모두 공부하는 사람들이다. 왜 정코스로 대학 교수 되는 길을 포기하려느냐?" 우리는 보통 한국 부모들이 할 만한 말은 거의 다했다. "하던 공부 그대로 마치고 음악은 과외로 취미로 얼마든지 할 수 있는 거 아니냐?" 이것이 나의 응답이었다.

"정 그러시다면 그렇게 해도 되지만 아마 불행한 화공학도로 제 인생이 끝날 것 같습니다. 화공학으로 대학 나와서 회사에 기술자로 취직해서 보람도 없는 일을 하다가 집에 돌아와서 기타통을 끌어 안고 음악을 연습하는 제 꼴이 한심스러울 겁니다. 기껏해야 소주 공장 주인이 돼서 불행한 얼굴을 하고 기타 치고 있는 제 모습을 상상이나 해보세요." 이 말에 나는 결심하였다. 자기가 하고 싶은 공부를 하고 자기가 보람 있게 느끼는 일을 해야 한다. 아이는 낳아 길러 주는 것으로 충분하다. 나의 소유물도 아니고, 내가 마음대로 조종할 수 있는 인형도 아니다.

정실이는 지금 행복하다. 미국의 유수한 음대에 입학하여 전과목 A학점의 우수한 성적으로 학부를 졸업하고 장학생으로 대학원에 진학하였다. 회의차 뉴욕에 간 아버지에게 정실은 나의 교육 철학에 대해서 경의를 표하면서 둘째가 대학 안 가기로 한 것은 모두 나의 교육 철학의 결과라는 것이었다. "우리를 그토록 믿으시고 자유롭게 기르시고, 대화와 토론을 통해서 아이들의 의사를 존중하신 결과입니다. 전공을 바꿔 음악 공부하러 온 다른 아이들이 집안 어른들과의 관계가 아직 나쁜 것을 보면 저는 너무도 행복합니다."

둘째 아이 : "대학엔 안 가겠습니다."

"한국의 대학 교육에 대해서 아버지는 얼마나 비판적이었습니까? 제 친구들을 보면 대학 가겠다는 놈들이 제일 못된 놈들로 보입니다. 가장 이기적이고, 부모 알기를 뭐처럼 아는 불효 막심한 놈들이죠. 자기 성공을 위해 옆 친구들의 사정 같은 것은 아랑곳도 하지 않는 친구들을 보면서 대학 간다는 것에 환멸을 느꼈습니다." 입시를 석달 앞둔 고교생 둘째 아들의 항변이었다.

"너는 우리집에 살면서 물질적으로나 다른 여러 면에서 행복하다고 생각하니? 이만한 정도로 살려면 한국 사회에선 어떻게 해서든 대학을 나와야 된다는 것쯤 잘 알고 있지 않니?" 나와 내 아내가 제기한 행복론은 천박한 자본주의 행복론이 될 수밖에 없었다.

"대학을 나오지 않고도, 박사 학위가 없어도, 대학 교수가 아니어도 나는 행복해질 수 있습니다. 많이 못 먹고 좋은 옷 못 입고 이런 좋은 집에서 못 살아도 내 나름대로의 행복을 찾을 겁니다."

그래서 우리 둘째 아들 진실이는 대학을 가지 않았다. 형처럼 음악을 좋아해서 이것 저것 악기를 만지다가 드럼에 흥미를 붙이고 말았다. 드럼을 연주하는 선배 형들을 쫓아 다니며 실기도 익히고 방송에도 출연하다가 최근 만기 제대를 한 형편이다. 우리 둘째는 명랑하고 쾌활하다. 가끔 대학가를 방황하고 돌아와서는 외로움과 소외감을 절실하게 털어놓는 말을 하기도 한다. 그러나 아직은 "왜 강제로 대학에 들어가게 안하셨어요?"라는 나무람 섞인 말은 안하고 있다.

나와 아내는 둘째가 자기가 하고 싶은 일을 찾아서 거기에 집중해서 보람을 느끼고 자기가 말하는 대로의 행복을 찾을 것이라는 확신을 가지고 있다. 그 확신을 아이에게 보여 주는 일이 중요하다고 느낀다. 아이에게 자신감을 주기 위해서는 나 자신이 그애의 장래에 대해서 확신을 가지는 일이 중요하다. 대학이라도 졸업해야 사람 취급을 받는다는 고학력 사회에 살면서 "대학을 안 가도 행복하게 살 수 있다"는 신념을 나의 일상 생활에서 보여 주기란 참으로 어려운 것이 사실이다. 그러므로 학력을 따지지 않고 사람됨과 기술로서 평가받는 사회, 대학을 나오지 않고도 나름대로의 행복을 찾아 마음놓고 즐겁게 살 수 있는 사회를 만드는 것이 우리 어른들의 책임이라고 생각하며 살아가고 있다.

우리 세대는 배고픈 시대를 살았다. 그러나 우리 아이들은 빈곤을 경험하지 않고 살았다. 우리 어른들은 우리가 만들었다고 생각하는 풍요를 아이들에게 자랑하며 살았다. 경제 성장을 자랑했고, 고급 외제 과잉 소비를 과시하면서 우리 아이들도 이렇게만 살아 주기를 바라고 있다. 나처럼 벌어서 나처럼 소비하라. 그렇게 하기 위해서는 부모가 하라는 대로 해야 한다는 것이다. 유치원 들어가기가 무섭게 적어도 서너 가지의 과외를 해야만 '행복한 삶'을 보장받을 수 있다는 신념에 꽉 차 있다. 그러나 우리 아이들은 행복한가? 오히려 어른들의 행복관에 짓눌려서 개성 없는 인간, 말 잘 듣는 순응적인 인간, 그러면서도 속에는 저항과 폭력이 부글부글 끓고 있는 인간으로 커 가고 있는 것은 아닌가? 자유롭게 스스로 선택한 삶이 어렵다는 이유 하나만으로 우리 부모들은 아이들을 우리가 살아온 식으로 살게 하려고 애쓴다. 그래서 부모들의 노예로 만들고 나약한 인간으로 만들어 왔다.

"아버지의 인정을 받고 싶어요." 어느 날 밤늦게 술에 취해 들어 온 진실이가 나와의 대화 끝에 내뱉는 말이었다. '아버지의 인정', 그게 무엇일까? 아버지가 주는 자유가 너무 부담이 된다는 말인가? 자유에는 책임이 반드시 따른다는 철학을 몸으로 체험하고 있다는 말인가? 사르트르의 말을 빌리지 않더라도 우리 모두는 자유라는 감옥의 죄수들인 것 같다. 자유만큼 소중한 가치가 없지만, 자유만큼 무서운 것이 없다. 나의 인생을 내가 선택하고 나는 내가 만들어 나간다는 생각만큼 멋있는 생각이 없는 것 같지만, 얼마나 어려운 일인가!

우리 아이들이 자기네 아이들을 가지게 될 때는 아이 기르기가 우리 세대보다 훨씬 더 어려워질 것 같다. 자유롭게 사는 훈련을 지금부터 부지런히 하지 않는다면 말이다.

■ 글쓴이 서광선은 이화여대 기독교학과 교수를 지냈고, 현재는 미국 유니언 신학교 교수로 재직하고 있다.

우리의 우등생들은
어떻게 자라는가?

조정은

젊었을 때는 좋은 엄마는 "뭔가
엄마여야 한다"는 데 잡혀 있었다면
나이가 든 지금은 "뭔가 엄마여야
한다"는 강박관념이 더 이상 필요없게
되어 훨씬 자유로워진 셈이다.

우리의 제도 교육에 낙오하지 않고 잘 적응한 이른바 '우등생'들의 이야기를 쓰는 일이 과연 의미있는 일인가? 게다가 자기집 우등생 자식 이야기라니? 우리집 아이들을 소재로 쓰는 글이기는 하지만 '우리집 우등생들'의 이야기라기보다는 '우리 교육의 우등생들'에 대한 이야기라고 생각하고 쓰기로 했다. 우리집 아이들을 통해 읽게 된 우리의 교육 문화, 학교 문화 또는 교실 문화의 한 단면들은 나를 절망하게 하고 때로는 폭소를 터뜨리게도 했다. 아이들에게 그들의 사생활 침범이 아닌가 생각해서 사전 검열(?)을 받았고 이 과정에서 뜻하지 않게 '우등생이라 불리운 아들'의 소명 자료까지 첨부하게 되었다. 작은아이는 실명을 밝히지 않기를 요구했다.

우리 교육 삐딱하게 보기—교육에 대해 말할 자격이 없는 학부모
"서울대에 자식 보낸 학부모는 우리 교육에 대해 입을 열 자격이 없다"고 동료 교수가 냉소적으로 이야기했을 때 나는 처음에는 무슨 말인지를 잘 알아듣지 못했다. 한참 뒤에야 현재와 같은 척박한 교육 풍토에서, 말하자면 형편없는 교육 상황에 가장 뛰어나게 적응한 자녀를 둔 학부모는 우리 교육에 대해 말할 자격이 없다는 뜻이라는 것을 알아차렸다. 말이 되는 소리 같기도 했다. 우리집에는 작년에 대학을 졸업한 큰아이와 중 3짜리 작은아이가 있다. 큰아이 덕에 나는 대한민국에서 교육에 대해 말할 자격도 없는 서울대 학부모가 되었다. 아이가 대학에 입학한 뒤 "체험으로 쓰는 우리 교육 우리 아이들"이라는 기고문을 91년 5월부터 7월까지 『여성신문』에 열두 차례 연재했는데 그때 사람들은 큰아이가 제대로 대학 들어갔으니 그나마 "우리 교육 어쩌구" 하는 글을 쓸 엄두를 냈을 것이라고 말했다. 그랬을지도 모른다. 지금도 그럴지도 모른다. 입을 열 자격은 없어도 말을 할 수가 있는 것은 순전히 아이가 대학에 제대로 붙어서 다녔기 때문이다. 아이가 대학 못 가면 아이 엄마가 죄인이 되는 사회이므로. 그리고 그런 엄마의 말은 누구도 귀담아 듣지 않을 것이므로.

우리집 큰아이는 사회에서도 가정에서도 대안 교육에 대해 생각할 여유가 없을 때 그리고 사회가 전반적으로 매우 경직되어 있을 때 중고등학교를 마쳤다. 큰아이가 대학 들어갈 때까지 거의 자학하는 기분으로 나와 우리의 아이는 우리 교육 풍토에 적응하고자 했다. '대한민국에서 살아남으려면…' 이러한 토를 달면서. '우리의 학교 교육 이대로 좋은가' 하는 문제는 겨우 고교나 대학의 입시 제도를 어떻게 할 것인가 하는 정도에서 의견이 오갔을 뿐 근본적인 문제는 방치된 상태였다. 거기다가 나 또한 이런 상황에서 학부모 노릇을 어떻게 해야 하는지에 대해 백지였다. 엄마는 '교육적'이어야 한다고 생각했지만 무엇이 '교육적'인지에 대해 혼란만 거듭하고 있었다.

보통 아이를 영재로 키우는 비법이 판치는 사회

우리집 큰애는 학교에 들어가기 전까지는 아주 재미있는 아이였다. 사는 것을 너무나 재미있어 했다. 잠자기가 싫을 만큼 세상이 너무나 재미있었던 아이였다. 저녁이면 자고 싶어하는 어른들의 눈을 벌려서 뜨게 할 정도로. "세상이 그렇게 재미있니?"라고 나는 서너 살짜리에게 가끔 묻고는 했었다. 세상은 호기심 덩어리였고 너무나 웃고 다녀서 별명이 '과웃음'이었다. 생각하기에 따라서는 아이에게 세상은 그렇게 우호적이지 않았다. 아빠는 출생 3개월 전에 유학을 떠났고 엄마도 출생 100일만에 아빠를 따라갔다. 아이는 외가에서 자랐다. 우리가 돌아온 것은 아이가 만 두 살이 다 되었을 때이다. 그 동안 외가의 많은 어른들 속에서 자랐다. 외할머니 손에서 자라게 되어 약간의 배려는 받았겠지만 특별한 '교육'을 받지는 않았다. 아이는 우연찮게 빨리 글자를 익혔다. 아이를 키운 지 아주 오랜만에 외손자를 맡게 된 우리 어머니는 아이에게 말을 건네는 수단으로 방안의 자개장롱 그림을 가리키며 "이것은 꽃이다", "이것은 토끼다"라고 일러주기 시작했고 마침내는 그림책 등을 펴놓고 시간을 때우게 되었다. 아이는 이야기를 좋아했던지 귀를 쫑긋해서 듣기 시작하더니 나중에는 할머니가 졸다가 실수하면 웅얼거리며 불평을 했고 '…은'을 '…가'라고 읽으면 소매자락을 잡아다니며 항의하는 선으로까지 발전했던 모양이다. 우리가 돌아왔을 때 아이는 『백설공주』, 『피노키오』, 『소공자』, 『성냥팔이 소녀』 등에 빠져 있었다. 하루에도 수십 번씩 읽어 줘야 한다는 사실이 고역이었다.

만 2살이 되었을 때 친구들을 모아 생일을 차려주게 되었다. 그날 집에 놀러온 손님들은 우리에게 왜 아이에게 그렇게 빨리 한글을 가르쳤느냐고 질타하거나 놀라움을 표시했다. 그리고 엄마 아빠를 따라 놀러온 비슷하거나 약간 더 큰 아이들은 아직 글자도 못 읽는다고 이유 없는 타박을 당했다. 그러나 사실은 아이가 한글을 깨우친 것이 아니었다. 아이는 어른들이 읽어준 동화책을 펼쳐놓고 페이지를 넘기면서 책 읽는 시늉을 한 것이었다. 그런데 한 자도 틀리지 않게 페이지를 넘겨야 할 때 꼭 페이지를 넘기기 때문에 누구라도 이 아이가 책을 읽는다고 생각한 것이었다. 손님들이 떠난 뒤에야 난 이 아이가 그런 식으로 책을 넘기며 한 자도 틀리지 않게 읽는(사실은 외는) 동화책이 거의 10여 권 가깝게 된다는 것을 알게 되었다. 재미있는 일로 생각했지만 다른 사람 앞에서 '쇼'를 하지는 않도록 조심했다. 한참 지난 뒤 글자라는 것이 있다는 것을 알기 시작한 것 같았다. 뭔가 글을 읽는다는 것에 호기심을 가지기 시작했고 그래서 글자 맞추기 놀이 기구를 사다 주었다. ㄱ에 ㅏ를 붙이면 가가 되고 ㄴ에 ㅏ를 붙이면 나가 된다는 것을 터득하면서 더이상 외는 일에 흥미를 잃기 시작했다. 아마 출생 1년 10개월쯤에서 2년 1개월 정도의 한 3개월이 외는 능력이 절정이었던 것 같다. 그때는 아이 머리가 거의 공테이프에 녹음하는 수준이었다는 느낌이 들었다. (아마 모든 아이들이 알게 모르게 이러한 시점을 통과하지 않을까 하는 생각이 들었다. 좀 일찍 시작하거나 좀 오래 지속되는 차이는 있을지 모르지만.) 그러한 책 외기 덕분인지 어휘력이나 감성은 또래 아이들보다 훨씬 앞섰다. 『성냥팔이 소녀』에서 "할머니가 돌아가셨습니다"라는 구절이 나올 때는 아이는 할머니 부재(不在)를 상상하는지 눈물을 글썽이기도 했다. 실제로 집에 놀러온 아동발달학자나 소아정신과 의사 등이 영재일 확률이 높다는 이야기를 많이 했었다. 그럴 때마다 나는 이 아이를 어떻게 영재로 키울 것이냐보다는 어떻게 정상적으로 키울 것인가가 더 걱정이었다. 이 사회에서 과연 영재가 제대로 교육받아 제대로 된 사람이 될 것인가에 오히려 신경이 쓰였으므로.

아이는 호기심 또한 많았다. 버스와 택시를 타고 밖에 나갔다 오면 "왜 큰차가 작은차보다 값이 싸냐?" 천둥이 치면 "왜 하늘이 부글부글 끓느냐?" 그런 식의 질문들로 때로 우리를 당혹하게 하거나 재미있게 해주었다. 그때 우리집은 TV를 별로 보지 않았는데 하루는 옆집에 이사온 새댁 집에 놀러 갔다 온 아이가 엉뚱하게도 우리집에서 왜 TV를 안 보는지 알았다는 것이었다. "왜 그러는데?"라고 물었더니 "내가 있으니까." "TV 보고 웃을 필요가 없잖아. 나 보고 웃으면 되니까." 신혼부부 둘이서 TV 보면서 깔깔거리고 웃고 시간 보내는 것을 보면서 우리집과 새댁 집의 차이가 한쪽은 아이를 보고 웃고 한쪽은 TV를 보고 웃는 차이로 개념화한 아이를 보면서 우리는 웃지 않을 수 없었다.

이런 아이가 학교를 가면 펄펄 날겠다고 사람들은 부러워했다. 그리고 실제로 아이가 국민학교에 다닐 때 옛날에 집에 놀러온 적이 있는 친구들은 '그 꼬마천재' 어떻게 되었냐고 묻기도 했다. 그러나 아이는 국민학교에 들어가서 아무런 특색 없이 다만 지루하고 지루한 교과 과정을 별로 뛰어나지 않게 따라가고 있었을 뿐이었다. 숙제는 맨날같이 "국어 10번 읽었음. 산수 10번 썼음"의 수준이었다. 말도 안되는 숙제라고 생각했지만 "대한민국에 살려면 이 정도의 참을성은 있어야" 된다고 생각하고 자위하면서 아이의 숙제를 챙겨 주기도 했다. 호기심 많고 관찰력과 언어 표현이 뛰어났던 아이는 점점 재미없고 풀기 없는 아이가 되어가고 있었다. 그럭저럭 학교만 왔다갔다 하는 아이를 보면서 안되겠다 싶어 최소한 책 몇 번씩 베끼는 숙제 대신 산수 문제라도 프린트해서 내주는 학교를 찾아 국민학교 5학년 때 한 학년이 다섯 반인 사립학교로 옮겨 주었다. 그때까지 다니던 학교는 한 학년이 18반에 한 반이 70명 가까이 되는 학교였다. 전학한 후에 학교 다니는 데 재미를 좀 붙였다. 초등학교 다닐 때 아이한테 한 부탁은 '알 것만 알고 놀아라'였다. 이러한 부탁을 실천에 옮겼는지 초등학교는 적당히 놀면서 다녔고 중학교 가면서 알 것은 알았는지 학교 성적이 우수한 아이가 되었다.

행복하지 않은 우수한 아이

그러나 이 아이의 중학 생활이 결코 행복한 것은 아니었다. (다음은 여성신문 91년 4월 26일 자에 기고했던 글이다.)

중학생이 되면서 큰아이는 '무자비'라는 별명을 얻을 만큼 객관식 시험에 두각을 나타냈다. 이 별명은 아이의 이름과 성에 들어있는 자음 'ㅁ ㅈ ㅂ'을 따서 만든 것으로 무자비하게 시험을 잘 본다는 뜻이었다. 난 아이의 성적을 받을 때마다 한편 경탄하고 한편 절망하고는 했다. 그러면서 우리 아이가 4지선다형 시험의 귀재가 되어 가는 것이 아닌가 내심 걱정하기 시작했다. 3학년 여름방학이 시작되고 얼마 안되어 담임이 한 번 보자는 전화가 왔다. 나도 드디어 돈봉투를 들고 가야 하는 것이 아닐까 하는 생각에 잠깐 머뭇거리기는 했지만 그 외는 별 생각 없이 약속 장소로 나갔다. 그런데 자리에 앉자마자 담임 선생님이 "정빈이 과학고나 보내 버리세요" 그러는 것이 아닌가? 난 그때까지 과학고가 몇 개 도시에 생겼다는 것을 신문에서는 읽었지만 우리 아이를 그곳에 보낼 것인가는 생각해 본 적이 없었다. 그것보다도 "과학고냐"는 또 무슨 말인가? 담임 선생님의 이야기인즉 괜히 머리 좋은 아이가 대학가서 데모나 하면 큰일이니까 일찌감치 과학고나 보내고 이과로 진학시키라는 것이었다. 사회 시간에 정빈이가 질문을 많이 해서 담당 교사가 골치를 앓고 있으며 '부정적' 사고를 하지 않도록 지도해 달라는 이야기까지 덧붙였다. 담임과 헤어져 귀가하는 길은 몹시 우울했다. 보통의 어머니들이라면 얼마나 사색이 되어 귀가했을 것인가를 상상하면서, 그리고 명색이 사회학과 교수인 어머니를 불러 이러한 충고를 하는 담임의 배려(?)에 내심 놀라움을 금치 못했다.

집으로 돌아와서 사회 시간에 한 질문이 어떤 것이냐고 아이에게 물었더니 파시즘과 파시즘이 등장한 사회적 배경을 설명해서 우리의 유신 때와 비슷한 것 같아 그러냐고 질문했다는 것이다. 그것에 대한 답은 못 듣고 "지금부터 그런 질문을 하다가 대학 가면 데모를 얼마나 하려고 하느냐"는 질책을 받아 그냥 머쓱했다는 이야기를 들려주었다. 강남에서 수업 시간에 질문하면 진도 빨리 못 나간다고 아이들한테 눈치를 받는다는 이야기를 듣기는 했지만 이런 경우에 대해서는 들은 바가 없어 아이에게 무어라고 충고해야 할지 참으로 난감했다. "선생님 난처하지 않을 정도만 질문해라" 어쩌구 하면서 궁색하게 넘어갔다.

이 이야기를 들은 내 후배 한 명이 정빈이는 중3이 될 때까지 요즘 국민학교 6학년이면 터득한다는 팔짱 끼고 웃는 철학을 터득하지 못했던 모양이라면서 웃었다. 자기집의 국민학교 6학년짜리 아들은 비리에 대한 국회 청문회 장면을 보면서 "너 어떻게 생각하니?" 했더니 "어른들은 왜 어떻게 생각하니 하는 쓸데없는 질문을 하는지 모르겠다"고 하면서 "우리 선생님도 수업 시간에 늘 그런 질문을 하시거든." "그래서 뭐라고 했니?" 물었더니 "뭐라고 하긴. 선생님이 원하는 답이 뭔지 아는데. 애들이 그냥 팔짱 끼고 웃기만 했지" 그러더라는 것이다.(당시는 5공 때였음)

과학고에 대해 한동안 잊어버리고 있었는데 어느 날 아이가 갑자기 과학고로 가고 싶다면서 원서를 가져왔다. 우리는 아직 이 아이가 인문계 적성인지 자연계 적성인지에 대해 판단을 내릴 수가 없었다. 그러면서도 몇 가지 딜레머에 빠졌다. 무엇보다도 나는 "과학고나 보내 버리라"는 담임의 제안에 내심 반감을 가지고 있었고 그러면서도 혹 내가 그것 때문에 우리 아이가 정말 원하는 길을 막는 것이 아닌가 하는 점 때문에 크게 반대하지 못했다. 그러면서 4지선다형의 귀재가 되어 가는 아이와 그런 시험에 1, 2 등을 다투는 명예를 고3년 동안 또 질 일이 한심하겠다는 생각도 해보게 되었다. 우리는 아이의 의사를 최대한 존중하기로 했다.

우선 왜 자연과학을 해야겠다고 생각했느냐? 왜 사회과학은 아닌가였다. 그애는 한참 망설이다가 자연과학의 문제는 노력하고 고민하면 풀리는 것 같은데 사회과학은 아무리 고민하고 노력해도 정답이 없어 제자리에 돌아오는 것 같다는 것이었다. 그렇더라도 왜 과학고냐 했더니 한 반에 40명은 잠자는 고등학교에 가서 공부할 일을 생각하니 한심하다는 것이었다. 일리가 없지는 않았다. 이렇게 해서 아이는 결국 과학고 진학이 확정되었다. 그리고 1년 뒤 아이는 89명 중 88등의 성적표를 가지고 일반 인문계 고등학교로 전학했다.

이 아이는 88년 수원에 있는 경기 과학고에 입학했다. 서울에 과학고가 생긴 것은 89년이므로 이때는 서울 아이들도 수원에 있는 경기 과학고로 가던 때였다. 본인이 원해서 가기는 했지만 2개월만에 인문계 학교로 전학해야 하는 게 아닌가 하는 생각을 하기 시작했다. 우선 입학식날 '2년만에 과기대에 입학하도록 열심히 공부하겠다는 선서'에서 '꿈 없는 과학고'를 보게 되었고 아이의 적성 또한 자연계 쪽이라고 보기 힘들었다. 한 학기를 끝내고 전학 의사를 밝혔으나 학교 당국은 전학을 허용할 수 없다고 했다. 학교에 다녀본 뒤 적성에 안 맞는 아이가 얼마든지 있을 수 있다는 사실을 인정하려 하지 않았다. 전학 면담 과정에서 어머니 자격으로 간 나는 "여자는 대한민국에서 호주가 아니므로" 아버지가 와야 된다는 말에 두 번이나 허탕치고 돌아왔었다. 아이는 미운 오리새끼 노릇을 두려워한 나머지 학교에 전학 의사를 밝힌 이후에는 최단시일에 전학할 수 있기를 바랐지만 6개월 후에야 전학할 수 있었다. 그 동안 아이는 마음이 떠서 수학 시험에는 좋아하는 노래 가사를 쓰고 물리 시험에는 시를 쓰는 장난을 쳐서 전학증을 뗄 때 학교 성적이 89명 중 88등을 기록하고 있었다. (90명 정원 중 1명이 전학했음.) 고2에 전학해 올 때 이 아이는 아이들하고는 정이 많이 들어 떠나오는 것을 몹시 섭섭해 했다. 한 반에 30명씩인데다 질문과 토론이 많은 교실 분위기는 놓치고 싶지 않았을 것이다. 60명 정원에 40명은 졸거나 떠드는 교실로 되돌아와서 과학고에서 적응 못해 온 아이로 취급받으며 보낸 고2의 생활은 정말 힘들었던 것 같다. 끊임없는 회의와 방황을 거듭했다. 이러한 마음고생을 알고 있었기 때문에 나는 아이가 무난히 자기가 원하는 대학의 학과에 재수하지 않고 입학할 수 있기를 바랐었다. 다행히 그랬다. 이 아이는 얼마 전 내게 "고등학교 때 지금과는 정반대의 길을 가버릴까 생각도 했고 실제로 그럴 수도 있었다"는 말을 했다. 우리의 교육 풍토에서 문제아가 안되는 일은 영재가 되는 일보다 더 어려운 일이었음을 뼈아프게 경험했던 아이의 회고인 셈이다.

우리 사회가 이중구조의 사회라고 말하고는 하지만 교육의 목표에 관한 만큼 이중적이고 혼란을 주는 일도 많지 않다. 한편에서는 모든 아이들을 똑같이 키우겠다고 교육 평준화를 내걸면서 다른 한편에서는 '보통 아이를 천재로 키우는 비법'이 판을 친다. 여성지와 교육 잡지만이 이를 부추기는 것이 아니라 교육 현장이 그렇고 우리 사회 풍경이 그렇다. 정직하게 맞닥뜨려 생각해야 할 일은 '보통 아이를 영재로 키우는 법'이 아니라 영재가(영재라는 게 있다면) 영재로, 아니 영재가 문제아가 아니라 보통아이로라도 제대로 자랄 수 있도록 해주는 일이라는 단순한 사실이다.

대학 생활의 해프닝
너무 높은 여성성(?) 때문에 카운셀링을 받았다

무난히 대학에 들어간 아이는 호기심 찬 대학 생활을 시작했다. 마지막 '가투' (거리 투쟁) 학번이라는 91학번으로 명동까지 진출하는 경험도 했다. 그러던 어느 날 나는 아이가 왜 매주 토요일이면 학교가 있는 신림동에 가지 않고 내 차를 얻어 타고 충무로쯤에서 내리는가를 묻게 되었다. 대학에 입학하고 두 달 이상 이런 일이 계속된 뒤였다. 처음에는 대학에 입학했으니 토요일이면 명동쯤 가는 것이 이상할 것도 없다고 생각했고 그 뒤로도 지하철 연결이 좋은 곳에 내리는 모양이라고 무심히 넘겼었다. 단지 일정한 시간에 맞춰서 하는 토요일 아침의 외출이 뭔가 정해 놓고 가는 데가 있는 듯한 느낌을 받아 약간 호기심이 발동했다. 그러나 '대학 교수 엄마'는 보통 소리를 해도 지나친 간섭이 될까봐 그냥 모른 척 넘어가고자 노력했다. 거의 20여 주가 가까워지자 더 이상 호기심을 누를 수 없어 슬쩍 물어보았다. 토요일 아침에 정해 놓고 가는 데가 있느냐고. 뜻밖에도 서울대학 병원에 간다는 것이었다. 그리고 덧붙이기를 심리 치료사 인턴하고 매주 토요일 9시반에 카운셀링을 한다는 것이었다. 어이없기도 하고 순간 가슴이 철렁했다. 웬 카운셀링? 그러나 아주 하찮다는 듯이 무엇 때문인데? 하고 물어봤더니 신입생 대상으로 한 인성 검사에서 여성성이 너무 높게 나와 카운셀링을 받으라고 했다는 것이었다. 난 그 소리를 듣고 너무 안도한 나머지 운전대를 놓고 깔깔 웃었다. 그렇다면 더 이상 카운셀링은 필요 없다고 말해 주었다. 그리고 "너무 좋은 일이다"고 덧붙였다. 우리 사회에서 문제가 있다면 너무나 여성성이 낮은 남자들이 문제이지 여성성이 높은 남자는 문제될 게 없다. 틀림없이 그 조사지는 여성성의 수치를 무지막지하게 낮은 기준으로 잡아 놓았을 것이라고 말해 주었다. 아니 우리나라 기준이 아니더라도 서구 쪽에서 개발한 문항이어도 마찬가지일 것이다.

그때 프로이트에 비판적인 페미니스트 정신분석학자 글들을 통해 정신분석이나 인성 검사들이 얼마나 남성중심적 또는 남성성 우월의 전제에 서 있는가를 알고 있기가 참 다행이라고 생각했다. 아니면 난 꼼짝없이 우리 아들이 심리 카운셀링을 받도록 얼마나 더 토요일 아침마다 지하철까지 태워다 주었을지도 모른다. 걱정을 태산같이 하면서. 잠깐 동안은 어떤 문항들로 여성성을 측정했을까가 궁금했지만 그 뒤로 이 아이가 카운셀링을 받으러 가지 않는 것 같아 물어 볼 기회를 갖지 못했다. 그러나 페미니스트 엄마 때문에 아이는 자기가 남자답지 못하고 여성성이 높아지지 않나 걱정했을지도 모른다는 생각까지 떨쳐 버린 것은 아니었다. 또한 여성성 그리고 '양성성'의 가치를 모르는 사람들에 의해 어쩌면 엉뚱한 남자 아이들은 '정상'으로 추앙 받고 바람직한 남자 아이들이 귀한 시간을 카운셀링으로 보내고 있지 않나 걱정하면서(아직 이 점에 대해 정신과 의사들과 이야기해 볼 기회를 갖지 못했다) 어쩌면 섣부른 지식으로, 실제로는 존중받아야 할 인성들이 '비정상'으로 재단되고 있지 않는가 하는 생각을 한동안 했었다. 그때는 매우 흥분했는데 이 이야기를 섣불리 했다가는 페미니스트의 대학 신입생 아들이 정신과 카운셀링 받는 아이로 공인되어 버릴까봐 침묵하고 있다가 거의 잊어버릴 뻔했다. 이 글을 쓰면서 우리집 아이에게 생긴 일을 반추하다가 어이없는 기억을 건져내게 된 셈이다. 그리고 며칠 전 이 글을 쓰면서 오랜만에 아이에게 그때의 상황을 좀더 자세히 물어보게 되었다. 대학에 입학하고 "서울대 신입생 인성이 어쩌구 저쩌구…" 하는 기사를 보고 학생 연구소 부설의 인성 검사를 한 번 받아보고 싶었다는 것이었다. 여성성이 심리 치료를 받을 정도로 '비정상'은 아니었지만 소위 정상 범위(S.D.)의 경계선에 있었다고 했다. '정상'과 '비정상'의 경계인 2.5%선에 있었다는 것이다. 한 문항쯤에서만 여성성의 점수를 올리는 쪽으로 답했으면 '비정상적으로 여성성이 높은' 아이가 될 뻔한 것이었다. 그러나 이 높은 여성성 외에 조사 당시(입학한 후 몇 주도 안 지난 때) 자주 떠오르는 생각이 무어냐고 해서 사람들을 보면 죽으면 어떤 얼굴일까 하는 생각을 많이 한다고 했더니 비관적 성향이 높다고 카운셀링을 해보자고 했다는 것이었다. (아이가 덧붙이기를 카운셀링은 "매우 성공적"이었다고 담당자가 그랬다는데 생각해 보니 우리 같은 입시 교육을 치르고 나서 암울한 성격을 안 가졌다면 오히려 이상한 것이고 그러다가 대학에 버스 타고 슬렁슬렁 왔다갔다만 해도 그러한 암울함에서 벗어났을 테니 별로 쓸데 있는 짓은 아니었다는 생각이 든다고 했다.)

대한민국에서 남자 대학생은 머리 기를 자유도 없다?
무엇 하나 자유롭게 해보기 어려운, 해보는 것이 아니라 생각도 한 번 자유롭게 못해 보는 고3을 보낸 아이들은 대학 신입생이 되면 무엇이라도 엉뚱한 짓을 해보고 싶어하는 것 같다. 카운셀링을 그럭저럭 끝낼 때쯤에는 머리를 기르기 시작했다. 덥수룩한 머리를 좀더 길러 한 1년쯤 매고 다니겠다는 것이었다. 세상에 얼마나 중요한 일이 많은데 겨우 머리 기르는 일로 자기 표현을 하겠다는 것일까? 좀 못마땅하기는 했다. 그래도 나 또한 모범생의 탈을 얼마나 짐스러워했던가를 기억해 내고 그냥 넘어가 주기로 했다. 남들 안하던 짓 좀 한다고 큰일날 일은 없으므로. 그러면서도 우리 아이는 좀더 성숙한 아이였으면 좋겠다는 생각과 요즘 아이들은 튀고 싶어 한다더니 별걸 가지고 쯧쯧 하는 생각을 털어버린 것은 아니었다. 한 3개월 지나니 꽁지 머리를 제법 묶을 수 있는 정도가 되었다. 그런데 제동이 엉뚱한 데서 걸려 왔다. 관악 캠퍼스 내에서 우리집 아이인 줄 안 교수가 ○○ 교수 아들 머리가 왜 그러냐는 이야기가 들려 왔다. 나야 웃고 말았지만 아이 아빠는 "○○ 교수 아들 왜 그러냐?"는 말을 참을 수 없는 사람이다. 대한민국의 권위 있는 모든 아빠들처럼. 그 동안 아침 저녁 밥상에서 가끔 마주쳤지만 머리가 길다는 것도 몰랐던 아이 아빠는 남들이 스쳐지나가는 말로 한 그 말 때문에 머리를 눈여겨보게 되었고 "당장 자르라"고 야단이었다. 아빠는 당장 자르라는 것이고 아들은 1년을 길러 볼 것이라고 팽팽하게 맞섰다. 그때는 내가 안식년을 맞아 출국을 며칠 앞둔 때였다. 두발 문제를 둘러싼 아버지와 아들 간의 분쟁을 어느 정도 중재를 해놓지 않으면 아들이 완패하거나 둘간의 불필요한 감정 소모가 불을 보듯 뻔했다. 결국 서로 6개월씩 양보하도록 설득했다. 남편은 마땅찮아 하면서 동의했고 아이도 그렇게 했다. 엉뚱한 문제 때문에 무거운 마음으로 출국할 뻔했다는 생각을 하다가 우리 대학 때의 '장발 단속' 생각을 하면서 그래도 그때보다는 나아졌다는 생각을 하고 피식 웃었다. 대학생 아이의 두발 문제가 국가의 경찰력이 아니라 아버지의 잔소리 정도의 통제권으로 떨어진 것만도 어디냐고. 그러나 아이 편에서 생각하면 그게 '무엇이 다르냐'가 될 것이다. 하기는 우리 학교에서도 나이든 교수들이 무슨 남자애들이 머리를 기르냐고 야단을 쳤다거나 머리 기르려면 수업에는 들어오지 말라고 했다는 이야기를 당당하게 하는 것을 들은 적이 있다. 어떻든 나는 협상을 성공적으로 끝냈기 때문에 미국에 앉아 겨울방학이 되면 긴 머리를 하고 나를 방문할 아들의 모습을 때로 그려보면서 웃음 짓고는 했다. 그러나 3개월도 지나지 않아 아들에게서 편지가 왔다. 편지는 이렇게 시작되었다. "대한민국에서 남자 대학생은 머리 기를 자유도 없다는 것을 알았습니다...." 아마 머리 문제로 너무 씹혀서 머리 기르는 자유보다는 씹히지 않는 자유를 선택하기로 한 모양이다. 그러면서 아이는 이런저런 작은 반란을 시도하기도 하고 때로 좌절하면서 대학 생활을 보냈다. 얼마 전 아이는 대학을 졸업할 때까지 자기가 얼마나 너무 튀지 않으려고 노력했는가를 지나가는 말처럼 이야기했다.

친구를 위해 대리시험을 치르다

큰아이가 대학에 진학할 때 과 선택을 두고 설왕설래했다. 자연과학적 자질과 인문사회과학적 상상력을 함께 살릴 수 있는 학문을 고르다 보니 암울한 학문 dismal science이라는 경제학을 선택하게 되었다. 그러나 이러한 자질만을 고려했던 것은 아니다. 이 아이가 어려서부터 매우 반듯하고 정직하고 깨끗했다는 점이 과 결정을 쉽게 했다. 특히 돈에 대한 태도가 매우 깨끗했었다는 점이 그랬다. 이 아이가 여섯 살쯤이었을 때 택시를 타고 외출하는데 좌석에 먼저 번 손님이 흘렸을 법한 돈이 떨어져 있었다. 이 아이는 내릴 때까지 돈에 아무런 관심도 보이지 않았다. 내리게 되었을 때 전혀 본 척도 안하던 돈을 집어 운전기사에게 내미는 것이었다. 너 같은 애는 가정 경제는 어렵게 하겠지만 국가 경제에는 쓸모가 있겠다고 농담을 한 적이 있었다. 그래서 경제학을 공부하면 괜찮겠구나 하는 생각을 했었다.

아이가 전공에 재미를 붙이고 대학을 다니고 있던 어느날 Y대 강사로 출강하고 있는 후배가 아이들의 시험 부정 사례에 열을 올린 이야기를 듣게 되었다 (그때는 마침 어느 판사의 아들인 대학생이 돈을 받고 대학 입학 시험 대리시험을 친 사건으로 시끄러운 때였다). 한 학생이 대리시험을 보다가 자신에게 들켜서 F를 주었다는 것이다. 원래 시험을 보게 되어 있는 학생은 남학생이었는데 여학생이 시험지를 내고 가서 잡게 된 것이었다. 일이 그렇게 되자 남학생의 어머니가 꽃바구니까지 들고 찾아와 선처를 청했다는 것이다. 별일 다 보겠다는 생각에 집에 와서 큰아이에게 그 이야기를 하게 되었다. 그런데 놀랍게도 큰아이는 썩 웃더니 "바보 같은 녀석. (대리시험 봐줄) 남자 친구가 없었던 모양이지" 하는 것이다. 그리고 나서 사실은 자기도 대리시험의 경험이 있다고 했다. 타대학에 원정까지 가서 친구의 시험을 대신 봐줬다는 것이다. 집안 형편이 어려워 장학금을 타야 하는 친구가 경제학 개론에서 중간고사를 망치고 기말고사 때 대리시험을 부탁해서 친구의 딱한 사정으로 그 친구가 다니는 학교에까지 가서 대리시험을 봐준 것이다. 그런데 다행스럽게도(또는 불행하게도) 대리시험이 들통나 그 친구는 혜택을 못 본 모양이다.(중간고사 성적이 나빴었는데도 불구하고 기말고사의 점수가 너무 높게 나온 것이 이상해 담당 교수가 시험지를 대조해 답안지의 글씨체가 다른 것을 발견해 냈다고 한다.) 차라리 등록금을 보태주던지 어떻게 그런 일을 할 수 있느냐고 했더니 그런 일을 거절(또는 거역)할 수 없는 자기들 나름대로의 문화가 있다는 표정으로 쳐다보았다. 어릴 때 떨어져 있던 동전 한 닢에도 눈길 한 번 안주던 아이가 자라 대학에 와서는 그런 일을 아무렇지도 않게 했다는 사실에 우울해 해야 하는 것인지 아닌지에 대해 나는 솔직하게 판단이 안 섰다. 수업에 들어가서 이런 이야기를 했을 때 보여준 나의 학생들의 표정이라니!! "새삼스럽게 무얼 그런 것을…"

"배 째"라는 교실 속의 우등생들

아이를 중고등학교에 보내고 있는 학부형들은 누구라도 "보낼 학교 좀 있었으면…" 하는 생각을 해보게 된다. 아이들 편에서 보면 다닐 학교가 없는 셈이다. 물론 척박한 교육 환경에서도 아이들은 자란다. 그 나름의 재미를 찾아내기도 하고 아슬아슬하게 고비를 넘기기도 하면서. 척박한 교육 환경에서 그나마 좋은 선생님(이해심 있는) 만나면 거기에 매달리고 좋은 친구 나타나면 거기에 마음 붙이고 그렇게 그럭저럭 시간 때우기를 하면서 중고등학교 생활을 견디는 것 같다. 우리집의 작은아이는 큰아이보다는 덜 고통스럽게 중학 생활을 하고 있다. 초등학교 졸업 때까지 반에서 열명씩 주는 우등상 한 번 못 받던 아이가 중학교에 오면서 잔소리 안 들을 만큼 일단 학교 성적을 올려 놓고 지낸다.(그래야 그나마 몸이라도 비틀 만한 자유를 얻는다. 이것은 형으로부터 배운 노하우다.) 이 자유를 얻기 위해 아이가 얼마나 비싼 대가를 치렀는지 모르지만 이 덕에 아이는 워크맨을 귀에 꽂고 좋아하는 음악을 들으며 아침 자습을 할 수 있다. 공부 잘하는 아이가 하는 짓이라서 담임이 봐주기 시작했고 그 덕에 이 아이 반 아이들은 누구나 온통 워크맨 꽂고 아침 자습을 할 수 있는 자유를 얻은 모양이다. 이것만으로도 아이들은 조금 더 행복해 한다.

얼마 전 작은아이가 중3이 되어 학교를 찾았을 때 담임 선생님이 보자마자 "○○이 어머니세요? 어떻게 하면 그런 아들을 둘 수 있나요? 어떻게 키우셨길래… 저런 아들 하나 있으면 얼마나 좋겠냐는 생각이 들어요" 난 우물쭈물 할 수밖에 없었다. 난 사실 아이들을 키우기보다는 방목하는 편이므로.

집에 오면서 여러 가지 생각을 해보게 되었다. 9년 전 큰아이 중3 때 담임 선생님한테 불려가 "과학고나 보내 버리라"는 충고를 듣고 착잡해 했던 생각, 유치원 다닐 때 아이가 너무 부산하고 자전거를 거칠게 타는데 "집이 너무 좁아서 그런 것 아니냐?"는 질책. 국민학교 때 "엄마 손에 크지를 못해서 (공부하러 외국에 나가 있거나 직장에 다니느라고) 너무 조숙한 것 같다"고 불려가서 받은 비난. 그리고 중학교 입학해서는 제발 부탁이니 방과 후에 학교 운동장에서 축구하고 놀지 말게 하라는 충고 등이 머리를 스쳤다. 정 놀고 싶으면 다른 데 가서 놀게 하라는 것이었다. 맨날 운동장에서 공 차고 놀면서 공부를 잘하니 다른 애들한테 스트레스를 준다는 것이었다. 이때까지 나는 늘 '고개 숙인' 엄마였다. 작은애 덕에 고개 숙인 엄마에서 벗어나게 된 셈이다. 큰애한테 작은 아이 담임 선생님 만난 이야기를 했더니 제 동생을 쳐다보면서 "○○이 너 인덕 있구만" 하고 씩 웃는 것이었다. 어떤 선생님을 만나고 어떤 학교의 환경에 놓이는가가 인덕이나 운의 수준에 있는 것으로 체념하지 않는다면 우리의 아이들이 학교 다니면서 겪는 마음고생은 이겨내기 힘든 수준이라는 것을 큰아이는 너무나 잘 알고 있는 것이다.

학교 생활에 잘도 적응해 지내는 듯한 작은아이지만 "아이들이 문제아 안되는 게 이상할 지경이야. 하나도 알아듣지도 못하고 재미도 없이 하루종일 책상에 앉아 있어야 하는 아이들 보면 딱해 죽겠어. 나 같으면 딱 죽어버리지 왜 사나? 이런 생각이 들 것 같아"라고 말하거나 "아, 정말 답답해. 한 반에 서너 명이라도 말 좀 통하는 아이들 좀 있었으면 좋겠어" 하기도 한다. 며칠 전에는 "영국은 정말 좋은 나라인가 봐"로 말문을 열었다. 자기 반에 영국에서 살다 온 아이가 있는데 "안해 본 실험이 없어. 우리는 책으로 본 것을 그애는 실제 다 실험을 했더라고. 무슨 실험을 하다가 교실 천정을 날렸는데 돈 물어내라고도 안했대. 얼마나 낭만적이야" 그러더니 그 다음에는 "가족들하고 여행 간다고 학교 빠지면 결석 처리도 안한대. 그리고 참 학교 빠지고 박물관 구경하고 나서 박물관 관람료를 신청하면 그 돈을 학교에서 내준대…" 이런 신기한 이야기를 들으면서 드디어 다른 교육 환경을 가진 나라도 있을 수 있다는 사실에 눈을 떴다. 그런 교육을 받은 아이와 자기가 과연 같이 '교육'을 받았다고 생각할 수 있는지에 의문이 든 모양이다. 솔직히 걱정이 되는 것 같았다.

우리의 아이들은 제대로 교육이라는 것을 받고 있는지에 대해 고민하고 생각해 보는 시간을 안 줌으로써 우리 교육이 안고 있는 문제를 해결하고 있는지도 모른다. 우리 교육에 모두 손들어 버리고 있다는 말이 맞을 것이다.

얼마 전 저녁 먹는데 작은애가 형과 이야기하다가 "배 째"라고 말했다. 깜짝 놀라서 귀기울여 들어 보니 학교 이야기였다. 아이들이 학교 교육에 나자빠지는 생생한 표현이었다. "어떨 때 쓰니?" 그랬더니 예를 들면 "다음 시간까지 영어 ○○과 본문 전체를 외오도록", 또는 내일 모레 중학교 졸업하는데 "머리를 1센티 이내로 자르고 오지 않으면 교문 앞에서 와리깡으로 쥐먹은 머리가 될 것"이라는 학교 당국이나 교사의 요구를 들으면서 애들은 "배 째"라고 내뱉는 것이다. 사실 "배 째"라는 단어는 듣기에 따라서는 소름끼치는 폭력적 비속어이고 우리의 교육 풍토를 이야기하면서 아이들이 내뱉는 단어라고 생각하면 웃음이 나올 수 없는 단어임에도 불구하고 폭소를 하고 말았다. 그런 언어를 내뱉으며 그래도 학교에서 숨쉬며 살아가고 있는 풍경은 참담하지만 아이들은 어쩌면 이렇게 정직하고 이렇게 재미있게 우리의 교실 풍경을 담을 수 있을까? ("배 째"는 우리 아이들의 교실 곳곳에서 들리는 소리라고 한다. 그리고 유행한 지 꽤 오래된 소리라고 한다.)

'우등생이라 불리운 아들'의 소명 자료

모범생은 아닌 우등생의 변명

70년대의 우등생 하면 왠지~ 검은 교복을 빳빳이 다려 입고 무거운 책가방을 들고 다니며 두꺼운 안경과 축 처진 어깨로 책만을 들여다보는 창백한 얼굴이 떠오른다. 그리고, 중고생들의 교복과 두발이 자유화되고 강남에 투기바람 치맛바람이 휘몰아치던 80년대에 스스로를 똑똑하다고 생각했던 대도시의 중고등학생들은 그 이미지를 깨기 위해 무의식적으로 무던히도 애를 썼던 것 같다.(사실 그 배후에는 중산층의 세력화와 그들의 2세인 베이비붐 세대의 취학이라는 물적 토대가 놓여 있었겠지만.) 그래서 공부도 잘해 가면서 잘차려 입고, 잘 놀고, 할 짓 못할 짓 다하는 그런 아이들이 여기저기 눈에 띄기 시작했고, 나도 그런 아이들 중에 끼어 있었다.

흔히 사춘기를 반항의 시기라고들 하지만, 80년대 이전의 우등생들은 억눌린 사회 분위기 속에서 큰소리 한 번 못하고 사회가 요구하는 '우등생=모범생'의 공식대로 그 시기를 보내 왔던 반면, 80년대의 우등생들은 기존 관념에 대한 '이유 있는 반항'을 통해 최초로 '반항할 자유', 그리고 '방황할 자유'를 쟁취해 낸 앞선, 또 행복한 세대라고 하면 지나친 비약일까?

한편 선생님과 부모님들은 '우등생=모범생'의 등식을 깬 신세대의 등장에 당황스러워 했고, 금기시 되어 왔던 대중가요와 팝뮤직, 기타와 헤비메탈, 그리고 스타의 사진들을 아이들 방에서 발견하고 검열과 규제에 신경을 곤두세웠다. 그들 중에서 신해철이 나오고 패닉이 나오고 사이버 매니아들이 나와서 세상을 흔들어 놓으리라는 것을 꿈도 꾸지 못한 채로.

과학고에 가게 된 숨겨진 이유

87년 6월은 무척이나 뒤숭숭했다. 더구나 시내에 위치해 있어서 무슨 날이다 하면 최루가스가 바람을 타고 사연을 알려 오는 학교에 다니다 보면 중학생이라도 느낌이 아주 없을 수는 없었으리라.

국민학교 6학년 때 김민석, 함운경 씨를 비롯한 일단의 대학생들이 미문화원을 점거한 이래로, 신문지상을 예의 주시해 오던 조숙한 중학생이었던 나는, 박종철 고문치사 사건, 부천서 성고문 사건에 이어지는 87년의 봄 여름에 무관심할 수가 없었다. 공부보다도 매일매일 신문 기사와 함께 울고 웃으며 촉각을 곤두세웠고, 시위 중 최루탄에 맞아 사망한 연세대생 이한열 열사의 장례식이 있던 날, 나는 조그마한 사건을 벌이게 된다. 장례식 준비위원회의 '전국민 만장 달기 운동'에 참여하기로 한 것이다. 할머니의 바느질 그릇에서 검은 천을 잘라 가슴에 달고 떨리는 가슴으로 청와대 경호원들이 즐비한 등교길에 나섰던 그날, 아마 그것이 내 생애 최초의 '정치' 활동이었을 것이다. 그리고 최초의 '공권력에의 저항'이었을 것이고… 학생회장이었던 나의 그 행동은 학교에 센세이션을 몰고 왔고, 아는 아이들은 아이들 대로 한마디씩, 선생님들은 선생님들 대로 격려 혹은 질책의 말들과 함께 놀라움을 금치 못하셨다. 그리고 이 일이 나를 과학고로 귀양(?) 보내게 되는 가장 결정적인 계기가 되었던 것이다(10년이 지난 지금에야 밝힐 수가 있게 되었지만).

백지 답안지와 노래 가사의 차이

어렵게 들어 갔던 과학고등학교에서 나는 또 하나의 소중한 경험을 하게 된다. 1학년 1학기를 마칠 무렵 자연과학이 적성에 맞지 않다고 판단하여 서울의 인문계 고등학교로 전학 원서를 낸 상태에서, 행정상의 사정(집이 서울인 아이라 하더라도 경기과학고에서 서울의 학교로 전입학하는 것은 수도권 인구 이입이므로) 때문에 나는 2학기 한 학기를 꼬박 더 다녀야만 했다. 당연히 그 한 학기는 내 학교 생활 중에서 가장 힘들었던 기간이었고, 그만큼 기억에 많이 남는다.

88년의 가을도 거의 저물어갈 무렵인 11월, 한 달에 한 번 보는 모의고사가 다가왔고 마음이 붕 - 뜬 상태에서 전학 갈 날만을 목이 빠지게 기다리고 있던 내 눈에 책이 들어올 리가 없었다. 그러던 차에 마침 시험 보기 전날에 '아무도 미워하지 않는 자의 죽음'이라는 소설을 읽게 되었고 무척이나 강렬한 인상을 받았었다. 그 다음

날, 시험이 시작되었고 나는 아무리 머리를 짜내어도 알 수 없는 수학 문제들 틈에서 괴로워해야 했다. 그러기를 한 시간 여, B4용지 한 장 크기인 주관식 답안지에는 손가락으로 셀 수 있을 정도의 글자들만이 눈에 띄었다. 아는 문제가 없으니까 심심하기도 하고, 답안지를 백지로 내자니 기분도 안 좋고 해서 나름대로 답안지를 채우기 시작했다. 바로 '아무도 미워하지 않는 자의 죽음'의 독후감으로, 아마도 시험이라는 걸 처음 보았을 때부터 해보고 싶어했던 일이었을 것이다. 가득 메워진 답안지가 제법 괜찮았다. 오후의 물리 시험. 역시 B4용지를 메우기는 역부족이었다. 제일 좋아하던 팝송의 가사를 외서 적었다. 'Let It Be'와 'Stairway to Heaven'이었던가… 그렇게 해서 시험이 끝났고, 나는 아무런 느낌이 없었다.

그러나 아니나 다를까, 다음 날 학생부로 오라는 호출을 받았고 학생주임 선생님 앞에는 나의 답안지들이 놓여 있었다. 그리고 문자 그대로 "경을 쳤다."

무척이나 자존심 상하는 신문이 있고 나서 한바탕의 훈계가 이어졌다. 아직도 기억하는 그 훈계의 주제는 "왜 개인적인 불만을 공문서에 표현해서 선생님들을 곤란하게 만드느냐? 장학관들이 감사 나와서 보게 되면 큰일이다"였고 그쯤에서 나는 속으로 웃음이 나와 죽을 지경이었다. '결국 그거였구나. 답안지에 잘못된 답은 아무리 많아도 괜찮고, 백지를 내면 감사에 안 걸리지만 노래 가사가 있으면 윗사람들 눈에 거슬리니까…'

스스로 인정할 수 없는 상황에 처했던 것이 힘들었고 어리기도 했으니까 그랬겠지만 나중에 돌이켜 생각해 보면 선생님들께는 무척 죄송하다. 하지만 그런 사소한 반항을 통해 엿보게 된 우리의 교육 현실은 어둡다 못해 웃음이 나올 정도로 상식 이하라는 것을 절실히 느끼게 되었다. 덕분에 89명 중에 88등이라는 훌륭한 경험도 했고, 옆자리 친구보다 열등하다는 것, 학교 다니기가 싫다는 것이 어떤 건지도 충분히 경험을 했다.

권위에 대한 부정 —커닝론

공부 잘하는 아이는 인기가 있다. —적어도 시험이 코앞에 다가왔을 때에는. 모르는 것을 물어볼 수 있을 뿐 아니라, 시험 날 근처에 앉았을 때 답을 보여 줄지도 모르지 않는가!

국민학교 때 커닝을 하다가 큰코 다친 아픈 기억을 가진 나는 그 후로 고3 때까지

결벽증에 가까울 정도로 부정 행위를 멀리 했다. 채점 실수로 점수가 높아지면 스스로 그 사실을 밝히고, 시험 중 알쏭달쏭한 문제로 고민을 하다가 옆의 친구가 답을 가르쳐 주면 일부러 그 문제의 답을 비워 놓을 정도로….

그런 고집의 배경에는 '적어도 시험은 공정한 게임이고, 스스로의 재능과 노력만이 합당한 대가를 얻는다'는 믿음이 있었을 것이다. 그리고 대학에 입학한 순간부터 그 믿음은 여지 없이 깨어졌다. 대시(대리시험)가 당연한 것처럼 여겨지는 분위기, 남의 리포트를 그대로 복사(file을 컴퓨터로 복사해서 프린터로 뽑아 내는 수고조차 안하고!)해서 A+를 받는 과목의 존재, 강의실 책상과 벽에 가득한 온갖 벼락치기 암기 사항들, 시험 전날 노트를 빌려 복사하고 노트 주인보다 높은 학점을 받아내는 친구들, 그리고 거기엔 아랑곳하지 않는 교수님들. 고3 때에는 열심히 노력한 만큼 인정받았다면, 대학의 학점은 복마전이라고밖에 더 할말이 없다.

"모든 일을 해본다"는 허무맹랑한 인생 목표는 제쳐 두고라도, 이런 분위기가 마음에 안 들어서 친구의 부탁을 기꺼이 승낙하고 대시를 보았다. 결국 그 친구는 들통이 나서 F학점을 받았지만.

굳이 따져 보자면 부정 행위에도 두 가지 동기가 있다. 하나는 오직 자신의 이익만을 위해 커닝을 하는 것. 또 하나는 평가 주체에 대한 저항으로서의 이기·이타적 행동. 후자의 대표적 예가 아무 대가 없이 답안을 보여줘 버린다든지 단지 우정 때문에 대시를 보는 것들이다. 평가의 주체가 합당한 권위를 갖추지 못하고 따라서 그 평가된 내용이 의미를 갖지 못할 때, (7, 80년대 간선제 대통령 선거 결과에 국민이 마음 속으로 조소를 보냈던 동시에 준법 의식이 무척이나 약화되었던 것을 생각해 보면 이해가 될 수 있을 것이다) 중고등학교 교실 그리고 대학에서도 이와 같은 권위(진정한, 자발적 동의에 의한 권위)의 실종은 우려할 만한 수준이며 그로 인해 학생들의 도덕심은 약화될 수밖에 없다.

최근에 연합고사를 치른 동생 녀석은 시험을 치른 후에 학교에 가기 싫다고 매일 죽는 소리를 해댔다. 학교에 가봤자 선생님은 수업에 들어와서 아이들이랑 농담 따먹기나 하고, 아이들은 뭘해야 좋을지 몰라 멍하니 잡담만 하는 형편이며, 소위 문제아라고 하는 아이들은 아예 등교를 않고, 등교했다가도 한두 시간 후에 담 너머로 도망간다는 것이었다.

국가적인 낭비(!)에 분개한 어머니는 교장 선생님께 건의해서 3학년만 방학을 일찍 하면 어떠냐고 하셨고, 교장 선생님의 대답은 수업 일수를 채워야 하고, 만일 정규 수업 시간 중에 학생이 학교 밖에서 사고를 일으키면 학교장이 책임을 져야 하기 때문에 학생 지도상 절대로 그럴 수는 없다는 것이었다. 입시가 끝나면 더 이상 다닐 필요가 없는 학교, 입시가 끝나면 학생들을 통제할 수단을 잃어버리는 학교, 그곳에 어떤 진정한 권위를 기대할 수 있겠는가!

필요 없는 말을 덧붙인다면 나는 중고등학교 시절의 온갖 스트레스를 경제적인 여유와 정신적인 자신감으로 대리 배설함으로써 제도 교육계의 엔트로피를 낮게 유지하는 데 성공한 운 좋은 몇 명 중의 하나였을 뿐이다.

후기[蛇足]

아이들과 나

아이들과 나는 비교적 친구 같은 관계다. 중 3짜리 아들은 "엄마는 역시 최악이야"로 나에게 말을 건다. 아침에 비 올 것 같다는 엄마 말을 믿고 우산을 가지고 갔다가 해만 쨍나서 죽쑤게 된 아들은 현관을 들어서자마자 "엄마는 역시 최악이야. 내 인생에 도움이 안돼" 하면서 들어온다. 난 웃음이 터져 "뭐라고? 엄마를 최악이라고 하는 아들도 최악이지, 아니 죄악이지." 나와 아들의 대화는 거의 이런 식이다. 이 아이보다 9살 위인 형한테는 나는 '젊은 엄마'였고 너무 깐깐한 엄마였다. 스물여섯에 낳은 아들한테는 엄마이려고 노력하고 '엄마는 교육적'이어야 한다는 생각에서 벗어나지 못했다면 서른다섯에 난 아들에게는 난 엄마가 되려고 노력하지 않는 셈이다. 젊었을 때는 좋은 엄마는 "뭔가 엄마여야 한다(엄마다워야 한다)"는 데 잡혀 있었다면 나이가 든 지금은 "뭔가 엄마여야 한다"는 강박관념이 더 이상 필요없게 되어 훨씬 자유로워진 셈이다. 더 이상 엄마임을 증명할 필요가 없게 되었기 때문인지도 모른다.

■ 글쓴이 조정은은 한국 사회의 '모성 노릇'의 해체에 관심이 많다. 또 하나의 문화 교육소모임에 참여하고 있다.

우리 기족은
서태지 팬이랍니다

송미옥 / 윤충현

아이들은 우리 어른들 하기
나름이라고 믿습니다. 아이들만
잘하라고 야단치기 전에
'어른'이라 불리는 우리 기성 세대들이
먼저 반성하고 노력하는 자기성찰의
모습을 보였으면 합니다.

우리 아이는 지금 공부한다고 책상에 앉아 요즘 유행하는 대중가수의 음악을
크게 틀어놓고 신나게 흥얼거립니다. 가끔씩 "엄마, 이 노래 어때요?"라고 물으
면서.

저는 중학생 아이들을 둔 40대의 엄마입니다. 결코 인생을 적게 살았다고는
볼 수 없는 나이가 되었는데 지금 생각해도 역시 인생에서 가장 어려운 건 아
이들 키우는 거라는 생각이 듭니다. '자식 있는 사람은 남의 말 함부로 못하는
법'이라는 말이 있지 않습니까? 세상이 갈수록 험악해지다 보니 아이들을 맘놓
고 문밖에 내보낼 수도 없는 것이 요즘 나의 마음이랍니다.

아이들은 또 아이들 나름대로 스트레스가 엄청날 것입니다. 마땅한 놀이 공
간도 없어 고작 동네 놀이터나 학교 운동장에 설치되어 있는 농구 골대가 거의
유일한 놀이 시설이다시피 한 실정입니다. 사정이 이렇다 보니 요즘 아이들은
농구장이나 야구장, 대중가수의 콘서트장 같은 곳을 많이 찾는다고 합니다.

요즘은 농구가 아이들 사이에 큰 유행이더군요. 텔레비전을 통해 전해져 오

는 경기장의 열기는 안방에서도 생생히 느낍니다. 중계 방송을 보며 똑같이 흥분하는 아이에게 저는 이렇게 묻곤 하지요. "너도 경기장에 직접 가서 볼래?"

누가 보면 제가 참으로 이해심 많은 엄마인 줄 알겠지만 사실은 그렇지 않답니다. 얼마 전만 해도 다른 대다수 부모들과 마찬가지로 저런 곳(공연장이나 경기장)에 다니면 마음에 바람이 들어 공부하는 데 지장이 있다고 믿는 보통 엄마였습니다.

그런데 몇년 전 '서태지와 아이들'이라는 가수가 나왔을 때 우리 아이들이 보여준 반응과 변화를 보면서부터 생각이 조금씩 바뀌게 되었습니다.

그때까지만 해도 저는 심수봉씨와 양희은씨의 노래를 좋아하는 지극히 아줌마다운(아들녀석의 표현) 아줌마였답니다. 그런데 갑자기 나타난 '서태지와 아이들'은 애들뿐만 아니라 우리 같은 아줌마들까지도 관심을 가질 수밖에 없는 참으로 독특한 음악과 스타일을 하고 나왔지요.

사실 처음에는 그저 정신없게만 들리던 낯선 음악과 그 음악 못지않게 요란하고 천방지축으로 보였던 '서태지와 아이들'이란 가수들이 그리 탐탁하게 생각되지 않았습니다. 게다가 당시 초등학생이던 아들녀석이 하라는 공부는 안하고 늘 서태지 노래를 흥얼거리며 회오리춤이니 뭐니 하며 동네 형들과 같이 어울려 다닐 땐 더더욱 그 원망이 애꿎은 '서태지와 아이들'에게로 향했습니다.

그런데 서태지 노래를 끊임없이 틀어놓고 밤낮없이 불러대는 아들 덕분에 '그 어렵다는' 서태지 노래가 어느덧 조금씩 제 귀에도 들어오기 시작했습니다. 그렇게 처음 알게 된 노래가 바로 「환상 속의 그대」였지요. "시간이 멈추어 줄 순 없다 요!" "지금 여기가 바로 그대의 유일한 순간이며 유일한 장소이다!"

아, 이런 노랫말이 바로 일개(?) 대중가수가 부르는 노래의 가사란 말인가? 그때 참 충격스러웠어요. 정확히 말한다면 바로 그 순간부터 서태지와 아이들에 대해서 관심을 갖게 되었다고 말할 수 있겠네요. 알수록 참 대단한 사람들이더군요. 어린 나이에 그런 천재적 음악성을 갖고 있다는 것이 우선 놀라웠고, 또 자신이 하고자 하는 일에 모든 것을 걸고 치열하게 노력하는 모습도 참으로 아름답게 느껴졌습니다. 배울 점이 많은 사람이라고 생각되었어요.

어느 날인가 서태지 노래를 흥얼거리는 아들에게 아는 척을 좀 했습니다.

"얘, 그 노래 다시 한번 불러 봐라. 노래가 참 좋더라. 알고 보니 그 서태지란 가수 참 대단하더구나. 그 사람이 앨범의 곡들을 혼자 직접 다 썼다며? 역시 실력 있는 사람은 뭔가 다른 것 같다."

"와! 엄마가 그걸 어떻게 아셨어요?"

늘 그런 정신 없는(?) 노래와 스타들만 좋아하고 공부는 제대로 않는다고 야단만 치던 엄마가 자기들 이야기에 관심을 보여주니까 아이들이 아주 기뻐하던 걸요. 엄마에게 자신들이 알고 있는 정보(?)를 다투어 알려 주며 아주 뿌듯해합니다.

"엄마, 태지 형이 예전에 시나위의 베이시스트였데. 너무 멋있어요. 엄마, 저도 기타 배우고 싶어요."

사실 처음에는 그렇게 말하는 아들녀석이 좀 황당했지만 가만히 생각해 보니 그걸 그렇게 부정적으로만 생각할 일도 아니라고 느꼈습니다.

꼭 연주가나 가수가 되지 않더라도 기타를 배우는 게 나쁠 건 없으니까요.

"서태지는 자신이 하는 일에 목숨을 걸다시피 잠자는 시간도 아껴 가며 노력을 하였다잖니? 너도 그렇게 열심히 하면 뭐든 할 수 있을 거야. 태지 형의 멋있는 겉모습만 좋아하지 말고 무섭게 노력하는 그 정신도 배우도록 해라. 그리고 기타 배우고 싶으면 배워 봐. 하지만 공부도 열심히 해야 하는 것 알지?"

곧바로 기타 학원에 등록을 시켜 주었습니다. 하고 싶을 때 해서인지 아주 열심히 배우더니 그 실력이 제법되어 후에 학교에서 음악제 할 때 기타 독주를 하기도 했지요.

이렇듯 아이들에게 대화가 통한다고 인정(?)받는 신세대 엄마(?)가 된 것은 '서태지와 아이들'이란 가수 덕분입니다. 처음엔 아이들로 인해 알게 되었지만 나중에는 남편도 저도 모두 그의 팬이 되었죠. 아이들은 지금도 천재 음악가 서태지를 엄마보다 먼저 알아본 자신들의 안목(?)과 음악성을 자랑하며 엄마

아빠에게 당당히 음악에 대한 나름대로의 견해(?)를 밝히기도 한답니다. 온식구가 음악 속에 살게 된 계기라고도 할 수 있겠네요.

그런데 사실 엄마인 제가 특히 고마웠던 건 아이들이 전보다 부모 말을 더 잘 듣고 따라 준다는 것입니다. 지금 생각해도 참 알듯 말듯한 부분인데, 자신들 이야기에 귀기울여 준 것이 고맙게 생각되어서일까요? 하긴 저도 그전보다는 아이들과 뭔가 더 잘 통하는 것 같은 느낌이 들긴 합니다.

어느 해 겨울에는 난생 처음으로 콘서트를 보러 갔습니다. 그때까지는 단 한 번도 대중가수의 콘서트에 가보지 않았는데 그날 처음으로 온식구가 '마지막 축제'라 이름 지어진 '서태지와 아이들' 콘서트를 보러 갔지요. 참 대단하더군요.

8,000명 수용 규모라는 올림픽 체조 경기장에 빼곡이 들어찬 사람들… 아이들만 있을 것이라는 생각을 여지없이 깨는, 곳곳에 보이는 성인팬과 가족팬들… 엄청난 숫자의 관중들이 보여준 그 무섭도록 정연한 질서… 그리고… 지금도 잊을 수 없는 환상적인 공연… '악!!!' 소리가 저절로 터져 나오더군요.

그날 제가 얼마나 그 공연에 몰입하고 감탄을 하였는지 집에 돌아오는 길에 차 안에서 남편과 아이들이 그러더군요. '알고 보니 우리보다 엄마가 더 서태지 팬이었어!!'

좀 부끄러운 얘기지만 저는 '체험 삶의 현장'이란 TV프로를 보면서도 끊임없이 아이들을 교육(?)하는 걸 잊지 않았습니다. "저거 봐라. 너희들도 지금 공부를 열심히 하지 않으면 나중에 커서 저 사람들처럼 저렇게 힘들고 고달픈 삶을 살게 된다. 그러니 편안하고 행복한 일생을 보내려면 지금 좀 힘들더라고 공부를 열심히 해야 한다."

일이 이쯤 되고 보니 아이들은 그 프로만 나오면 엄마의 눈치를 힐끔 보며 냉큼 채널을 돌려 버립니다. 한마디로 엄마의 뻔한 잔소리가 아주 지겹다는 생각과, 그 생각을 내보이는 시위를 동시에 하는 것이지요. 그러니 부모 자식 간에 서로 대화가 통하지 않는 건 어찌 보면 너무나 당연한 것일 테지요. 자식이 부모의 소유물도 아닐진대 아이들 각자의 자질이나 취미는 무시하고 오로지 부모의 강압으로만 모든 것을 끌고 가고 결정 지으려 하니 늘 부딪치고 서로 피곤할 밖에요….

하지만… 우린 많이 바뀌었답니다. 아이들이 좋아하는 음악도 같이 듣고 요즘은 어떤 가수의 어떤 음악이 괜찮더라는 가벼운 실랑이도 해보고 '역시 서태지만한 뮤지션은 없다'는 아이들 얘기에 적극적인 공감도 표현하고….

그러다 보니 꼭 친구 같아요. 아이들도 '엄마하고는 대화가 통한다'고 무척이나 기뻐한답니다. 자기들 말을 잘 들어 주고 믿어 주어서인지 아이들이 더욱 활달해지고 공부도 더 열심히 하는 것 같네요. 놀 때와 공부할 때를 확실히 구분하는 자기 관리 모습을 보여주고 있습니다.

우리 아이들은 엄마에게 어떤 말을 털어 놓아도 야단맞지 않는다고 생각하나 봐요. 아니 오히려 엄마도 자신들과 생각이 같을 거라는 믿음을 가지고 있어요. 그럴 때는 속으로 좀 미안하고 부끄럽기도 합니다. 단지 자기들 이야기를 관심있게 들어주고 이해해 주려는 노력을 조금 하였던 것뿐인데….

예를 들면, 그전에는 조용한 절간 같은 분위기에서의 공부를 강요하였다면 지금은 요즘 유행하는 음악을 쿵쾅거리며 틀어놓고 공부를 해도 뭐라 하지 않는다는 것, 또 요즘 아이들이 관심 있어 하는 연예인 이야기나 스포츠 이야기 심지어는 오락 이야기도 재밌게 들어주고 받아준다는 것 정도지요.

마음을 비우고 아이들의 눈으로 세상을 보기 시작하면서부터 새삼 깨닫게 되는 일이 많습니다. 그저 우리 어른들만 옳다고 윽박지르고 강요하면 안되겠지요. 오히려 맑고 순수한 마음으로 세상을 보는 아이들이 문제를 더 정확히 제대로 보는 일이 많다고 봅니다. 언젠가 큰아이가 "엄마, 뉴스나 신문 기사도 사실이 아닌 경우가 많네요?" 하더라구요.

순간 너무 당황스러웠어요. 어른들 세계에 얼마나 불신이 많으면 아직 어린 아이가 저런 말을 다하랴 싶으니 참 느껴지는 바가 많았습니다.

어른들이 잘해야지요. 아이들은 우리 어른들 하기 나름이라고 믿습니다. 아이들만 잘하라고 야단치기 전에 '어른'이라 불리는 우리 기성 세대들이 먼저 반성하고 노력하는 자기 성찰의 모습을 보였으면 합니다.

우리 부모님은 트인 분들이에요

안녕하세요? 저는 중학교 2학년 학생입니다.

학교 갔다 와서 잠깐 간식 먹고 바로 학원 가서 밤 12시에 끝나는 자율학습까지 마치고 집으로 돌아와 씻고 잠자리에 드는 시간은 새벽 1시… 너무너무 피곤하여 곧바로 쓰러져 잡니다. 이게 바로 요즘 반복되는 제 일과표이지요.

사실 노는 시간은 거의 없어요. 토요일 오후에는 성당에 가야 하고 또 일요일에는 봉사 활동 시간 채우러 여기저기 기웃거리고 다니지요. 방학 때도 놀 시간이 없기는 마찬가지입니다. 보충학습도 받아야 되고 학기 중에 다 못 채운 봉사 활동 시간 채우러 소방서로 우체국으로 시청으로 돌아다녀야 하니까요.

저만 이러는 게 아니라 우리 친구들 거의 모두 마찬가지지요. 그래서 우리는 항상 피곤해요. 부모님은 그저 늘 '공부'만 하라고 하지요. 조금만 노는(?) 듯하면 금방 달려오셔서 걱정스런 얼굴로 잔소리를 하십니다.

"얘야, 지금 노는 한 시간이 앞으로 네 인생을 수년 이상 뒤떨어지게 한다는 걸 모르니? 힘들고 피곤한 줄 알지만 너만 이러는 게 아니잖아? 조금만 더 참고 열심히 공부하자. 좋은 대학 들어가면 그때 네가 하고 싶은 거 다해라 응?"

어른들은 참 이상해요. 우리들 생각은 진지하게 들으려고 하지 않는 것 같아요. 어른들만 뭐든 옳다고 생각하시나 봅니다. 부모님도 선생님도 모두요. 지금은 많이 바뀌었지만 우리 부모님도 그 전에는 정말 섭섭할 때가 많았습니다.

저는 농구 음악 게임 등등 좋아하는 게 너무너무 많은데 그런 말만 하면 어머니는 학생이 쓸데없는 곳에 신경 쓴다고 마구 야단치셨거든요. 물론 학생이니까 공부가 가장 중요하다는 건 잘 알고 있지만 그래도 해보고 싶은 것이 너무 많은 걸요. 할 수만 있다면 다 해보고 싶어요.

태지 형처럼 기타도 잘 치고 음악도 잘 만들고 싶고 전희철 형처럼 농구도 멋지게 잘하고 싶고요.. 사실 태지 형은 내가 제일 좋아하는 형인데 어른들은 별로 좋아하지 않는 것 같더라고요. 이유답지 않은 이유로… 신문에서 태지형 결혼한다는 기사도 나오고 컴백한다는 기사도 나오고 하지만 그런 건 다 사실이 아니고 지어낸 말이라고 봉사활동 가서 만난 대학생 형들이 말해 줬어요. 신문기사뿐만이 아니라 텔레비전에 나오는 뉴스도 사실이 아닌 게 많다고.

그런데 솔직히 말하면 그런 건 저도 이미 알고 있어요. 그래서 '정말인가요?' 하고 묻지 않지요. 초등학교 다닐 때만 해도 뉴스에서 나오는 말은 다 진짜인 줄로만 알았었는데 지금은 아닙니다.

그러고 보면 어른들도 고칠 점이 많은 것 같아요. 괜히 우리들만 뭐라 하지 말고 정치하는 아저씨들은 정치 잘해 주시고 나라의 경제를 맡으신 분들은 또 그 일을 잘해 주셔서 나라가 모두 잘사는 선진국이 되었으면 좋겠습니다. 그렇게 되면 우리 학생들도 자기가 하고 싶은 공부만 하면서 살 수 있지 않을까요?

우리 부모님은 요즘말로 트인 분들이십니다. 신세대적인 사고를 하는 분들이라고 말하고 싶어요. 우리들을 아주 잘 이해해 주고 사랑해 주십니다. 그 전에는 늘 공부만 하라고 하셨는데 요즘은 음악도 같이 듣고 가수나 농구 선수 이야기를 해도 재밌게 들어 주시지요. '나' '1318 힘을 내!' '신세대 보고 어른들은 몰라요' 등 텔레비전에서 하는 청소년 드라마도 빼놓지 않고 꼭 시청하십니다. 그래서 우리들을 더 잘 이해해 주시나 봅니다. 특히 어머니가 컴퓨터 통신을 하시면서부터는 더욱 달라지셨지요. 어리게만 보았던 중고등학생들이 어느 땐 어른들보다 더 생각이 옳고 판단력도 뛰어나다고 하십니다. 오히려 어른들이 부끄러워해야 할 일이 많다고 하시지요.

지난 겨울 방학 어느 날인가는 제가 오락실에 가고 싶다고 했더니 어머니가 "그래? 엄마도 한번 가보고 싶다. 우리 한번 가볼래?" 하시는 거예요. 그래서 동생이랑 셋이 오락실에 갔지요. 담배 연기 속에 아주 어린 초등학생부터 큰 아저씨까지 사람들이 와글와글 했어요. 여기저기서 뿅! 뿅!거리는 음향들로 정신 없었습니다. 저도 한쪽에 자리를 잡고 앉아 신나게 두드렸지요. 아주 재미있었어요. 하지만 역시 이런 곳을 좋아하면 안될 것 같았습니다. 아침부터 밤 늦게까지 죽치고 있는 형들도 있다는 말을 들으니 이런 곳에 재미 들렸다가는 아무것도 못하는 인생의 낙오자가 된다는 말이 맞을 것 같았거든요.

그런데 하필 또 그날 밤 텔레비전에서도 가출 청소년에 대한 방송을 하는 거예요. 낮에 본 오락실의 정경이 떠올랐습니다. 괜히 기분이 찝찝해졌어요. 그래서 그 날 이후로는 오락실에 가지 않았습니다. 이상하게 별로 가고 싶은 마음도 안 들더라고요. 그 날 오락실에 같이 가자시던 우리 어머니는 제가 이런 생각을 하게 될 것을 미리 알고 계셨을까요?

친구들 말을 들으면 부모님한테 터놓고 말하지 못하는 게 많다는데 저는 그런 걱정은 하지 않습니다. 우리 부모님은 어떤 말을 했을 때 무조건 야단부터 치거나 하지는 않거든요. 서태지 형이 은퇴하기 전에 식구 모두 콘서트를 보러 갔을 정도로 생각이 트인 분들이십니다. 요즘도 좋은 노래가 있으면 시디나 테이프를 어머니가 직접 사서 선물해 주시는 경우가 많습니다. 그래서 우리 친구들이 모두 부러워하지요. 하지만 그냥 마냥 잘해 주시기만 하는 것은 아닙니다. 한 가지 약속만은 꼭 지켜야 되거든요. 그것은 바로 '자기가 해야 할 일은 철저히 잘한다!'입니다.

만약 공부를 게을리하여 성적이 떨어지거나 아침에 늦게 일어나 이불을 개지 않고 그냥 학교에 간다거나 학원 갈 시간을 넘겨 가며 다른 일에 정신을 팔거나 하면 여지없이 불호령이 떨어집니다. 자기의 의무를 성실히 수행한 사람만이 여가를 즐길 권리도 있다고 하시면서요. 네. 저도 공감합니다.

그래서 야단치시는 어머니가 너무하다고 생각지 않습니다. 제 신분은 학생이니까 일단은 공부를 열심히 하는 게 저의 의무일 테고, 그 의무를 다하고 놀아야 마음이 편해 더 당당하고 재미도 있을 테지요.

우리 어머니가 늘 강조하시는 말씀이 있습니다. 아버지 어머니 동생 나 이렇게 네 기둥 위에 '가정'이란 지붕이 얹혀 있는데 식구마다 모두 자신의 역할에 충실하며 굳건히 버티고 서 있을 때만 그 위에 있는 '가정'이란 지붕도 무사할 수 있다고요. 만약 누구 하나라도 자신의 자리에 충실하지 못하고 흔들리게 되면 그 위에 있는 지붕은 금방 무너져 내릴 거라고 하십니다. 그 말씀이 무얼 뜻하는지 저도 알 수 있을 것 같습니다. 그래서 '놀고 싶으면 공부도 열심히 해야 한다'고 늘 제 자신에게 말하지요.

네 기둥 중 하나인 제가 열심히 제 위치를 지키지 못하면 우리 가정이 무너져 내릴 수도 있다고 생각하니까 뭐든 함부로 쉽게 행동할 수 없겠던데요?

부모님이 저와 제 동생을 많이 이해해 주시고 또 뭐든 같이 어울리려고 하시는 걸 보면 참 고맙지요. 그래도 불만이 아주 없는 건 아닙니다. 학생의 본분을 열심히 다하고 놀라고 하지만 사실 놀 시간이 어디 있어요? 하루종일 짜여진 시간표대로 움직이다 보면 친구하고 잠깐 농구할 틈도 없습니다.

하지만 역시 부모님을 원망할 수는 없겠지요. 세상이 그런 거지 우리 부모님만 유별나서 그러는 게 아니라는 걸 잘 알고 있으니까요. 그래도 우리 부모님은 아이들을 이해하려면 신세대적인 걸 알아야 한다며 컴퓨터 통신도 배우시고 신세대 가수들의 음악도 들으시곤 하십니다.

나이 드신 부모님도 이렇게 열심인데 제가 불평 불만을 하면 안되겠지요? 앞으로는 모든 일에 더 열심히 노력하겠습니다.

■ 글쓴이 송미옥은 마흔 살의 주부이고, 윤총현은 열다섯 살, 중학교 2학년으로 공부 잘하고 잘생기고(^^) 운동도 잘하고 춤도 잘 추는 이 시대 멋쟁이!

우리들의 사랑
젤리트

조정민 / 정랑호

인연을 살려 내는 것,
이것이 사람이 살아가는 데
가장 중요한 에너지원이라는
생각을 해본다. 그것이 학교가
아닌 학원에서 가능하다는
것은 무엇을 뜻하는가?

젤리트를 시작하며

1992년 2월의 어느 날 강남역의 한 나이트 클럽.

고등학교를 갓 졸업하고 새로이 펼쳐질 대학 생활에 대한 설레임에 하루하루가 즐겁던 학생들과 짧게는 1년 길게는 2년 이상 그들에게 영어를 가르치신 정랑호 선생님이 함께 광란의 밤을 보내고 있었다. 선생님께 부탁해 함께 겨우 들어간 말로만 전해 듣던 '나이트 클럽'.

처음으로 접하는 새로운 공간에 대한 낯설음과 두려움도 잠시, 우리는 모두 술과 음악과 춤이 어우러진 분위기에 즐겁게 취하면서 시간을 보내고 있었다. 지금까지 일주일에 두 번 학원이라는 곳에서 정기적으로 만나며 모두들 비슷한 문제들로 고민하기도 하고 서로의 즐거움을 나누기도 하였지만 이제는 뿔뿔히 흩어져 새로운 세계로 나아가야 한다는 것이 아쉬웠다.

그때 누군가가 제안을 했다. "우리 정기적으로 한 달에 한 번 정도 만나서 같이 놀자!"

아무런 계획도 의도도 목적도 없이 젤리트라는 모임은 이렇게 시작했다.

내가 다닌 고등학교

내가 고등학교를 다니던 때 한 반에는 약 60명 정도의 학생이 있었다. 담임 선생님은 자기 반 학생 이름을 모두 외기는 했지만 그것이 선생님과 제자 사이의 유대감을 나타낸다고 볼 수는 없을 것이다. 우리는 개인적 문제에 대해 선생님과 대화하기를 매우 꺼려 하곤 했으며 대부분 동갑내기 친구들과 의논하는 정도였다. 그러나 친구 관계는 어떠한가? 매일 같은 생활을 반복함으로서 서로간에 공통적인 관심사를 공유하게 되고 따라서 많은 얘기가 통할 수는 있었으나 그와 같은 관계 속에는 스스로도 인식하지 못하는 사이 상당한 경쟁 의식이 내재되어 오고 있었다. 획일적이고 개인의 특성이 무시될 수밖에 없었던 우리의 교육 현실 속에서 스스로 항상 자문하던 물음은 "내가 과연 학교를 가고 싶어서 가는 것인가?"하는 것이었다.

나는 개인적으로 내 고민의 돌파구를 학원이라는 곳에서 찾았다.

우리의 학원 생활

고등학교에 입학할 무렵, 우리 동네에는 조그만 사설 학원들이 생겨났고 유행처럼 번져 나갔다. 개인 과외도 할 수 있게 됨에 따라 단과 학원이나 사설 학원 중 한 군데에서 보충적으로 교육을 받지 않는 학생이 거의 없을 정도였다. 나는 2학년에 올라가면서 친구들이 많이 다니던 한 작은 학원에 등록하게 되었다. 그 학원을 선택하게 된 이유는 학원에 대한 친구들의 자랑 때문이었다. 수업이 끝나면 선생님과 함께 피자도 먹으러 다니고 휴일이면 운동도 함께 하고 등산도 가고, 또 수업 시간에 끊임없이 웃고 떠드는 분위기에 노래 자랑이 벌어지기도 하며 휴식 시간을 이용하여 과자 파티도 벌인다는 것이다. 지금 생각하면 별 거 아닐 수 있는 일들이지만 그 당시에는 상당한 충격이었으며 친구들이 갖는 그러한 기회들을 부러워하지 않을 수 없었다. 그래서 그해 겨울 몇 명의 친구들과 함께 그 학원에 등록을 하게 되었다.

처음 정량호 선생님을 만나게 된 것은 학원에 다닌 지 2달이 지났을 때였다. 물론 선생님의 이름과 얼굴 정도는 알고 있었다. 왜냐하면 우리 반 아이들과 정 선생님 반 아이들이 눈이 오면 나가서 눈싸움도 하고 주말이면 같이 농구시합도 하곤 했기 때문이다. 2달 정도 다른 선생님께 영어를 배운 이후 정 선생님의 반과 합쳐지게 되었는데 그때부터 말로만 듣던 황당한 학원 생활이 시작되었다.

그 반에는 친구들도 있었지만 모르는 학생들이 더 많았다. 무엇보다도 국민학교 이후 5년만에 처음으로 '여자' 라는 존재들과 같은 방 같은 자리에서 공부하는 기회가 주어진 것이 좋았다. 선생님을 포함한 반 전체 학생들이 한마음이 되어 새로운 학생이 무조건 앞에 나가서 자기 소개를 하고 장기 자랑도 해야만 하는 분위기로 몰아가고 있었으며 모두들 그러한 분위기를 너무나도 즐기고 있는 듯한 모습들이었다. 나도 서서히 그 분위기에 젖어들고 있었다.

수업이 끝나도 선생님과 함께 교실에 남아 슈퍼에서 사온 음료수와 과자, 빵 등을 먹으며 보다 더 자유스러운 분위기에서 웃음이 그치지 않는 대화를 하곤 했다. 그러는 동안 서로간의 마음 속에 쌓고 있었을지도 모르는 벽들을 허물게 되었고 타학교 학생이라는, 또 이성이라는 차이를 극복하면서 조금씩 친해져 갔다.

스트레스 풀러 학원에 간다!

아마 이 말이 가장 적절한 표현이 아니었을까 싶다.

당시 일반적인 학원의 분위기나 학생들과 학부모님들이 바라는 것은 학교보다 더 엄격하게 가르치고 숙제 내주고 검사하면서 짧은 시간에 최대한의 효과를 보고자 하는 것이었을 것이다. 학원에서 함께 공부하는 학생들이 선생님과 함께 놀러 다닌다든지 아니면 남녀 학생들이 몰려서 주말에 영화를 보러 다닌다든지 하는 일들이 학원에서 자연스럽게 이루어진다는 것이 일반적이기는커

넝 금기시 되고 있었다라는 말이 맞을 것이다.

그러나 우리 교실 분위기는 조금 달랐다. 우리가 공부를 멀리 했다는 뜻은 절대 아니다. 학원을 함께 다니던 학생들은 모두 전형적인 한국 사회 고등학생의 모습과 사고를 갖고 있는 학생들이었다. 모두들 공부와 대학 입시에 대한 부담감을 느끼며 하루하루 열심히 생활하는 학생들이었고 비슷한 또래들이 공유하는 문제에 대해 고민하는 학생들이었다. 그렇기 때문에 아주 작은 일상의 변화에도 그렇게들 즐거워하고 기뻐할 수 있지 않았나 생각한다.

우리 모두 처음 학원에 등록할 때의 마음가짐과 그 학원에 계속 다니는 이유에는 차이가 있었다. 그것은 우리가 원했던 바를 이룰 수 있어서라기보다는 우리 스스로에게서 일어나는 새로운 변화를 느꼈기 때문일 것이다. 하루종일 고등학교에서 수업을 받고 저녁이면 부모님의 눈치를 보며 독서실로 향하고 집에 오면 12시가 넘는 생활의 반복. 그러한 내적 외적 억압으로부터 잠시라도 자유스러워질 수 있었던 곳이 바로 학원이었던 것이다.

"이제 공부하려고 학원 그만두겠습니다."

자기의 생활에 완전히 만족하는 사람이 있을 수 없듯이 우리도 마찬가지였다. 또래의 학교 동료들과 달리 어려운 길을 조금은 재미있게 걸어갔다라고 말할 수도 있겠지만 우리 역시 사회적 분위기로부터 자유로울 수는 없는 것이었다. 고3이 되어 시간이 지나면서 그 분위기가 조금씩 부담스러워지기 시작하였고 유쾌하게 웃으며 떠드는 것 또한 사치스러운 것이 아닌가 하는 느낌이 들기도 하였다.

이때 같이 공부하던 친구 석우가 학원을 그만두기로 결심했다. 물론 그 역시 그때까지의 학원 생활에 대단히 만족하고 있었으며 지금도 그 당시의 일들을 얘기하면서 고등학교 시절을 통틀어 가장 즐거웠던 시간이었다고 말한다. 그 당시 석우는 정랑호 선생님을 찾아가서 학원을 그만두겠다는 결심을 밝혔으며 선생님은 당연히 그 이유를 물어보았다. "이제 공부를 하려고 합니다." 석우의 대답은 간단했으며 정 선생님 역시 더 이상 만류하지 않았다. 모든 것은 자기가 결정하는 것이니까. 공부하기 위해 학원을 그만두겠다는 대답은 상징적인 의미를 띠고 있는 표현이라고 생각한다.

이 표현이 결코 학원을 다니기 때문에 공부를 못하며 학원 생활이 공부에 방해가 된다는 것을 의미하는 것은 아니다. 단지 고3이라는 신분에서 느끼는 내적 외적 압력으로 인해 스스로 그 당시의 즐거움이 부담감으로 느껴지고 있었던 것이다. 아무튼 이 표현은 입시 지옥을 살던 그 당시 우리의 생활과 즐거움, 또 내적 고민들을 포괄적으로 보여주고 있다고 생각한다. 그래도 나는 계속 학원을 다녔다.

젤리트의 결성

선생님, 친구들과 함께 같이 공부하고 운동하고 고민하고 웃고 즐거워하던 시간 속에서 어느덧 두려움으로 시작했던 고3이라는 과정도 끝나가고 있었다. 대학 입시를 마치고 합격자 발표가 나자 우리는 놀라지 않을 수 없었다. 같이 공부하던 학원 친구들이 거의 모두 원하는 대학에 합격을 한 것이다. 정확한 수치는 알 수 없으나 많은 학생 중에서 불합격한 친구들을 한손으로 꼽을 수 있을 정도였다.

놀라운 일 아닌가?

합격을 축하하는 정 선생님과 처음으로 같이 호프집에서 맥주를 마시면서 타오르는 분위기를 이용하여 우리는 선생님께 나이트 클럽에 가고 싶다는 부탁을 했다. 흔쾌히 우리의 부탁을 받아들이신 선생님과 함께 곧장 강남역으로 향했고 대부분의 친구들이 처음 경험하는 나이트 분위기에서 광란(?)의 밤을 보내게 된다. 전혀 다른 세상으로 나아가는 지점에서 막연한 두려움과 지금까지 서로 공유해 왔던 삶의 부분들이 줄어들게 된다는 것에 대한 아쉬움이 교차하고 있을 때 누군가 정기적으로 모임을 갖자는 것을 제안하였고 드디어 '젤리트'라는 모임이 탄생하게 된 것이다.

고등학교나 대학교로 묶어질 수 있는 끈이 있는 것도 아니고 특별한 하나의 목적을 추구하거나 공통의 관심을 갖는 사람들이 자발적으로 모여든 모임도 아니었으나 우리 스스로 의기투합하여 비록 작게나마 모임을 만들고 나니 모두들 자발적이고 적극적으로 활동하고자 하였다.

우선 정 선생님의 엘리트 제자들이라는 뜻의 합성어로서 젤리트 Jelite라는 이름부터 만들었고 회칙도 만들었다. 비록 거의 유명무실한 것이었지만… 고3 시절 학원에서라도 인연이 맺어진 것을 소중히 간직하자는 의미에서 다른 반에서 공부했던 학생들과 같이 졸업 앨범 비슷한 얼굴과 프로필이 담긴 수첩을 만들었는데 그 수첩의 명단과 전화번호를 이용하여 모든 학생들에게 모임의 결성을 알려 주었으며 참가할 것을 권유했다. 그래서 상당한 수의 학생들이 함께 하기를 희망하였고 우선 다른 모임들이 다 하듯이 M.T.를 떠났다. 그 후 앞으로의 모임을 이끌어 갈 회장을 선출하였고 정기적인 모임과 더불어 일일호프를 하기도 했고 방학이면 같이 여행을 떠나기도 했다. 그러는 사이 우리는 고등학교 시절과는 또 다른 유형의 만남을 맺을 수 있었을 뿐 아니라 고등학교 시절에는 잘 알지 못했던 친구들의 숨은 매력을 발견함으로써 인간 관계의 폭과 깊이가 상당히 넓고 깊어질 수 있었다.

우리 후배들도 받아볼까?

처음부터 연합 모임의 형식으로 신입생을 받아서 운영하려고 조직한 모임은 아니었지만 1년 정도의 지속적인 관계를 유지하며 자연스럽게 하나의 제대로 된 모임이라는 의식을 갖게 되자 후배들을 만나보고 싶다는 욕심이 들기도 했다. 그래서 우리는 마치 고등학교 담임반을 찾아가듯 과자와 음료수를 사들고 학원을 찾아가 정 선생님이 지도하시는 고3 학생들을 위로하기도 하고 좋은 말을 해주기도 하였다. 그리고 우리의 모임에 대해 설명해준 뒤 대학 입학 후 재미있는 대학 생활을 함께 보내고 싶다는 말을 해주기도 하였다. 또한 우리가 제작했던 앨범과 같은 형식으로 고3들의 앨범을 제작해서 나눠 주었다. 우리

때보다 더 많은 수의 후배들을 맞이하며 운영의 곤란함을 느끼기도 하였으며 따라서 효율적인 모임의 운영을 위해 여러 소모임으로 구분하여 활동하기도 하였다. 후배들을 맞이하여 신이 난 우리들은 더 많은 일들을 준비하고 실행하였다. 재주 있는 친구들이 많이 있었기 때문에 우리는 일일호프를 하면서도 록밴드를 결성하여 간간히 우리의 연주 실력을 보여 주기도 하였고, 여름방학을 이용하여 공연장을 정식으로 빌려서 음악, 연극, 춤이 어우러진 정기 공연을 갖기도 하였다. 많은 사람들이 구경 와서 상당히 유치하다는 평가를 내리는 경우가 많았으나 우리는 전혀 개의치 않으며 한 해 두 해 계속 이어 갔다. 우리 스스로도 너무나 잘 알고 있었다. 합창이건 록밴드 공연이건, 연극이건 춤 공연이건 실수는 계속해서 이어졌으며 떨리는 마음에 연습 때보다 더 어색한 공연이 되고 있다는 것을…. 하지만 중요한 것은 우리 스스로 준비하면서 또 공연하면서 그리고 공연이 끝난 후 비디오 카메라에 담긴 우리의 모습을 보면서 너무나 즐거워한다는 사실이었다. 그래서인지 전혀 창피한 것 없이 그 공연을 몇 년간 지속해 왔으며 (중간에 잠시 공백도 있었으나) 올해 역시 계속할 것이다.

3년째를 맞이하기 전에 정 선생님이 갑자기 유학을 떠나시게 되자 그 당시 고3이었던 후배들과 우리들을 매개해 주는 구심점이 사라지게 되었다. 대학 합격자 발표가 있은 후 우리는 계속해서 후배들에게 연락을 취하기도 하고 만나기도 하였지만 선생님이 옆에 계시지 않는다는 사실과 정 선생님과 생활한 기간이 짧다라는 사실이 신입생들과 우리들 사이의 유대 관계 형성에 어려움을 주었던 것 같다. 따라서 3기, 4기 후배들의 참여가 매우 저조하였고 기존의 1, 2기 선배들 역시 군대에 입대하는 사람들이 많아지고 여자들의 경우 취업이다, 졸업이다, 개인적인 사정에 바빠 우리의 모임은 정체기에 들어갔다. 물론 정기적이지는 않더라도 간간히 만남은 계속되었지만.

그 후 정 선생님이 귀국하고 남자 선배들이 하나둘 제대를 하면서 다시 우리의 모임은 활기를 찾게 되었다. 작년에 5기를 받아들이는 날은 비록 나이 차이는 많이 나는 사이이지만 바로 아래 신입생을 받아들이는 기분을 느끼기도 했다. 5기 후배들을 보면서 그 적극성과 젤리트라는 모임에 대한 애착에 선배들이 오히려 놀라움과 함께 부담감까지도 느끼곤 하였다. 이러한 느낌은 올해 신입생인 97학번들 즉 6기를 받아들이면서 더욱 커지게 되었다. 워낙 가볍게 시작한 모임이기 때문에 우리들이 장난하듯이 '우리 모임 별 거 아니야'라는 투로 말하면 후배들이 더 서운해 하고 화를 내곤 한다. 무엇이 이들로 하여금 이 모임에 그렇게 강한 애착을 느끼게 만들었을까? 그들은 우리 때보다 더욱 정붙일 데가 없는 환경에서 살아가고 있는 것은 아닐까?

현대 사회에 이르러 우리는 수많은 사람들과 또 조직들과 관계를 맺으며 살아가고 있다. 하지만 이해 관계를 떠나서 정말로 인간 대 인간으로서의 만남을 소중히 하며 맺어지고 있는 관계들이 얼마나 있을까? 우리는 과연 어떤 관계들에 인간적인 애착을 느끼며 정을 주고 있을까? 아마 대부분이 한번쯤은 이러한 고민들을 해본 경험이 있을 것이다.

중고등학교를 거치면서 우리는 어쩌면 이중적 가치관을 교육 받음으로써 겉과 속이 다른 관계를 맺고 유지해 왔을 수 있으며 이는 대학에 와서도 마찬가지일 것이다. 시간이 지나고 해가 거듭되어 갈수록 대학의 선후배 관계 또한 형식적이며 소원해지고 있는 것이 사실이며 지속적이며 빈번한 대면 접촉이 이루어지지 못하는 대학의 고등학교 동문회 역시 쉽게 서로의 어려움과 즐거움을 터놓고 만날 수 있는 장이 되지 못하고 있다. 이러한 문제는 해가 거듭될수록 더욱 심하게 드러나고 있는 것 같은데 신입생들의 대부분이 대학 생활에 대해 만족하지 못한다는 말들을 자주 하고 있다. 근래에는 고등학교 생활과 대학교 생활에서 경험하는 문화적 차이가 그리 크지 않기 때문에 대학 생활 그 자체에서 느끼는 즐거움 역시 예전만 못하다고 생각한다.

이러한 현실적인 불만들을 우리의 젤리트 모임이 완벽히 해결해 주지는 못하고 있지만 어느 정도 해소시켜 주고 있다는 생각을 하게 된다. 우리는 어떤 공통된 관심을 갖는 사람들만 모인다든지 특별한 기준을 가지고 선별하여 모임을 구성하고 있지도 않다. 따라서 해가 거듭되고 구성원이 늘어나면서 우리 스스로 우리의 정체성에 관한 문제에 대해 심각히 고민하고 토론을 벌이기도 하였다. 우리의 모임이 왜 존재하고 있으며 존재해야만 하는 것인가?

그런데 우리에게 다른 것은 별로 중요하지 않다. 단지 인간적인 만남만이 중요한 것이다. 젤리트라는 하나의 울타리 안에 모여 있다는 이유만으로 우리는 모두 서로 친구라고 생각하고 있다. 서로의 경조사를 함께 기뻐하고 슬퍼해 주고 있다. 또 거주 지역이 비슷하기 때문에 선후배들이 서로 휴일이나 저녁이면 부담 없이 연락하여 만남을 가질 수 있기 때문에 큰 모임 안의 구성원들 사이에 있을 수 있는 작은 벽들이 쉽게 허물어지고 있다. 이러한 토대 위에서 우리는 쉽게 우리의 즐거움과 고민을 서로 나누는 관계를 유지해 왔다고 생각하며 후배들은 특히 이러한 선후배 사이의 인간적 유대감에 목말라해 왔던 것 같다.

인연을 살려 내는 것, 이것이 사람이 살아가는 데 가장 중요한 에너지원이라는 생각을 해본다. 그것이 학교가 아닌 학원에서 가능하다는 것은 무엇을 뜻하는가? 좋은 학교를 더 이상 기대하지 못한다면 좋은 학원이라도 많이 생겨나야 할 것 아닌가!

'큰형' 역할과 공동체

대학교 3학년 가을경, 우연히 대치동에 있는 한 외국어 학원에서 아르바이트 형태로 학생들과 인연을 맺게 된 지 어느덧 10년이 흘렀다. 당시 나는 10여 명 정도의 학생으로 구성된 학급을 2개 맡게 되었는데, 이 작은 인연들이 오늘날 나의 최종 직업이 되리라고는 생각지도 못했었다.

1988년은 학원 과외가 서서히 사회에서 묵인되기 시작한 해였기 때문에, 학생들은 학원에 와서 공부를 하는 것이 거의 처음이고 생소한 편이었다. 학교 공부를 보충받기 위해 학원을 찾은 학생들에게 학원은 단지 그 목적만으로 학생들에게 다가가지는 않았다. 나는 이때의 상황을 한국 기독교가 우리 나라에 정착하던 시대로 비유하고 싶다.

미국 유학 중 '한국 내 기독교의 성장 과정에 관해서'라는 제목의 글로 박사 학위를 받은 모 교수의 세미나를 들은 바 있다. 기독교가 우리 나라에 정착하던 그 시대에는 유교 문화의 의식이 사회적 '규범 Norm'으로서 그 힘이 대단한 때였다. 그러한 때에 젊은이들이 공공연하게 남녀가 서로 얼굴이나마 조금 보고 말을 건넬 수 있는 장소로 교회가 활용되었었다. 즉, 그 시대의 젊은이들은 교회를 종교 본래의 목적 말고도, 이성에 대한 갈증을 해소하는 돌파구로 삼았으며 그들에게 나름대로의 공동체 community 역할을 했다는 것이다. 그런 면에서 내가 1988년 학생들을 가르쳤을 때의 상황은 기독교가 우리나라에 정착했을 때의 시대 상황과 사뭇 비슷했다.

나의 부모님들이 공부하던 시대나, 그후 내가 공부하던 시대, 그리고 또 한번 강산이 변화한 오늘날에 와서도, 공부하는 학생들에게 사회나 가정으로부터의 규제는 여전히 전과 다를 바 없다. 지금의 학생들은 상대적으로 더 많은 구속을 받고 있다는 생각이 든다. 경제적 향상에 따른 식생활의 변화는 과거의 학생에 비해 빠른 신체적 성숙을 가져왔고, 대중매체는 무수한 사회 정보와 문화적 소비 욕구를 감수성이 예민한 학생들에게 지나치게 노출시켜 왔다. 학생들의 정서가 별을 보고 미래를 꿈꾸는 식이 아닌, 개방화, 정보화 사회의 영향을 받아 우리 세대와는 다른 독특한 그들만의 정서를 만들어 냈다. 엄청난 사회 변화가 일고 있었던 것이고, 그러면서 다른 한편으로 그들을 점점 더 입시 위주 교육에 옭죄어 가고 있었다. 학교는 자유로운 감성을 가진 이들에게 더욱 견디기 힘든 감옥이 되어 가고 있었다.

이러한 때에 학원은 아이들에게 공부를 한다는 명분 하에 다소의 숨을 돌릴 수 있는 돌파구의 역할도 하게 되었다. 적어도 내가 지도한 학생들은 학원을 그들의 '공동체' 역할을 하는 곳으로 여겼다. 지금도 대학에 진학한 제자들이 이구동성으로 이렇게 말하곤 한다. "고등학교 당시 학원을 다녔을 때가 지금 대학 생활보다 더 즐거웠다." 학생들은 자유롭고 규제가 없는 사회로 가기 전에 학원이라는 커뮤니티 내에서 마치 초기 기독교 정착기인들처럼 서로 만나 말을 건네며 또래들의 정신 세계를 교류하며 성장할 수 있었고, 지금에 와서 그 시절을 그리워 하기도 하는 것이다.

나의 학원 수업은 두 가지 측면에서 이루어졌다. 학습 면에서는 영어 과목 성격상 예습이 가장 중요한 것이었기 때문에 숙제를 많이 내주고 철저히 확인해 주며 기본적으로 학원에서의 역할에 충실하도록 노력을 했다. 그러나 학생을 지도하는 데 있어서 학습 부분을 제외하고 달리 역점을 둔 곳이 있다면 그들의 정신 세계를 이해하고 소위 '큰형 big brother'의 역할을 하는 것이었다. 학생이 새로 내 반에 들어 오면 나는 학생들의 동의하에 노래를 시켜 분위기를 부드럽게 해주었고, 그 뒤에는 나의 기타 반주 및 노래로 답례를 해주었다. 이런 나의 수업 방식을 보고 깜짝 놀라 바로 학원을 그만둔 학생들도 있었지만, 시간이 지남에 따라 이런 수업 분위기를 좋아해서 오는 학생들이 점점 많아졌다. 수업이 진행되는 동안 웃음이 그치는 적이 없을 정도였고, 때로는 수업 후 간식을 같이하며 고등학생의 눈높이에 맞는 진지한 대화를 하기도 했다. 일요일 아침에는 학생들과 농구를 함께 하며 땀을 흘렸고, 북한산, 남이섬 등지로 야유회를 가기도 했다. 물론 반대하는 학부모님도 계셨지만 대다수는 동의를 해주었고, 어떤 어머니는 학생들을 이해하려는 나의 방침에 전적으로 지원하는 의미로 맥주까지 보낸 적이 있다. 이럴 때면 학원 강사라는 직업이 학교 교사의 직업에 비해 많은 융통성을 제공하고 있다는 것을 생각하며 무척이나 만족하기도 했다. 이렇게 지내다 보니 학생들과 정이 많이 들었고, 그야말로 진심어린 큰형의 역할을 할 수 있게 되었고, 나의 생활의 많은 부분을 학생들을 위해 할애했다.

당시에는 내가 유학을 준비하던 시기이기도 해서, 학생들과의 소중하고 아름다운 추억을 유학을 가서도 간직하고 싶어 학생들과 나의 사진이 들어 있는 소형 앨범을 만들게 되었고, 그것이 전통이 되어 지금 가르치는 학생들에게까지도 이어지게 되었다. 소형 앨범으로 시작된 것이 학생들 사이에 하나의 소모임식으로 되어, 첫해 졸업한 학생들이 정식 모임을 만들고 그 모임에 '젤리트'라는 명칭을 붙이게 되었다. 또 구성원들의 단합을 위한 M.T.나 공연도 갖게 되었고, 지금은 나우누리에 대화방까지 만들어 모임을 활성화하고 있다. 대학의 여느 서클 이상의 의미를 가진 모임이 되었다.

가르치는 일을 시작한 이후 나 자신도 모르게 많은 변화가 있었는데, 배우는 학생들에게도 역시 많은 변화가 있었다. 10년 전의 학생들에게는 나라는 존재가 학원에서 배운 첫번째 선생님이자 마지막 선생님인 경우가 많았기 때문에 학생이나 강사나 아주 순수할 수 있었다. 지금의 학생들은 학원 세대 **generation**의 학생들이다. 유치원부터 지금 내가 가르치는 고등학생이 되기까지 학원을 거의 10년 이상 다녔던 학생들이기 때문에 과거의 학생들과는 상당히 많이 달라진 경향이 있다. 그러나 학생들이 학원에 기대하는 기본적인 지식 전달 외에도 학원이 그들의 작은 공동체 역할을 해주기를 기대하는 것은 과거의 학생들과 별반 다르지 않다.

지금 이 글을 쓰며 문득 시계를 보니 일요일 새벽 1시가 넘어 있다. 오늘도 아침 8시에 개포동 공원에서 우리반 고2 학생들과 농구 시합을 하기로 했다. 어제 수업이 늦게 끝나 몸이 몹시 피곤하지만, 내일 만나 함께 운동을 하게 될 정헌이, 윤규, 지혁, 로운이 등 사랑스러운 제자들을 생각하니 새벽잠쯤은 쉽게 물리칠 수 있을 것 같다. 내가 가르쳤던 학생들이 나를 소개할 때 주로 하는 표현이 있다. "우리 선생님은 다른 학원 선생님들과 달라"라고. 나는 앞으로도 학생들이 나와 함께 지식뿐만이 아니라 정서적, 정신적인 면도 주고받을 수 있는 '무언가 다른 선생님'으로 남을 것을 스스로 다짐해 본다.

■ 글쓴이 조정민은 연세대 사회학과에 다니고 있고, 정랑호는 학원에서 영어를 가르치고 있다.

아이들과 함께 생활하는 이유

조선아

한국 사회의 현실이 아이들을
고통스럽게 만들고, 아이들은
그런 고통에 눈물을 쏟아 내기도
하지만, 그만큼 쉽게
'희망'을 만들어 낸다.

잃어버린 하루

하루란 해가 떠서 지고 나면
달이 뜨고 별이 떠서

달과 별이 함께 지는 것이라고
나는 생각합니다

지금은 일어나서 학교와 학원에 다녀오면
이미 하루는 지나고 없기에
나는 나에게 하루가 사라졌다고 생각합니다

매일 똑같이 살아가는 내겐
하루라는 것은 이미 지워졌습니다
이미 오래 전에
—김은왕, 고2

이 세상 사람들 누구에게나 똑같이 주어진 하루 24시간. 그러나 인문계 고등학교에 다니고 있는 은왕이는 자신의 하루를 잃어 버렸다고 노래한다. 새벽이면 졸리운 눈을 부비며 아침도 거른 채 학교에 가는 아이들, 그 아이들은 아침자습, 정규수업, 보충수업, 야간자율학습, 학원, 이제는 위성과외 시청까지 마치고 늦은 밤이 되어서야 집에 들어간다. 자신이 왜 공부하는지도 모르는 채 매일 똑같이 살아가는 아이들에게 "하루라는 것은 이미 오래 전에" 지워져 버린 것이다.

그러나 이렇게 하루가 사라져 버린 아이들이 있는가 하면, 하루 해가 너무 길어 이리저리 방황하다 자신을 잃어 버리는 아이들도 있다. 바로 실업계 고등학교에 다니는 아이들이다. 수업이 끝나는 오후 3시쯤, 학원을 다니는 몇몇 아이들을 제외하고는 남아 있는 시간을 어찌 보내야 할지 몰라 노래방, 술집, 당구장을 기웃거리다 자신들에게 관심조차 두지 않는 세상을 비웃으며 때때로 어른들을 놀래키는 일들을 만들기도 한다.

이렇게 하루 해가 너무 짧아 자신을 찾을 시간이 없는 아이들, 하루 해가 너무 길어 자신을 주체하지 못하는 아이들, 조금은 다른 모습으로 살아가지만 사실은 빛깔만 다를 뿐 비슷한 아픔을 지니고 사는 아이들이 함께 모여 소중한 시간을 만드는 공간이 있다. 바로 내가 젊음을 바치고 있는 '청소년 단체'이다. 이 청소년 단체는 1994년 2월에 창립되어 현재 7명의 운영위원이 꾸려 가고 있다. 청소년 회원은 약 70 - 80명 정도. 창립 당시부터 청소년 문화 분반 활동을 꾸준히 벌여 오고 있다.

열일곱에 품은 뜻, 스물넷의 희망

"너희들, 이제 나이도 먹었으니 다른 일을 해보는 것이 어떠니?"

"그렇게 나이를 먹어서도 왜 아직까지 청소년들이랑 함께 있어요?"

고등학교를 졸업한 93년부터 지금까지 청소년 단체를 여럿이 함께 운영해온 나에게 사람들은 곧잘 이런 질문을 던진다. 그저 빙그레 웃으며 "아이들이 좋아서요!"라고 말하지만, 사실 나와 내 친구들의 가슴에는 아픈 멍울 같은 기억이 있다.

우리 나이 열여섯, 1989년… 나에게 1989년은 지나간 추억 속에 머무는 단순한 연도가 아니다. 1989년이라는 숫자는 마치 조건 반사처럼, 내 머릿속에 각인되어 89년의 흔적을 조금이라도 발견하는 날이면, 우선 눈물부터 쏟아버리고 만다.

1989년은 전국교직원 노동조합이 결성되고 2,000여명의 해직교사가 태어난 해이며, 수많은 고등학생들이 "선생님 사랑해요!"를 외치며 전교조 지지, 참교육 쟁취, 학내 민주화 운동을 벌였던 해이다. 그런 역사의 거대한 흐름 속에서 겨우 열여섯이었던 나와 내 벗들은 우리의 한평생을 움직일 만큼 커다란 삶의 가르침을 받게 되었다.

잘못된 교육을 바꿔 보겠다는 굳은 신념으로 전교조에 가입하신 선생님들은 단식 중에서도 우리들을 가르치셨고, 우리의 곁을 언제 떠나게 될지 모르는 까닭에서인지 한마디 한마디에 힘을 주어 설명하셨었다. 아직 거짓이 무언지도 모르던 우리에게 역사의 진실을 알려 주시던 선생님들, 그런 선생님을 열여섯의 우리들은 제법 진지한 얼굴로 또랑또랑 쳐다보았다.

위태위태하게 1989년 1학기를 마쳐갈 무렵, 결국 선생님들이 마지막 수업을 하는 날이 다가왔다.

"선생님들은 이제부터 여러분들과 함께 수업을 하지는 못하지만 학교를 떠나서도 청소년을 살리는 올바른 교육을 만들기 위해 열심히 노력하겠습니다. 마지막으로 여러분들이 이웃을 사랑하고, 정의를 사랑하는 올곧은 사람으로 자라나길 바랍니다. 선생님은 여러분들을 진심으로 사랑합니다."

울먹이는 선생님들의 목소리가 방송을 통해 전교에 울려 퍼지자, 아이들은 여기저기에서 훌쩍거리기 시작하였다. 그러나 선생님들은 마지막 인사를 마치고 넓은 운동장을 터벅터벅 걸어 나가시며 우리에게 뒷모습만을 보여 주셨다. 여기저기서 울먹이던 아이들은 모두 창문가에 달라붙어 "선생님 사랑해요"라고 쓴 플래카드만 들고 떠나는 선생님의 쓸쓸한 뒷모습을 바라보기만 할 뿐 아무 것도 하지 못하였다.

그러나 그때, 선생님들이 운동장을 가로질러 교문에 가까워졌을 때, 창문가에 달라붙어 있던 한 녀석이 날쌔게 달려나가 어느 선생님의 떠나는 발목을 붙잡은 채 그대로 운동장에 엎드려 버렸다. 갑자기 아이들이 여기저기서 튀어나와 선생님을 둘러싼 채 한참을 흘렸던 눈물 자국들, 그 눈물들은 이미 다 말라버렸지만 아직도 89년을 경험했던 이들의 가슴에는 흐르고 있다. 수년이 지난 지금도.

89년 전교조 교사의 활동과 그것을 지지하는 중고생들의 움직임은 결코 만만치 않았다. '참교육 쟁취' 뿐만 아니라 '자율학습 철폐' '보충수업 폐지' '직선제 학생회 건설' 등 학내 문제를 청소년 스스로 해결하기 위한 다양한 활동들이 물밀 듯이 터져 나왔다. 우리 학교도 예외는 아니어서, 학생회 친구들을 중심으로 다양한 활동들이 펼쳐졌고, 그런 활동들을 통해 우리 사회가 가지고 있는 모순을 피부로 느꼈다. 마치 어린 아이들이 양수를 떠나 세상 밖으로 나올 때의 고통처럼, 선생님들의 해직을 통해 알게 된 우리 사회의 모습이 나와 내 친구들에게는 무척이나 견디기 어려운 고통이었다. 그러나 다행히도 건강하고 밝았던 우리들은 그 아픔을 단지 아픔으로 삭이는 것이 아니라 나름대로의 대안을 모색하기 위해 노력하였다. 그러한 노력의 길모퉁이에서 우리는 공동체, 민족, 정의롭고 올바른 인생에 대한 소중한 고민들을 만날 수 있었다.

그렇게 뜨거웠던 한해가 지나고 고등학교에 입학하였다. 우연히 마음 맞는 친구들을 만나게 되어 우리 학교의 현실에 대해, 우리 사회의 모습에 대해 많은 고민들을 함께 하게 되었다. 사립학교였던 고등학교는, 나이든 교사가 학생들 앞에서 젊은 교사에게 반말을 하며 혼내는 학교였고, 동아리는 최소의 형식적인 것 외에는 있지도 않았으며, 학생회 선거 역시 간선제여서 학생들은 학생회장이 누구인지도 몰랐다. 그러나 무엇보다 선생님들이 학생들을 사랑과 믿음으로 가르치는 것이 아니라, 그야말로 지식을 전달해 주는 사람에 지나지 않았다는 것이 89년을 겪은 아이들에게 가장 힘들게 다가오는 문제였다.

새벽 6시가 조금 넘어 집을 나서 학교에 오를 때면 학교 건물보다 우리의 눈에 먼저 들어오는 것이 있었다. 관악산 한자락에 위치한 학교 건물 뒤로 옹기종기 모여 있던 판자집에서 켜놓은 조그마한 백열등이었다. 이른 새벽 하늘에 뜬 별과 눈앞에 보이는 산동네의 불빛을 보며 학교에 가던 우리는 그 불빛을 보고 아름답다고 생각했으나, 이내 노동하며 하루하루를 힘겹게 살아가는 사람들의 생존의 불빛을 보고 단지 아름답다고만 느끼는 스스로를 부끄러워하며 서로 굳은 약속을 하였다.

"우리가 어른이 되면 후배들이 이런 학교에서 비인간적인 교육을 받게 할 수는 없어. 우리의 힘이 비록 작지만, 좀더 나은 학교를 만들기 위해, 정의로운 사람, 실천할 수 있는 사람이 되자."

물론 열일곱에 품었던 그 뜻 때문에 꼭 지금의 청소년 단체를 운영하는 것은 아니다. 그러나 그런 결심을 하며 3년 동안 학교를 다녔던 우리에게 사회에서 가장 마음 아프게 살아가고 있는, 그리고 가장 비인간적인 교육을 받고 있는 청소년들과 함께 새로운 희망을 만들어 나가는 것이 이 시대에 가장 필요한 일이라 생각하였고, 결국 스무살이 되면서 지금까지 청소년들과 함께 살아 오게 되었다.

내게, 청소년 단체를 함께 운영하는 우리들에게 청소년은 최고의 사랑이다. 그러나 일반적인 사랑과 조금 다른 부분이 있다면, 우리는 아이들의 삶을 고민하고, 아름답고 올바른 인생의 길을 가는 동반자로 바라본다는 것이다. 그런 사랑의 첫번째는 무엇보다도 '아이들의 고통을 내 고통으로 여기는 것'이다.

우리 사회에서 청소년 문제를 소리 높여 외치며 많은 예산을 투자하는 사람, 혹은 기관들이 있기는 하지만, 정말 청소년들이 지닌 아픔을 얼마나 알고 있는지 묻고 싶다. 내가 십대 시절, 최고의 청소년 문제는 성적 비관 자살이었다. "행복은 성적순이 아니잖아요"를 외치며 투신하고 약을 먹고 목을 매달아 한 해에 백 명이 넘는 학생들이 스스로 목숨을 끊었었다. 그러나 그것도 처음에는 우리 사회에 충격을 주었지만, 해를 거듭할수록 무척 진부한 기사거리에 지나지 않게 되었다. 나 역시, "행복은 성적순이 아니잖아요"라는 구호가 조금은 진부하게, 그리고 신세대의 감성에 맞지 않는 외침이라고 생각한 적도 있었다. 그러나, 지금 한국 땅에 살고 있는 청소년들의 아픔에 관심을 갖는 사람이라면, 그들의 심장 속으로 들어가 보자.

우리 아이들은 여전히 '진부한' "행복은 성적순이 아니잖아요" 따위의 고통스러운 울음을 내뱉고 있다.

저는
남들이 흔히 말하는
공부 못하는 아이입니다

수능점수 140점
내신등급 10등급
이것이 나에게 항상 따라 다니는
꼬리표입니다

제가 어느 누군가에게 충고를 하면
공부도 못하는 게 떠든다구 뭐라고 하구
저의 소망을 남들에게 말하면
꿈꾸는 데 제한 없다고들 합니다

저는 이런 세상이
너무나도
싫습니다

세상에서 공부 잘하는 자만이
살아남는 것은 아닌데…

그래서
저는
제가 좋아하는 잠자기를
영원토록 즐기기로 했습니다

그럼 이 세상의
우등생들이여
안녕!
― 류연균(고1), "어느 열등생의 비애"

21세기를 불과 3년 앞둔 1997년⋯ 변화된 시대처럼 아이들이 변했다고 한다. '신세대'라는 말이 생겨났다. 평범한 삶의 탈출구를 찾아줄 것만 같은 단어 '신세대'― '서태지와 아이들'의 노랫말처럼 무언가 다르게 살아보려 이들은 발버둥을 친다. 정해진 규칙을 뛰어넘어 공부가 아니어도, 대학이 아니어도 얻을 수 있는 새로운 가치를 추구하려고 눈물겨운 노력들을 한다. 그러나, 그런 아이들은 소수일 뿐, 여전히 우리 사회를 지배하고 있는 입시 위주의 교육에서 신세대도 벗어날 수 없다. 그러나 그들은, 과거의 "행복은 성적순이 아니잖아요"라며 죽어 갔던 아이들과는 다르게, 비록 소수이지만 자신들의 인간됨을 찾고자 안간힘을 쓴다. 우리 아이들은 놀랍게도 이렇게 이야기하고 있다.

안녕하세요.
저는 하이텔 학생복지회(Go sg207)의 시삽을 맡고 있는 윤제민이라고 합니다. 지금은 부산에 있는 K고등학교 1학년에 재학중입니다. 오늘, 제가 미력한 생각으로나마 우리 교육이 얼마나 잘못되어 가고 있는지 꼬집어 보려고 합니다.
　지금 이 글을 읽고 계신 분들은 거의 다 '학교'란 곳에서 교육을 받으셨으리라 믿습니다. 인생에서 가장 중요한 시기를 학교에서 보내게 되므로 이 학교란 곳은 아주 중요하다고 할 수도 있겠습니다. 그러나 이 중요한 학교와 그 주위의 환경들은 그렇지 못합니다. 먼저, 학교의 학생들은 제대로 된 인간의 대접을 받지 못하고 있습니다. 여기 계신 분들 중에서도 공감하시리라 생각됩니다만, 신체의 자유를 침범당하고 있습니다. 왜 두발 제한을 두는 것일까요? 윗분들은 머리가 짧아야 학생다워 보이고, 공부에만 전념할 수 있다고 변명을 합니다. 하지만 머리가 짧으면 학생다워 보인다고 누가 그럽니까? 혹시 이런 제한을 받으신 분은 자신의 졸업 앨범을 한번 펼쳐 보세요. 모두 다 똑같은 머리를 하고 있지 않습니까? 보면 어떤 생각이 드는지요? 한마디로 학교는 지금 아이들의 개성을 무시하고 죽이려 하고 있습니다. 그래서 공장에서 똑같이 찍어낸 것 같은 '기계'를 만들고 있습니다. 또 체벌과 폭력이 무척이나 애매 모호한 지경에 이르렀습니다. 제가 다니는 학교에서는 별로 그런 일이 없지만, 여기에 가끔씩 올라오는 글이나 친구의 말을 들어보면 과연 그곳이 학교인지 의심이 갑니다. 그래도 고등교육을 받고 교사가 된 사람들이 교육을 덜 받은 사람보다 오히려 더 비인격적인 형태의 '체벌'을 가하고 있습니다. 굳이 예를 들진 않겠지만, 그런 글을 읽다 보면 저 자신도 모르게 숨소리가 거칠어집니다.

과연 우리가 왜 그들에게 힘 없이 당해야만 하는가? 제가 잘못을 해서 선생님께 체벌을 당했다면, 그게 진정으로 저를 사랑하셔서 그런 거라면, 몇 대를 맞아도 저는 할 말이 없습니다. 그러나 당신의 개인적 감정이 들어간 '폭력'은 정말 참을 수 없습니다. 학생들은 교사의 스트레스 해소용으로 있는 게 아닙니다…

― 윤제민(biteme@hitel.net), "한국의 학생은 인간이 아니다"[1]

그러나 한편에서는 다른 빛깔의 아픔을 느끼며 쓰러져 가는 아이들이 있다. 우리가 한국 사회의 청소년 문제를 이야기하면서 "입시 위주의 비인간적인 교육"에 대해 목에 핏대를 세우며 이야기할 때, 해마다 입시날이 되면 뉴스, 신문에서 입시를 치르러 가는 아이들에 대한 이야기로 가득할 때, 그때도 지독한 외로움과 소외감을 벗하며 거리를 마구 헤매이거나 조용히 자신을 죽이며 살아가는 아이들이 있다. 바로 실업계 아이들이다.

---

1) 이 글은 PC통신 하이텔의 「학생복지위원회」에서 쓴 폭격 글이다. 통신상의 폭격은 열린 광장이나 PLAZA처럼 대중들에게 열려 있는 게시판, 즉 사람들이 가장 많이 찾는 게시판에 일정한 시간을 정해서 같은 주제의 글을 계속해서 올리는 것이다. 이 글은 지난 97년 4월 학생들이 폭격을 알리는 첫 글이다.

단체를 운영해온 지 4, 5년이 된 지금까지 많은 아이들을 만났다. 입시 문제 때문에 고통받는 아이들을 보면서도 많이 마음이 아팠지만, 아이들 앞에서 무력해지는 나를 발견할 때가 있다.

만나고 있는 동아리의 대부분이 공고에 다니는 남학생들이었다. 상큼하게 웃는 얼굴에 드러나는 흰 이가 매력적이던 윤기, 늘 수줍어 내 얼굴도 잘 쳐다보지 못하는 정훈이, 언제나 무표정한 얼굴 때문에 유난히 신경을 많이 쓰게 만들었던 성모… 이렇게 셋은 모두 공고생이었다. 어느 날, 우연히 늦은 밤까지 이야기를 하다가 집안 이야기를 하게 되었다. 그날, 아이들의 집안 이야기를 듣고 나는 아이들을 보내고 나서 얼마나 울었는지 모른다.

윤기는 몇번째 바뀐 새아버지와 살고 있었고, 정훈이의 부모님은 정훈이가 어린 시절 탄광촌에서 모두 돌아가셔서 정훈이는 부모님의 얼굴도 모른 채, 상자를 주어다 팔며 생계를 유지하고 있는 할머니와 함께 살고 있었다. 성모는 아버지와 단 둘이서 단칸방에 살면서 새벽에는 신문 배달을 하며 살고 있었다.

동갑내기 단짝 친구들의 그 어느 집안도 우리 사회의 평범한 집안이라고 할 수 없었다. 그러나 다른 아이들을 만나면서 어쩌면 이런 아이들의 집안을 꼭 평범하지 않다고만 할 수는 없다는 생각을 하게 되었다.

부모님이 이혼해서 새아버지, 새어머니와 살아가는 아이, 시골에서 농사짓던 아버지가 농약을 먹고 목숨을 끊어서 어머니와 언니가 버는 돈으로 어렵게 단칸방에서 살아가는 아이, 막노동판에서 일하시던 아버지가 다치셔서 신문 배달에 나서야만 하는 아이… 그런 가정에서 자란 우리 아이들은 어릴 적부터 부모나 이웃의 관심도 받지 못한 채 지금까지 살아온 경우가 많다.

간혹 수련회에 가서 밤을 새우는 날, 깔깔거리며 게임을 하던 아이들이 진실게임을 시작하는 날은 어김없이 울음바다가 되고 만다. 평범해 보이는, 밝아 보이는 친구들의 가슴 속에 켜켜이 쌓여진 나름대로의 아픈 사연들이 우리 아이들을 울리는 것이다. 어려운 집안 살림을 지켜 가는 것만으로도 힘에 겨운 부모님 밑에서 생일상 한번 제대로 받아본 적이 없어, 그것이 서러운 아이. 대학에 가서 훌륭한 학자가 되고 싶었으나 자신이 돈을 벌어야 하는 현실 때문에 실업계에 진학한 아이의 흐느낌… 초등학교 시절부터 언제나 공부 못하는 아이, 장난만 치는 아이, 말썽꾸러기로 낙인 찍힌 채 살아왔던 아이가 단체에 나와서 처음으로 받았던 사랑과 관심이 자신의 인생을 바꿔 놓았다며 감격(?)의 눈물을 흘리던 시커먼 남학생, 실업계라고 학생들을 보호해 주어야 할 최후의 보호막인 선생님들조차 아이들을 무시할 때 느끼는 절망감 때문에 슬픈 아이들… 아이들의 아픈 가슴은 저마다의 크기와 빛깔의 차이는 있지만, 친구들을 울리고, 어른인 우리들을 울린다.

이른 새벽부터 밤 늦도록 공부를 해야만 하는 아이들이나 점심 먹고 나면 바로 끝나는 학교를 나와 자신을 반겨줄 사람 아무도 없는 거리에서 무리지어 방황하는 아이들, 혹은 이것도 저것도 아닌 채 자신의 인생이 어중간하다고 느끼며 무력감에 빠져 있는 아이들, 우리 아이들의 가슴에는 아픈 멍울들이 서너 개씩 들어섰다. 가장 큰 멍울은 인생에 대한, 사회에 대한 불신이다. 아이들은 알고 있다. 우리 사회가 아주 큰 병에 걸렸다는 것을. 열심히 사는 사람들이 대접받지 못하고 가진 자들이 더 갖기 위해 발버둥치며, 돈이면 무엇이든 다 할 수 있다는, 성적까지도 살 수 있다는 것을, '학교'를 통해 알고 있는 것이다. 그것은 어른들에 대한 불신이기도 하다. "어차피 세상은 그런 것~"이라는 아이들 나름대로의 세상 보기… 그러나 그것보다 더 아이들을 아프게 하는 것은 바로 자신의 아픔 하나 터놓을 친구가 없다는 것이다. 그것은 절망이자 동시에 희망이다. 친구들과 선생님들이 속시원하게 맘을 툭 터놓고 생활할 수 있는 살맛나는 학교를 꿈꾸지만, 그것은 역시 꿈일 뿐이다. 그 꿈을, 작지만 실현하려 노력하는 이들이 있으니, 바로 청소년 단체 일꾼들이다.

청소년을 보면 우리 사회의 희망이 보인다!

8월 어느 날, 단체 문을 여는 순간 아이들의 모습보다 땀냄새가 먼저 느껴졌다. 20여 명의 아이들이 모두 일어나서 열심히 춤을 추고 있었다. 최근 유행하는

「도시탈출」에 맞추어 장대만한 남자아이들에서부터 콩알만한 여자아이들까지, 교복 치마를 입고, 짧은 반바지를 입고 아이들은 흐르는 땀을 닦지도 않으며 즐겁게 춤을 추었다. 바로 '서울 지역 청소년 단체 연합(준)'에서 주최하는 「청소년 통일노래 한마당」에 나가기 위해 노래 연습과 춤 연습을 하고 있던 것이다.

"애들아! 연습하느라고 힘들지? 우리 저녁 먹으면서 조금 쉬었다 하자."

고등학교 시절, 우리 단체에서 활동하다 졸업을 하고 단체 운영위원이 된 혜연이가 한마디 하자, 아이들은 서로 돈을 거두어 라면을 사러 갔다.

처음 단체에 나올 때만 하더라도 제가 먹은 것도 치우지 않던 현덕이와 용호가 얼른 나서서 라면 끓일 준비를 하였다. 기특한 것들… 몇 달 사이에 사람이 변하다니.

"너희들 통일노래 한마당 준비는 잘되고 있니?"

내가 한마디 질문을 던지자마자 아이들은 서로 재잘재잘거리며, 서로들 자랑하기에 바쁘다. 한 학교에 대여섯에서 많게는 십수 명이 모여, 최신 가요에다 노랫말을 바꾸어 춤과 함께 연습했다.

"애들아! 그런데 너희들은 왜 통일이 되어야 한다고 생각하니?"

나의 질문에 아이들은 주저리 주저리 읊어댄다.

"군사 지출비가 너무 많아요! 통일되면 그 돈으로 교육에 투자할 수 있잖아요"

"같은 민족인데 헤어져 사니까, 통일되야 하는 게 당연하지요!"

"남북통일이 되면 경제적으로 훨씬 발전할 수 있으니까요."

그 중, 상고에 다니는 유경이가 한겨레 신문에 난 북한 어린이의 사진을 들고 왔다. 사진 속의 어린 아이는 불룩 튀어나온 배를 살가죽이 겨우 뼈만 감싸안은 듯한 두 다리로 힘겹게 버티고 있었다.

"언니! 이 사진 보셨어요? 북한 어린이가 이렇게 죽어 가고 있는데… 사람이 죽어 가고 있는데, 단지 분단되었다는 이유만으로 죽어 가는 사람을 살리고 있지 못하잖아요 . 통일이 되면 몇 시간만에 식량을 가져다 주고 사람을 살릴 수 있을 텐데…"

사진을 보여주며 열심히 이야기하는 유경이의 눈에는 눈물이 한가득 고여 금방이라도 떨어질 것 같았다. 유경이는 현재 학교에서 친구들과 함께 북녘 어린이 돕기 모금 운동을 열심히 벌이고 있었다. 많은 아이들이 무관심할 수 있는, 인간에 대한 사랑을 학교에서 실천하고 있는 것이다. 그러나 유경이도 불과 몇 달 전까지만 해도 북한 동포를 돕고 통일을 하는 것에 대해 반대를 하던 아이였다. 그러나 단체 생활을 하며 다른 친구들을 만나고, 북녘의 굶주리는 모습을 담은 비디오 테이프를 감상하고 나서는 북녘 동포 돕기에 가장 열심히 나서고 있다.

어른들과는 다른, 아이들만의 방식으로 활동하고 있다. 통일노래를 랩에 맞추어 부르고, 멋진 DOC의 춤을 출 줄 아는 아이들! 그것은 청소년이기 때문에 가능할 것이다.

유경이는 단체 분반 '수화반'에 나오면서 회원이 된 아이이다.

1년간의 단체 활동은 '분반'을 중심으로 이루어지고 있다. 1년에 3번 분반을 하는데, 주로 풍물, 연극, 탈춤, 노래, 기타, 수화 등 아이들이 평소에 배우고 싶어하는 문화 분반을 운영하고 있으며, 분반 출신의 아이들 중 희망자에 한해 회원으로 가입하게 된다. 서울 지역에는 6개의 청소년 단체와 그 산하에 문학, 경당, 노래패가 있다. 그리고 여름에는 「21세기 희망과 통일을 열어가는 청소년 열린 학교」를 서울 지역 청소년 단체 연합 준비위원회에서 2주 동안 운영하고 있다. 이렇게 굵직한 프로그램과 더불어 청소년을 위한 다양한 문화 공연을 열어, 아이들에게 대동판을 열어 주기도 한다.

활동 속에서 아이들은 쉽게 변한다

한국 사회의 현실이 아이들을 고통스럽게 만들고, 아이들은 그런 고통에 눈물을 쏟아 내기도 하지만, 그만큼 쉽게 '희망'을 만들어 낸다.

집에서 설거지 한 번 안하던 아이들이 사랑하는 친구들을 위해 라면을 끓이고 설거지를 하고, 등록금이 없는 친구를 위해 자선 공연을 하고 아르바이트를 하기도 한다. 학교에서 부당하게 구타하는 선생들에게 당당하게 항의할 줄도 안다. 잘못된 교육이라 생각하면 선생에게 질문하고 나름대로 자료를 찾으며 고민하기도 한다.

단체 활동 몇 개월을 통해 아이들은 지난 십수 년의 생활 태도를 조금씩 바꾸어 나가고 있다. 단체 선배들과 친구들을 만나며 비로소 사랑이 무언지 알게 되었다는 아이, 그것을 계기로 이웃의 삶, 민족의 운명에 관심을 가지게 되었다고 조심스럽게 고백을 하기도 한다. 어둡고 더러운 사회지만 이 사회에서 자신은 정의롭게 살아가야겠다는 결심을 털어 놓으며 수줍게 웃기도 한다.

이런 아이들의 변화는 바로 '가치관, 의식'의 변화이다. 학교 폭력, 본드, 가스 흡입, 가출, 이기적인 학교 생활, 자살… 이런 모든 청소년 문제의 근본 원인은 바로 '가치관'의 문제가 아닐까 생각한다. 우리는 단체 활동을 통해, 아이들과 함께 새로운 가치를 만들어 나가려 한다. 자신에 대한 사랑, 친구, 가족에 대한 사랑에서 시작하여 이웃에 대한 사랑을 느끼고 그것을 생활에서부터 실천하는 것 ― 그것이 바로 우리들이 스물이 훨씬 넘은 지금까지 아이들과 함께 생활하는 이유이다.

■ 글쓴이 조선아는 1974년생. 현재 사회복지를 전공하는 대학 4학년. 지난 해까지 청소년 단체에서 활동하다가 현재 청소년 기관에서 동아리 지도. 청소년 단체 연합 준비위 산하 청소년 문예 창작단을 지도하고 있음.

소외 상황을
용납하지
않는 용기

정제호 / 홍철기 / 이상

청소년 문화란 '열정'이었다.
우리 사회는 청소년에게서 '열정'을
빼앗아 왔다. 그러나 그 열정이
얼마나 큰힘을 발휘하게
했는지를 확인할 수 있었다.

아래 세 편의 글은 대학생이 되어 돌이켜본 청소년 삶에 대한 성찰적인 글이다. 입시 공부보다 중창단이나 응원단 활동을 택함으로 최소한의 자기 공간을 지키려 했건, 동생을 통해 세태의 황당한 변화를 받아들이게 되었든, 청소년 시절에 이야기는 이제 청소년 시절을 자칫 완전히 박탈당할 뻔한 당사자들에 의해 본격적으로 써져야 할 것이다. 그런 글쓰기는 그 자체로 해방적일 것이며, 동시에 청소년 문화의 장을 새롭게 넓혀 갈 것이다. 21세기를 살아갈 아이들을 기르는 일에 관련하는 '어른'들은 입시 공부를 잘하는 것보다 과외 활동을 통한 자아 훈련과 다양한 경험을 갖는 것이 실은 더욱 값어치 있는 '교육 자본'임을 하루 빨리 인식해야 하지 않을까?

나의 벽: 고등학교 시절

며칠 전 백양로를 내려 가다가 교내 힙합 댄스 클럽이 공연을 준비하는 것을 보았다. 저녁 여섯 시 경이어서 학교 밖으로 나가던 학생들이 기웃거리기 시작해서 약 400명 가량이 모여 구경을 하려고 기다리고 있었다. 기다리던 학생들은 나름대로 뭔가를 기대하면서 학교가 많이 변해서 이런 공연도 한다는 등의 말을 건넸다. 하지만 그 시간대에 백양로를 내려 가던 대부분 사람들의 반응은 달랐다. "재네들 양아치들 아냐?" "저거 학생 맞냐?"는 식으로 자기와 다른 이들을 폄하하고 접촉도 하기 싫다는 식의 반응을 보였다. 우리를 둘러싸고 있는 사고의 벽이 무척 단단하다는 생각이 들었다.

나는 고등학교 때 모범적인 학생이었다. 하지만 나름대로 입시 체제가 가해오는 압력을 해소하기 위해 무언가를 가지고 있었다. 하나는 서클 활동이었고, 또 하나는 냉소적인 태도, 일종의 학교 생활로부터 거리 두기, 벽 쌓기를 하는 작업이었다. 나는 입시 성적이 높은 고등학교를 다녔다. 성적 위주로 굴러가는 냉랭한 분위기에 적응하기 힘들었고, 그 가운데서도 적응하며 변해 가는 내 모습에 많이 놀랐다. 그때 나를 보호하려고 쳤던 벽이 대학에 들어와서도 쉽게 무너지지 않는다.

우리 학교엔 선생님의 '님'자가 정말로 아까운 교사들도 많았고, 정신적으로 문제가 있다는 생각이 들 정도로 심하게 학생을 구타하는 교사도 있었다. 그래도 개중에는 진짜 선생님도 몇 분 계셨기 때문에 교사들에 대한 직접적인 불만은 그리 크지 않았다. 이 이상한 학교에서 가장 중요하게 생각하는 것은 수능이나 본고사 성적이었다. 그것은 친구들 사이에 인정을 받는 유일한 수단이기도 했다. 점수 앞에선 농구를 잘하건 잘생겼건 인간성이 좋건 다 2차적인 것이었고 성적만 좋으면 모든 결점이 가려진다는 식이었다. 견디기 힘들었다. 결국 나는 중창단에 들어가서 중창단을 하기 위해 학교를 다닌다는 식으로 살았다. 집에서는 내신 때문에 학교를 옮기자는 말도 나왔지만 서클에 정이 들어 전학도 포기했다. 중창단에서는 내가 뭔가를, 공연을 준비하고 단원을 뽑고 무엇보다도 노래를 만들면서 뭔가 만들어 내고 있다는 것을 느낄 수 있었다. 그 자체가 너무 즐거웠다. 서클 활동에 빠져 있으면 힘들게 하는 모든 걸 잊을 수 있었고 자신감이 느껴졌다.

냉소적인 거리 두기에는 실은 나의 그런 자신감이 기반이 되었다. 솔직히 잘난 건 없었다. 그저 다른 친구들처럼 공부에 매여서 모든 걸 걸기엔 내게 선택의 여지가 있었고 실제로 다른 일들에 열심이었다. 하지만 학년이 올라가자 별 수없이 나도 공부를 해야 했다. 교련 교과서를 펼칠 때마다 나에게 이민을 종용 하는 듯했고, 국민 윤리는 고민이라고는 일절 없는 완벽한 생활을 요구하고 있 었다. 어느 곳에서도 내 생활에서의 고민을 덜어줄 수 있는 것을 배울 수 없었 고, 그런 게 알고 싶으면 대학에 가라는 말만 들었다. 그래서 대학을 목표로 삼 고 수능 게임에 들어갔다. 시험은 내게 하나의 게임이었다. 믿지 않는 내용의 지문을 마치 내가 절대적으로 올바른 판단자인 양 정답을 찾아 내고, 게임의 결과로 수능 성적을 즐겼다. 하지만 아무 것도 내 안의 방어막에 들여 놓지 않 았다. 그렇게 벽을 쳐놓은 것이 나를 너무 일찍 굳게 만들어 버린 것 같기도 하다. 그러나 그게 나의 최선책이었다.

나도 앞에 언급한 사람들처럼 사고의 벽이 두터워 대학 와서 적응이 안돼 애 먹었다. 일년이 조금 더 된 지금에 와서야 내가 많이 벽을 허물어 가고 있다고 느낀다. 크게 보면 우리의 교육 현실이 나처럼 벽을 치고 모범생이 되어 변태적 으로 고교 과정을 거치는 인간을 양성하고 있는 것 같다. 교육은 성스러운 부분 이라는 고정관념 때문에 변혁이 쉽지 않다는 생각이 들기도 한다. 하지만 현재 의 교육은 너무 굳어 있다. 학생이 교육의 수혜자인지 피해자인지를 분명하게 되짚어 볼 때라고 생각한다.

■ 글쓴이 정제호는 연세대 인문학부 96학번이다.

열정으로 빛나는 학교 축제

고등학교 입학식이 있기 전날 소집일이었다. 내가 배정받은 반의 담임 선생님 께서 머리를 똑같이 스포츠형으로 깎으라고 지시하셨다. 그날 이발소에 가서 아예 빡빡 밀어 버렸다. 그 후 고등학교 생활은 대체로 무미건조했다. 학교를 다닌다기보다 학원을 다니는 느낌이었다. 내가 할 수 있는 것은 학교에서 하라 고 정해준 것뿐이었다. 그러던 중 나에게 활력을 불어 넣어 주고, 의욕을 갖게 해준 것은 서클 활동이었다. 나의 서클 활동은 고2 때까지 계속되었고, 수학능력 시험장 앞에서 서클 회원들과 함께 춤을 추며 화이팅을 외치고 서클 활동을 마감했다.

그리고 들어간 대학에서 새로이 지니게 된 많은 관심사 중에는 '청소년 문화'라는 것도 끼어 있었다. 그러나 지난 몇 개월간 청소년 문화란 무엇인가 하면서 그 자체에 대해 명확한 이해를 못해 왔다. 아마도 나의 위치가 청소년이라 규정짓는 일반적인 경계에 걸려 있던 때문이 아닌가 한다. 한발 떨어져서 보아야 할지 아니면 뛰어들어야 할지 계속 고민해 왔다. 그러던 중 모교의 축제 기간이 되면서 어떤 식이로든 참여해야 하는 때가 되었다. 그 동안 나는 내가 '문화 생활'을 영위했던 것은 고등학교 때 거의 유일했다는 것을 깨달았다. 실제로 몇몇의 특출한 아이들을 제외하고는 일반적으로 학교의 생활이 전부인 경우가 많다. 그 짤막한 점심 시간과 방과 후 잠깐 동안의 서클 활동이 어떻게 보면 학생들 문화 생활의 거의 유일한 현실적인 대안이 될 수 있는 것이다. 이러저러한 것을 떠나 일년에 한 번 있는 축제는 그들이 소중한 시간을 쪼개어 준비한 것을 보여주는 시간인 것이다.

모교 축제의 대략적인 면모는 다음과 같다. 학생회 주도의 대행사가 있다. 댄스 경연 대회와 노래 자랑, 그리고 모교 출신 가수의 공연이 그것이다. 실질적으로 축제를 이루는 것은 각 서클의 활동이다. 화학반, 생물반, 도서 연구반, 영화 분석반, 각 종교 서클, 합창, 기악, 미술, 보이스카웃이나 청소년 연맹 등, 풍물반, 사진반, 학보사, 문예반, 영어 연구반, 방송반, 독일문화 연구모임, 응원단 등이 행사에 참여했다.

아마도 각 서클이 다루고 있는 것들이 현재 우리에게 일반적으로 알려진 문화의 영역을 거의 모두 다루고 있다고 보인다. 실제로 성인 문화조차 위의 영역에서 벗어나는 것은 소수에 지나지 않을 것이다. 그렇기에 단 이틀에 지나지 않지만 학교 축제가 청소년 문화의 전반을 보여줄 수 있다고 믿는 것이다.

내가 목표로 한 것은 지금 '고등학생'이라는 상황에 처해 있는 이들과의 충분한 대화다. 나는 고등학교 때의 서클이 응원단이었다. 누구나 그렇듯이 한 번 응원단은 영원한 응원단이고, 이번에도 같이 땀 흘리며 무대에 서기로 하였다.

응원단이 하는 일은 모두 알듯이 운동 경기할 때, 마치 전체주의 국가에서처럼 학생들을 무엇에 홀린 듯 하나로 묶는 역할이다. 그 임무를 수행하는 것이 옳으냐 그르냐를 떠나서 응원단의 특성상 청소년들이 동경하는 문화 행위의 맨 앞줄에 서 있다고 해도 과언이 아니다. 90년대 X세대 문화의 대표라 할 수 있는 춤과 요즘 유행하는 록밴드를 운영해 온 것이 응원단이기 때문이다.

응원단에 속해 있는 학생들은— 어느 곳이나 마찬가지겠지만—참으로 다양하다. 그러나 다양한 배경의 구성원들에게는 공통점이 있다. 학교 공부만이 아니라 뭔가 다른 것에 힘을 쏟고 성취해 보고 싶다는 것이다.

현재 응원단장을 맡고 있는 이는 탤런트 지망생이다. 편의상 A로 부르기로 하겠다. A는 부모님에게 자기 과외비로 쓸 돈으로 연기 학원에 다니게 해달라고 말해서 연기 학원에 다니고 있다. 나름대로 뚜렷한 목표를 지니고 있고, 그걸 위해 거침없이 실행하고 있기에 자부심도 대단하다. 그에게 응원단 생활은 공부 말고 다른 길이 있다는 것을 알려 주었고, 응원단장이라는 명예는 자신의 진로에 대한 확신을 드러내는 데 coming out 도움을 주었다고 한다.

안무팀의 대표인 B는 모범생에 가깝다. 연습이 끝나면 집이나 학원으로 바로바로 간다. 그러나 내성적이고 수줍음 많던 그에게, 특히 춤이라는 단어 자체도 몰랐던 그에게 숨겨진 재능을 일깨워준 것이 서클 활동이었다. 지금도 부끄러움을 잘 타지만 일단 무대에 서면 자신이 할 수 있는 것을 모두 쏟아넣는다. 그에게는 쌓인 스트레스의 해소책으로 작용할 수 있는 것이다.

C는 아직 확실히 자기 길을 정하지 못했다. 막연히 고3이 되면 공부해야겠다는 정도이다. 남들이 별 볼일 없이 빈둥댄다고 얘기했을 그가 남과 같이 땀 흘리며 뭔가를 해내고, 단상 위에서 자기를 따라 수천 명이 응원한다는 것을 알면서 스스로의 행동에 자신감이 생겼다.

D는 롯데월드에서 패스트 푸드점 아르바이트를 하고 있다. 집에선 네 갈 길을 알아서 가라고 한다. 자기가 지금 하는 일이 재미있다고 한다. 그러나 계속

하지는 않을 것이란다. 재미있다고 직업으로 삼을 생각은 없고 아직 밝힐 수 없는 계획이 있다고 한다.

E는 일학년이다. 차기 단장으로 점찍혀 있는 상태이다. 아직 미래에 대해 깊이 생각해 보지는 않았지만 연예계 쪽으로 나가겠다고 말했다 죽을 뻔했다고 한다. 아직까지 E에게 있어 춤은 남에게 멋지게 보이려는 수단 이상은 아닌 듯하다.

F는 무용하겠다고 말했는데 부모님이 시큰둥하단다. 그래서 비장의 무기를 숨겨 놓았다고 한다. 누나는 수재이고 자신도 학기 초에는 잘했는데 서클 열심히 하다 성적이 떨어졌다고 한다. 그러나 공부에 미련은 없으며 자기가 하고픈 일을 열심히 하겠다고 한다.

이상이 안무를 맡고 있는 학생들이다. 일단 나는 이들과 생활을 같이 했다. 아침부터 밤 11시 반까지 물만 마시고 연습하고 일부는 새벽 3시까지 하기도 했다. 나도 이 친구들에게 뒤질 수 없어 같이 땀을 흘렸다. 자신의 몸이 이렇게 움직일 수 있었다는 데 놀랐다. 각각 '꾼'으로 소문난 사람이지만 서로 같이 맞추어 가면서 하는 것이 이렇게 힘든 줄 몰랐다. 그 땀에는 몸 속의 노폐물들과 함께 갖가지 쌓였던 스트레스도 분출되고 있었다.

기획팀이라고 살림을 맡는 친구들이 있다. 행사 계획, 포스터나 팜플렛, 식구들의 뒤치다꺼리를 도맡아 해주는 사람들이다. 이들은 무대에 서지도 않는다. 그러나 누구의 강요가 없는 곳에서 자청해서 하고 있는 것이다.

"나는 키도 작고 뿐 아니라 팔도 짧고 다리도 짧고… 그러나 내가 하는 일이 우리 공연을 하는 데 없어서는 안될 것이라는 것을 알기에 자부심을 느낍니다."

이 학생은 흔히 말하는 공부 잘하는 학생도 아니다. 그러나 스스로 머리 싸매 만든 포스터를 보면서 흐뭇한 미소를 짓는다. 나와 같이 뒤풀이할 식당 예약을 하러 가면서, 이런 일 자기 아니면 누가 하냐고 되묻는다. 기획 팀에는 '특이한' 친구는 없다. 그러나 평소에 성실하다고 불리지 않는 사람도 전체를 이끌기 위해 성실하게 움직인다. 그리고 그 속에서 자기의 성과를 스스로 찾아내고 그걸 즐긴다. 교실에서 책에 파묻혀 외우기하고 있을 친구들과 어떻게 하면 더 튀는 포스터를 만들까 고민하는 자신들을 비교해 보면서 즐기는 건지도 모르겠다.

밴드를 맡은 친구들이 자부하는 것은 가장 오래 손발을 맞추었다는 것이다. 응원단 밴드는 지난 2년간 멤버 교체 없이 연습을 했다. (물론 신입회원은 받았다.) 남들은 쉽게 흩어지고, 축제 때면 다시 팀 짜서 나오고 하는데 자신들은 평소에도 같이 연습해서 눈빛만 봐도 안다는 것이다. 실제로 처음 탄생했을 때 틀리지 않는 것에 급급했던 그들이 이제는 무대를 이리저리 뛰어다니면서 여유를 부리고 있었다.

리더격인 3학년생은 기타 학원에서 강사도 하고 있다고 한다. 필기가 없는 S예전에 지원할 예정이라고 한다. 한 명은 사제가 꿈이다. 자신은 음악을 하고 싶은데 집에서 반대한다고 한다. 그래서 음악을 할 수 있는 직업을 찾다 보니 사제 특히 선교를 위한 수도사가 되면 밴드 활동을 할 수 있다고 한다. 게다가 독실한 신자이기에 사제는 하고 싶단다.

드럼을 치는 친구는 남들이 다 잘 친다고 하는데 계속 스스로 못 친다고 한숨 쉰다. 얘기인즉슨 자기는 '곡'으로 연습해서 연습한 것만 할 줄 안다는 것이다. 음악의 천재가 아니라나?

이들은 서로 견해가 틀려 싸우기도 했지만 '타협'이라는 것을 배웠다고 한다. 서로를 칭찬하는 법도 터득했다고 한다.

응원단의 공연이 있던 날 관객은 한 천여 명으로 예상보다 많은 수치였다. 공연이 끝난 후 서로 얼싸안고 기뻐했다. 서로 왕이 된 기분이라고들 했다. 무언가 발목을 잡고 있는 것을 알면서도 자신이 하는 서클 활동에 힘을 쏟고 나니 무엇인가 해소되는 것을 그들은 느끼고 있었다. 성취와 해방이었다.

문예반의 엉성한 듯한 시와 소설, 합창반·기악반의 연주, 생물반의 생전 해보지 못한 산 고양이 해부…. 그들에게는 남들이 무슨 의미냐 했던 것들을 해내고 자신의 한계를 극복해 냈다고 느낀 것들이 스스로에 대한 확신을 갖게 해주었다.

청소년 문화란 '열정'이었다. 우리 사회는 청소년에게서 '열정'을 빼앗아 왔다. 그러나 그 열정이 얼마나 큰 힘을 발휘하게 했는지를 확인할 수 있었다.

더욱이 열정이 스스로의 분출이 아닌 남과 화합하여 개인이 할 수 없는 더 큰 것들을 해내게 해주었다. 이들에게 지도 교사의 도움 같은 것은 없었다.

혹시 기성 세대는 청소년들이 서로 손을 잡는 것을 두려워 했던 것은 아닐까? 청소년의 능력이 발휘되는 것을 두려워 했던 것은 아닐까?

요즘 의욕 있는 사람들이 없다고들 한탄한다. 그러나 분명 있다는 것을 보여주었지 않은가? 단지 그들의 열정이 이틀의 축제 기간에만 반짝이고, 축구장의 '붉은 악마' 사이에서만 엿보이는 것은 아닐까? 그 열정을 계속 지필 수 있도록 하는 것은 누군가 도와주어야 할 일 아닌가?

■ 글쓴이 홍철기는 대학 1학년이다. 내년에 군대 갈 생각으로 그때까지 무슨 일을 하든지 열심히 하려고 한다.

요즘 십대, 그리고 내 동생과 나

요즈음 십대를 특징적으로 보여주는 몇 가지 장면들. TV에서 폭주족을 다룬 장면을 우연히 보게 되었다. 떼를 지어 다니며 갖가지 위험스럽고 아찔하기도 한 포즈를 취하며 도심 차도를 무법천지처럼 질주하는 폭주족들과 그것을 흥미진진하게 구경하는 주변 사람들—구경꾼은 십대에서 이십대 사람들인 것 같은데 박수와 환호로서 이들의 묘기를 관람한다—경찰들은 이들의 뒤를 분주하게 쫓아가지만 어림이 없고, 주변 구경꾼들의 야유만 받을 뿐이다. 이어 폭주족의 인터뷰. "단지 달리고 싶어서 달리는 것뿐이죠. 얼마나 신나는지 알아요? 스트레스가 확 풀려요" "위험하지 않나요?" 기자의 질문에 "물론 위험하죠. 많이 다쳐요. 죽기도 하고. 하지만 달리다가 죽을 수도 있다는 것이 매력이에요. 멋있구요. 여자들이 뻑 가죠."

곧이어 고등학생들의 일일 찻집, 일일 호프 문제를 다룬 프로가 나오는데 화면은 그들이 빌린 술집에서 마치 못된 장난이라도 하다가 급습을 당한 죄인처럼 얼굴을 가리고 고개를 숙이고 있는 학생들을 클로즈업한다. 그 중 여학생

하나가 얼굴을 돌리고 삐딱하게 앉아 있는 상태로 한마디 던지는데 그야말로 짜증나고 거추장스러운 듯한 어투와 목소리로 "아이 짜증나 증말." 마치 전국의 어른들에게 들으라고 하는 것만 같다.

어제오늘의 일은 아니지만 요즈음 십대 청소년들의 겁없는 행동과 이유 없는 반항은 많은 사람들의 입에 오르내리고 걱정의 대상이 되고 있다. 숙제 안해 갔다고 꾸중하는 선생님에게 "아이, 숙제 정도 안할 걸 가지고 되게 그러네" 하며 대드는 아이, 쉬는 시간에 아이들끼리 모여서 친구가 새로 산 반지를 만지작거리고 있을 때 선생님이 다가와 같이 좀 보자고 하니까 선생님과 상관없는 일이니까 간섭하지 말고 매정하게 이야기하는 여중생. 단란 주점이나 사창가에서 흔히 볼 수 있는 '영계'나 그들을 소개해서 거액의 돈을 챙기는 고교 중퇴생들. 짙은 화장에 70년대 복고풍 패션을 하고 밤거리를 다니다 눈이 맞은 남자애와 하룻밤을 지내는 십대 소녀.

지금 교실에는 세 가지 부류의 아이들이 공존한다. 이유 없는 반항의 주인공들, 이들은 더 이상 소수도 아니고 비주류도 아니다. 학교에서 얌전하고 밖에 나오면 다른 얼굴을 하는 이전의 탈선자도 아니다. 자신의 행동과 삶의 방식에 대해서 떳떳하다. 다음으로 그냥 그저 그렇게 시간을 때우다가 집으로 돌아가는 만성적으로 소외된 삶을 살아가는 아이들, 마지막으로 교실의 또 다른 희생자들, 범생이들이 있다. 분명한 것은 탈주하는 십대들의 행동과 의식이 소수의 막가는 애들의 전유물이 아니라는 것이고, 이유 있는, 이유 없는 반항이 늘어가고 있다는 것이다. 아이들은 기성의 모든 권위와 제도들의 위선과 가식을 비아냥거리며 냉소하고 각자 나름대로 개기고 있는 것이다.

내 동생의 이야기를 해보겠다. 73년생이다. 공부도 어느 정도 잘하고 성실하게 학교를 다니던 아이가 갑자기 기타를 잡더니 학교를 중퇴하여 그 길로 나가겠다고 선언했다. 집안이 뒤집혔고 숱한 갈등과 다툼의 과정이 시작되었다. 동생은 학교에서 더 이상의 의미를 찾지 못하겠으며, 자기가 하고자 하는 길에 고등학교 졸업장은 하등의 의미도 없다고 했다. 나는 옆에서 어머니의 적극적인 옹호자로 동생의 말도 안되는 주장에 대해 면박을 주곤 했다. 집안에서 동생의 편은 어느 누구도 없었다. 다들 별종을 바라보듯 했으며 어린 나이에 인생에 패배를 선언하고 부모의 기대를 등져 버린 자식 취급했던 것 같다. 당시만 해도 사회적 분위기가 많이 경직되어 있었고 기타를 치는 것을 바라보는 사회적 시각 또한 상당히 보수적이었다. 지금은 나도 그렇고 부모님도 그렇고 동생이 자기가 하고 싶은 것을 잘 선택해서 다행이라고 생각하고 있으며, 오히려 말썽 한번 일으키지 않고 공부를 잘해서 명문대에는 갔지만 취업조차 불투명한 현실 속에 있는 나의 미래 때문에 더 걱정이신 것 같다. 나도 예전의 중고등학교 시절을 생각해 보면 참으로 한심하기 그지없고 안타까워서 잠도 안 올 지경이다. 한마디로 철저하게 속아 살았다는 분한 느낌이 가시질 않는다. 어떤 사람들은 그래도 성공적이지 않았느냐고 말할지 모르지만 나는 만성적으로 소외된 삶을 살았다. 사고할 줄 모르고 그냥 불편해도 다른 방법을 모르니까 참고만 지내 왔던 것이다. 참는 것에 너무도 익숙해져 버린 우리들. 학교에서의 그런 삶의 모습이 사회에 나가서도 그대로 이어짐을 목도한다. 관성화되고 타성화되어 어떤 문제에 대해서도 체념과 침묵으로 일관한다. 그냥 그렇게 살아왔기 때문에, 그것이 그냥 편하고 좋기 때문에.

조금 경제적으로 못살아도 자기가 하고 싶은 것을 하면서 사는, 의식과 실천의 만성적인 괴리 상황, 소외 상황을 용납하지 않는 용기가 필요하다.

■ 글쓴이 이상은 연세대 사회학과 91학번이다.

지구촌 학교

일본의 대안 학교가 만들어진 역사
—— 다바타가야
프랑스 청소년의 삶
—— 프랑스와 뒤베

위쪽의 사진은 프리다스의 모습
왼쪽부터 97년 3월 23일에 열린
"부등교 경험과 그에 대한 생각"을
주제로 열린 아이들에 의한
어른들을 위한 토론회.
기획부터 운영까지 아이들이
주체적으로 해냈다.
두번째는 벼베기, 세번째는 방안 풍경,
벽에 변영주 감독의 영화
「낮은 목소리」 포스터가 붙어 있다.
아래쪽은 토교 슈레 모습
왼쪽부터 96년 10월 27일에 있었던
통나무집 준공식,
수업하는 모습,
스태프와 아이들

토교 슈레에서 유라시아 대륙 횡단
여행중 몽골 초원에서

일본의
대안 학교가
만들어진 역사

다바타가야

아이들의 가능성을 믿고
그 성장을 지켜봐 주어야 할
어른들이 오히려 아이들을
통제하고 그 가능성마저
없애 버리지는 않았는가?

학교에 가지 않는 아이들

나는 눈을 감고 잠시 학교에 가지 않는 아이들에 대해
회상해 본다. 지금도 내 머리에서 사라지지 않는 옛날
풍경들이 떠오른다. 당시의 느낌과 함께. 생각해 보면
내 주변에는 언제나 학교에 가지 않는 아이들이 있었
다. 그들을 만나는 일은 어렵지 않았다. 내가 태어난
1967년 일본은 고도 경제 성장을 달성하고 나서 1945
년 패전 후부터 정신없이 달려 온 터라 한숨 돌리고
있을 때였다. 또한 60년대는 월남 전쟁 반대 운동, 일
본과 미국 간의 안보 조약 반대 운동 등을 비롯한 학
생, 시민 운동이 전국적으로 일어난 시대였다. 그 열기
는 70년대에 들어 여성 운동, 환경 운동으로 이어졌다.
회사일이나 정치에 바쁜 어른들은 아이를 학교에 맡

긴 채 방치했다. 60년대에 일본 문부성이 내세운 교육 방침은 국제적인 고도과학기술 경쟁을 배경으로 한 '교육 내용의 현대화'였으며, 학교 교육은 더 능력주의적이고 주입식으로 행해졌다. 당시 학교에서는 '민주 교육'이라는 이름 하에 한 명이라도 공부에 낙오하는 아이가 없도록 철저한 교육을 실천하는 데 열을 올렸다. 그러나 우리에게 남겨진 아이들과 교육 현장을 둘러싼 6, 70년대 역사는 청소년 범죄 증가, 본드 흡입, 폭주족, 포르노, 오락실, 매춘, 학원 난입 등의 말로 대변할 수 있다. 그리고 80년대에 들어서는 학교 내 폭력, 가정 내 폭력, 부모 살인, '이지매(집단 괴롭힘)', 자살과 같은 말로 이어진다.

따라서 내가 초등학교를 다닌 70년대는 물질적으로 충족된 아이들의 생활이 많이 혼란스러워졌을 때였다. 대부분 아이들의 부모는 일하느라 낮에 집에 없었으며, 학원이나 오락실, TV만이 방과 후 아이들의 놀이의 전부였다. 한 반에 한 명꼴로 학교에 가지 않는 아이들이 있었으며, 그들은 '등교 거부'라 불렸다. 부반장을 맡은 나는 방과 후 선생님과 함께 그 아이의 집으로 찾아가 학교에 나오도록 설득하기도 했다. 그러면서도 한편으로는 학교에 안 나오는 것이 좋겠다고 느꼈으며, 어린 마음에 답답했던 기억이 난다. 그 아이를 결코 따뜻하게 받아들일 것 같지 않은 학교 현실을 나름대로 느끼고 있었기 때문이다.

자녀 교육에 위기감을 느낀 우리 부모는 나를 학원에 보내지 않았고, 집에는 TV를 두지 않았다. 나는 부모의 마음을 이해하지 못해(당시 TV와 학원은 아이들의 필수였다) 말썽을 부렸지만, 학원을 다니고 TV를 보는 꿈은 중학생이 될 때까지 이루어지지 않았다. 우리 부모는 자식을 올바르게 키우고 싶어 그 당시 생기기 시작한 사립학교에 아이를 보내는 것까지 생각했지만, 비싼 학비 때문에 포기할 수밖에 없었다. 알레르기 피부염과 가벼운 천식을 앓은 나와 동생은 시골 바닷가에서 열리는 현미식(玄米食) 캠프에 참여하기도 했다. 70년대 당시 각종 알레르기에 걸리는 아이들이 많아지면서 그 원인이 공해나 식품 첨가물, 정신적 스트레스에 있다고 경종을 울리고 삶의 질을 다시 생각하는 모임들이 생겨난 것이다.

우리 부모는 여러 번 시행착오를 되풀이했으며, 우리집은 다른 집과는 조금 다른 분위기였다. 보통 부모와 달리 공부해라, 학교에 가야 한다고 하지 않았으며, 나도 학교에 가고 싶지 않은 날은 학교에 가지 않고 집에서 하루종일 책을 읽거나 그림을 그리거나 어머니와 요리를 하면서 조용히 지냈다. 책상 앞에 앉아 한 시간마다 다른 과목을 배우고 선생님이 시키는 대로 빨리 해내는 것을 최고의 미덕으로 여기는 학교 생활에 가끔 숨이 막혀옴을 느꼈던 나는 집에서 혼자 하고 싶은 일을 할 수 있는 여유를 즐겼다. 다행히 이렇게 스트레스 해소를 할 수 있었던 나는 '등교 거부'로 불릴 정도로 결석하지는 않았다. 만약 내가 학교를 쉬지 못했으면 그런 가능성은 언제나 있었다. 그래서 학교 가지 않는 아이들 문제는 남의 문제가 아닌 바로 내 자신의 문제라고 느낀다.

아이보다 어른이 더 심각한 문제

80년대 일본은 겉으로 보기에는 참 화려한 시대였다. 호경기를 누리는 사람과 문화들의 등장, 생활은 편리해지고 한없는 향락, 고도 산업화는 원하면 모든 일을 가능하게 만들었다. 그러나 아이들에게 있어서는 결코 행복한 시대는 아니었다. 80년대 가수 오자키 유타카(尾崎豊)는 그가 작사 작곡한 노래에 아이들의 호소를 담아 동세대 십대들에게 큰 인기가 있었다. 그의 「졸업」이라는 노래는 당시 사회 현상을 반영하기도 했을 정도로 아이들의 마음을 대변하고 있었다.

예의 바르고 성실하게 살 수는 없었어. 밤에 학교 창문을 깨뜨리고 다녔지.
반항도 하고 발버둥도 쳐봤다. 빨리 자유로워지고 싶어서.
믿을 수 없는 어른들과의 싸움 속에서 도대체 무엇을 용서하고 이해할 수 있었는가.
지긋지긋했지만 그냥 지냈다. 단지 한 가지 알았던 것은 이 속박으로부터의 졸업.

실제로 학생들이 졸업식 때 이 노래를 부르며, 학교 창문을 깨뜨린 사건이 있었다. 7, 80년대 일본 교육 현장은 큰 미로에 빠져 있었다. 지나친 점수 위주 교육에 아이들은 점점 황폐해 갔다. 어른들은 그러한 아이들을 보고 당황하며,

아이들을 더욱 통제하려고 했던 것이다.

내가 80년대 후반 대학 시절에 과외를 한 아이도 초등학교 5학년 때부터 학교를 가지 않게 된 14살 소녀였다. 나는 가정학습지를 판매하는 회사에서 학습 보조원으로 파견되었다. 회사 사원에 의하면 "학교를 가지 않는 아이가 늘어남에 따라 가정학습지가 많이 팔린다"는 것이었다. 그녀의 부모도 오랫동안 학교를 가지 않는 딸이 학교 공부를 못따라갈까 봐 걱정해서 가정학습지를 구독하기로 했지만, 전혀 공부를 하지 않아 내게 과외를 부탁했다. 그녀는 처음에는 나를 상대지도 않았다. 하루종일 가정용 오락기 앞에 앉아 화면 속의 주인공이 빨리 목적지까지 갈 수 있게 하는 방법을 찾아내 공책에 기록했다. 3주 정도 아무 말도 없던 그녀가 어느 날 갑자기 나한테 만화 등장 인물들이 그려진 두꺼운 공책을 보여줬다. 나는 너무 기뻐 그림에 대해 물어 봤지만, 아무 대답도 없었다. 사람을 경계하는 눈을 보면 그녀의 마음의 상처를 알 수 있었다.

그녀와 지내는 것에 익숙해진 나는, 오히려 학교를 다니게 해달라, 공부를 시켜 달라고 부탁하는 부모의 존재가 부담스러워졌다. 그 가정을 보면서 점차 느낀 것은 아이보다 어른이 더 심각한 문제를 안고 있다는 것이었다. 그녀는 나에게 학교 생활에 적응하기 어렵다는 것, 어쩌다 학교를 가도 친구가 없다는 것, 교실에서 '이지매'를 경험한 것들을 이야기했으며, 나는 학교를 가지 않아도 좋으니 여러 경험을 해가면서 앞으로 하고 싶은 일을 찾으라고 했다. 그런데 부모는 끝까지 그녀를 괴롭혔다. "학교는 즐거운 곳", "학교는 매일 가야 하는 곳", "아이는 학교를 가는 것이 일" 등의 말들은 학교를 가기 싫어하는 그녀에게 스트레스만 주었다. 선생님이나 부모는 그러한 그녀의 외침을 무시한 채 마치 정신에 문제가 있는 것처럼 '등교 거부'라 불렀으며, 학교에 가기만 하게 하는 것이 목표였다.

교육적 대응 모색
일본 정부 문부성은 1966년부터 학교 가기가 싫어 연 50일 이상 결석한 아이를

'등교 거부'로 규정하여 「학교기본 조사보고서」에서 통계로 다루고 있다. 94년도 자료에 의하면 초등학생은 전체의 0.14%인 12,240명이, 중학생은 전체의 1.10%인 51,365명이 학교를 가지 않는 아이들이며, 초등학생보다 중학생이 더 많다는 것을 알 수 있다. 최근 출생율이 70년대부터 떨어짐에 따라 학생수도 감소 추세인 데 비해 학교를 가지 않는 아이들 수는 초중 양쪽이 점차 증가 추세에 있다. 사태가 심각해지자 「보고서」는 91년도부터는 30일 이상 결석자에 대해서도 조사를 시작했다. '등교 거부'는 당초 본인의 성격에 원인이 있다고 해석되었지만, 92년 문부성이 발표한 「학교부적응대책 조사보고서」에서는 모든 아이들에게도 일어날 수 있는 것으로 시점이 전환되었다. 아이들에게는 마음의 지주가 필요하다고 교육적 대응 모색을 시작한 바 있다. 문부성은 95년도부터 임상 심리사나 심리 카운셀링 전문가를 정기적으로 초중고교에 파견하고 있지만, 문제를 근본적으로 파악하는 데는 부족하다는 지적을 받고 있다.

정부 자문기관인 중앙교육심의회는 1995년 「21세기를 전망한 교육」이라는 심의에서 '학교 주5일제'를 실시하여 아이들이 더 여유로운 생활을 보낼 수 있게 하자고 제안, 그 해부터 학교 주5일제는 격주로 실시되고 있다. 그러나 학습 내용은 변화가 없고 학원 비중이 더 커졌으며, 아이들에게 여유가 주어졌다고 볼 수 없는 실정이다. 현재 학원을 다니는 초등학생은 4학년 25%, 6학년 43%, 중학생은 60%이며, 이 숫자는 70년대에 비하면 급격히 증가하고 있다. 기업 경영자 단체인 경제동우회가 1995년 발표한 「학교로부터 '合校'로」라는 교육개혁안은 획기적인 내용과 교육과 경제의 관계에 대해 논의를 일으켜 화제가 되었다. '갓고오(학교)'를 같은 발음의 '合校'로 표기한 의미는 현재 학교를 "비중을 줄이고, 교육에 다양한 사람이 참여할 수 있게 하며, 아이들이 다양한 집단 속에서 성장할 수 있는 **合校**를 지향하는 것에 있다"고 한다.

그 내용을 좀더 살펴보면, 가정이나 지역 사회가 아이들의 교육을 학교에 너무 의존해 버린 것을 시정해 학교에서는 기초적인 교육을 전문 교사가 하고, 음악이나 그림, 연극, 기타 체험 학습 등은 지역 사회에서 자유 교실로 운영한다는 것이다. 아이들을 학교 안으로 가두었던 기존의 학교 교육에 대한 중요한 지적이라고 볼 수 있는 반면, 학교를 기초 교육 장소로 축소시키는 데에는 우려하는 목소리도 크다. 그리고 경제계가 교육에 대한 비판에 나선 것을 우려하는 사람들도 있다. 일본 경제가 정체되는 가운데 앞으로 일본 경제를 살릴 수 있는 기업 쪽에서의 인재 육성이 목적이라는 비판적인 의견도 있다.

새로운 교육 운동

경제계가 제안한 학교 밖 교육은 현재 일본에서 활기차게 벌어지고 있는 새로운 교육, '프리 스쿨 free school'의 모습과 유사하다. 많은 아이들이 학교 밖으로 나가 자신에 맞는 교육을 찾는 듯 경제계도 기존의 학교에서는 찾을 수 없는 새로운 교육의 모습을 발견한 것이다. 일본 각지에서 새로운 교육 운동을 시작한 것은 1980년 전후라 볼 수 있다. 앞에서 말한 대로 60년대의 주입식 교육에 의한 폐해는 대량의 '낙제생'을 생기게 했으며, 70년대에 들어가서는 학교 폭력, 비행 탈선 행위 등으로 이어졌고, 80년부터 '이지매'가 학교마다 심각한 문제로 확산되었다. 이런 속에서 '또 하나의 학교'를 찾는 목소리가 커졌으며, 각 지역 사회에 작은 모임들이 나타나기 시작한 것이다. 숫자로서 보고가 안되는 잠재적 '등교 거부'를 포함해 아이들 사이에 학교 혐오나 학교 기피 감정이 퍼지면서 새로운 교육 운동 속에서는 '등교 거부'라는 말보다 더 넓은 뜻이고 아이들의 주체성이 나타난 '부등교(不登校)'라는 말을 쓰는 사람들도 나타났다. (여기서는 '등교 거부'라는 말을 쓴다.) 모임을 만든 사람들의 대부분은 자신의 아이들이 학교를 가지 않게 된 아이의 부모들이었으며, 그들은 전후에 태어난 6,70년대 운동권 세대라는 점도 흥미롭다. 일본 시민운동이 지역 사회에서 뿌리를 내리고 큰 역할을 하게 된 대표적인 한 예가 새로운 교육 운동이라고도 할 수 있다.

일본에서는 새로운 교육 운동으로 생겨난 '또 하나의 학교'를 여러 이름으로 부르고 있고, 그 규모나 내용도 다양하기 때문에 통계적으로 나온 숫자는 찾을 수 없다. 한 개인이 운영하는 「등교정보센터」의 조사에 따르면 '또 하나의 학교'

는 크게 네 가지, '프리 스쿨 free school'과 '프리 스페이스 free space', 그리고 공공 기관인 '적응 지도 교실'과 '서포트 support교(校)' 등으로 나눌 수 있다. 프리 스쿨은 교육 운동에서 생겨난 민간 운영 교실이며, 현재 전국에 600개 정도 있는 것으로 추정된다. 보통 그 지역 부모들이 자금을 출자해서 만든 학생수가 50명 이하인 작은 규모이다. 시간표를 만들어 수업을 하는 곳도 있지만, 많은 체험 교육과 행사, 보통 아이들의 자율적인 참여, 연령을 초월한 교실 운영, 아이와 부모와 교사와의 대등한 관계 등이 특징이라 할 수 있다.

이와 아주 흡사한 것이 전국에 50개 정도 있는 프리 스페이스인데, 이것은 보통 학습에 초점을 두지 않는다는 이유로 이 명칭을 선택한다. 그러나 여기서 행해지는 다양한 놀이나 체험 교육 등이 바로 진정한 학습이라는 의견도 있어 프리 스쿨과 구분하기가 어렵다. 그런데, 이 두 가지 외에도 일본에서 많이 볼 수 있는 소규모 학원 중에는 학교를 가지 않는 아이들을 적극적으로 받아들여서 색다른 교육을 실시하는 곳도 적지 않아 통계로 정리하기가 어렵다. 특이한 것은 '무허가 학교'로 민간의 손으로 운영되고 있다는 점이다. 그런데 80년대 프리 스쿨 운동은 획일적인 교육 방침을 갖었던 기존의 학교 교육 행정에서 거절당하며, 배제되었다. 많은 프리 스쿨 중에는 아이들을 감금시키는 등 인권 문제로 사회에서 비판받을 만한 학교도 나타나 새로운 교육에 대해 불신감을 갖게 하기도 하였다. 이런 사회에서의 달갑잖은 시선, 자금난 등 어려운 요건 속에서도 새로운 교육 운동은 확실히 아이들에게 필요한 것이었으며, 아이들과 그 부모들, 지역 사회 자원봉사자들이 대등한 관계로 만들어 가는 올바른 프리 스쿨이 곳곳에 생겨났다. '등교 거부'를 계속하는 아이들에게는 각자 다양한 그들 나름의 이유가 있으며, 프리 스쿨은 그들이 유일하게 의지할 수 있는 안식처가 되어 왔다.

이와 대조적으로 각 지방 자치체가 운영하는 적응 지도 교실이 전국에 600개 정도 있다. 90년대에 들어와 정부가 '등교 거부' 문제 대책으로 시작한 것으로 주로 아동회관이나 시민회관과 같은 공공시설에 설치되었으며, 상담이나 학습

지도 등을 받을 수 있다. 서포트교라는 곳은 통신 고등학교 졸업 자격을 얻기 위해 실습 교육을 위탁 받아 하는 곳으로 고등학교를 가지 않는 대학검정시험 응시자가 늘어남에 따라 그 역할이 커지고 있는 곳이다.

새로운 교육 운동 실천이라 할 수 있는 프리 스쿨의 대표적 학교인 '도쿄 슈레(東京 shure)'의 예를 들어 본다. 슈레 shure는 그리스 말로 '정신을 자유롭게 쓰는 장'이라는 뜻으로, 1985년 도쿄에 개설 이후 그 획기적 교육 이념은 국내외에서 많은 관심을 모아 왔다. 설립의 중심적인 인물 오쿠치 게이코(奥地圭子)는 자신의 아이가 학교를 안 가게 되자 부모간의 교류의 필요성을 느껴 1983년 '등교 거부를 생각하는 모임'을 만들었으며, 현재는 전국 70여개 모임과 연대 활동을 펼치게 되면서 명칭도 '등교 거부를 생각하는 전국 네트워크'로 바꿨다. 현재 도쿄 3군데에서 활동을 하고 있으며, 6살부터 20살의 다양한 아이들이 다니고 있다. 회원제로 운영하는 이 모임에서는 매일 다니는 정회원이 200명 정도 있으며, 그들은 다양한 프로그램에 자주적으로 참여하고, 활동을 직접 계획하기도 한다. 활동은 다음 8개로 나눌 수 있다. ('도쿄 슈레' 안내서에서 발췌)

1. 수업 강좌 시간 ; 학교와 같은 교과목 시간과 피아노, 춤, 컴퓨터, 그림 등의 각종 강좌가 있으며, 전문 스탭이 담당한다.
2. 여러 가지 경험하는 시간 ; 일주일에 하루는 자유로운 활동 시간이다. 손으로 만들기, 견학, 스포츠, 요리 등을 아이들 스스로 계획해서 스탭과 의논하면서 함께 한다.
3. 운영 회의 ; 학교 규칙이 없는 대신에 문제가 생길 때마다 스탭과 아이들은 대등하게 이야기를 나눈다. 큰 행사나 수업 내용, 활동 계획 등도 함께 검토한다.
4. 실행위원회 ; 행사를 할 때마다 아이들이 중심이 된 실행위원회를 구성, 계획에서 실행까지 이야기 회의를 가진다. 요즘은 통나무집 건설, 영국 여행, 오키나와 연수, 지역 라디오 프로 담당 등이 있다.
5. 서클 ; 아이들이 취미 활동을 같이 하는 친구들과의 모임이며, 음악, 스포츠, 공예 등의 서클이 있다.
6. 자주 타임 ; 프로그램 중에 빈 시간이나 프로그램에 참석하지 않는 아이들이 지내

는 시간을 이렇게 부른다. 학교에서는 여유가 없는 시간표로 할 일이 다 정해져 있지만, 여기서는 각자가 자유롭게 지낼 수 있는 시간이 있으며, 하고 싶은 일을 한다.

7. 「도쿄 슈레 통신」의 편집, 발행 ; 현재 월간으로 123호를 넘은 아이들이 편집하는 통신이며, 한달의 활동 보고, 여러 특집 기사, 고민 상담 등으로 되어 있다.

8. 연간 행사 ; 아이들의 자주성과 사회성을 키우며, 경험을 풍부하게 하고 자연과 사람들과의 교류를 목적으로 한 여러 행사가 있다. 요즘에는 아이들이 지은 통나무 집에서의 합동 합숙, 스키 합숙, 연극이나 합창이 발표되는 크리스마스회, 등산, 기구 제작, 미국 프리 스쿨과의 교류 여행 등이 있었다.

이러한 '도쿄 슈레'의 활동이 널리 알려지면서 등교 거부에 대한 사회적 편견이 점점 없어졌으며, 지방에 크고 작은 프리 스쿨들이 생겼다. 도쿄 슈레를 다닌 아이들이 당당하고 건강하게 지내는 모습이 전해지자 부모들의 반응도 바뀌기 시작해 학교에 집착하지 않게 되었으며, 이것이 등교 거부를 증가시킨 요인의 하나라고 평가되고 있다. 앞에서 쓴 문부성의 인식 변화에도 큰 영향을 미친 것으로 알려 있는데, 특히 2년에 걸친 양심적인 국회의원과의 운동으로 실현된, 학교 이외의 장소를 다니는 아이들이 전철을 이용할 때 '실습용 통학 정기권' 사용이 가능해진 것은 큰 성과였다. 학교 측의 반응도 많이 변했다. "'도쿄 슈레'에 갈 수 있는 아이라면 학교에도 다닐 수 있을 것이다"라고 이해가 없었던 초기에 비해, 요즘은 "아이들에게 맞는 환경 속에서 성장하는 것이 좋다"고 '도쿄 슈레'를 다니는 것을 인정해 학교에서 진급, 졸업 처리를 해주게 되었다. 이로 인해 '도쿄 슈레'를 다니는 아이들 모두가 학교를 졸업하고 있다고 한다.

이러한 변화는 92년에 문부성이 발표한 "등교 거부는 누구에게나 일어날 수 있는 것"이라는 인식에도 크게 작용했으며, 민간 교육 시설의 존재를 긍정적이고 적극적으로 인정하는 방향으로 바뀐 것이다. 그런데 한 가지 문제가 생겼다. 그 반년 후 문부성이 학교 수업을 거부한 아이들이 민간 교육을 받는 경우 그 출석 일수를 학교 출석으로 인정해 준다는 더 구체적인 대책을 마련한 것이다.

통학 정기권 사용 허가, 출석 처리 등, 민간 교육이 공식적으로 인정된 것을 알게 되자 부모와 아이들은 "출석으로 인정된다"는 이유 하나만으로 '도쿄 슈레'에 모여들기 시작했다. 일반 학교 교사 중에는 '도쿄 슈레'에 출석 여부를 문의하는 전화를 걸어 일반 학교처럼 아이들을 관리하려고 하는 사람도 나타났다. 이러한 현상들은 '도쿄 슈레'의 본래의 목적인 출석으로 평가하지 않고 아이들의 자주성을 인정하는 교육과 전혀 다른 방향인 것이다. 어떤 부모들은 "'도쿄 슈레'도 다닐 수 없다"고 자신의 아이가 집에서 지내는 것을 필요 이상으로 비관한다.

이렇게 바람직하지 않은 분위기가 형성되는 가운데 '도쿄 슈레'에서는 현재 또 하나의 시도를 시작했다. 이것이 '홈 애듀케이션 home education', 즉 가정에서의 교육 운동이다. 1994년 9월에 '도쿄 슈레'가 개최한 '나는 집에서 지내고 싶어! 홈 스쿨링·홈 에듀케이션·부등교에 대해 생각하는 우리나라 처음의 국제 심포지움'에는 당일 900명이 넘는 사람들이 모였다. 미국과 영국의 '홈 에듀케이션'이 소개가 되면서 1994년 11월부터 '홈 슈레 home shure'가 본격적으로 시작되었다. 또 하나의 새로운 교육인 '홈 슈레'는 현재 200여의 가정이 회원으로 되어 있으며, 아이와 부모는 한달에 한 번 보내오는 통신으로 여러 정보들을 접할 수 있다. 아이들을 대상으로 한 통신 내용은 다음과 같다.

1. 각 개인과 커뮤니케이션하기 위한 장 ; 등교 거부에 관한 정보 제공, 고민 상담, 편지나 시 등을 자유롭게 표현할 수 있는 장
2. 생활 경험을 풍부하게 하는 정보 ; 동물 사육, 목공, 영화, 음악 등
3. 학습 교재나 지적 흥미 관심을 넓히는 정보 ; 학교 학습과 같은 기초적 학습과 에이즈나 환경 문제 등 현대를 살아갈 때 필요한 정보를 제공하는 내용이 있다. 초등학생은 학년별로, 중학생 이상은 분야별로 선택할 수 있게 되어 있다.

각 가정에서 지내는 아이들은 이러한 내용이 담겨져 있는 7,80페이지 가량의 통신을 받아 읽고 경험을 해보고, 편지, 상담, 창작, 그림, 학습상 지도를 받고

싶은 것에 대해서는 사무실로 보낸다. 전화, FAX, PC통신을 통한 상담도 가능하며, 전문 스탭이 대응한다. 아이들이 보낸 창작에 대해서는 다음 호에 싣기도 하며, 아이들의 필요에 따라 그 지역에서 받을 수 있는 체험 교육 장소를 소개한다. '도쿄 슈레' 홈 페이지; http://www.t3.rim.or.jp/~shureoji/

지방의 소규모 대안 학교

'도쿄 슈레'와 대조적인 대안 학교로 지방의 소규모 모임을 소개하고자 한다. '도쿄 슈레'보다는 훨씬 작고 열악하지만, '프리다스'는 지역성과 아이들의 적성에 맞는 새로운 교육으로 호평을 받고 있다. 프리 스쿨이라는 말을 거부하고, 시간표가 없는 더욱 자유로운 아이들의 안식처가 되자는 의미로 프리 스페이스라고 부르고 있는 곳이다. 프리 free라는 말과 만화 제목의 합성어로 말 그대로 '자유입니다'라는 뜻인 '프리다스'는 일본 서쪽에 위치한 인구 약 45만인 전형적인 지방 도시 마츠야마(松山)에 있다. 창설자 기무라 에츠코(木村衣月子)씨는 도쿄 근교의 지방 도시에서 이곳에 이사왔는데, 당시 초등학생이었던 두 아들은 전에 다녔던 곳보다 관리 교육이 더 심한 마츠야마의 초등학교를 가지 않게 되었다. 온몸으로 학교 거부를 하는 아이들 앞에서 어머니인 그녀가 더 혼란에 빠졌다. 학교나 상담 기관에 호소해도 피해 망상으로 처리당하며, 부모 탓으로 비난당했다. 분노와 불안, 고통 속에서 기무라씨는 "이 문제는 경험자가 아니면 잘 모르며, 같은 처지에 있는 부모끼리 의지해 보자"고 '부등교를 생각하는 모임'을 결성해 서로 고민을 이야기하면서 아이들을 위한 모임을 만들게 되었다. 1991년에는 마땅한 장소도 없어 동네 회관의 방을 빌려 아이들과 모이기 시작했다. 가장 어려웠던 점은 "아이들이 무엇을 원하는지를 찾는 것이었다"는 그녀는 '프리다스'의 주역은 항상 아이들이어야 된다고 생각해 왔다. "학교를 못 가는 자신에 가책을 느끼는 아이, 위에서 억압적으로 지도하는 학교적인 것에 대해 온몸으로 저항해 왔던 아이들이 어떻게 하면 편안해지고 자신들이 있을 곳을 만들어 갈 수 있는지, 어른들의 이기주의를 강요하는 것이 아닌지를 항상 염두에 두었다"고 한다.

그래서 '프리다스'는 프리 스쿨이 아니며, 프리 스페이스라는 말을 고집한다. '학교적인 것'을 거부한 아이들을 위한 쉼터이며, 아이들이 스스로가 자유롭게 지낼 수 있는 곳을 소중히 여기기 때문이다. 현재 초등학생부터 고등학생까지 15명의 아이들이 나오고 싶을 때 나와 하고 싶은 일을 한다. 일주일에 두 번은 하루를 함께 지내는 날이 있으며, 아이들이 계획한 일을 하기도 한다. 요리, 과자 만들기, 수공예, 영어 회화, 도예 등이 아이들이 자주 하는 인기 메뉴이다. 스키나 연극 감상, 낚시 등 밖으로 나갈 때도 많다. 아이들이 일본 근대사를 알아보며, 역사 사진전을 개최한 적도 있다. 손재주가 있는 아이들이 많아 자신들의 작품을 팔기 위해 바자를 열기도 하는데, 아이들은 손수 만든 수직품, 도자기, 악세사리, 과자 등을 준비하며 수입의 일부를 운영비로, 나머지는 용돈으로 갖는다. '프리다스'는 주로 아이들의 부모가 낸 회비로 운영되는데, 경제면에서는 지방 신문사가 지원금을 준 적도 있지만, 많은 어려움이 있다. 아이들이 가지고 온 물건으로 좁아진 모임터는 여러 번 이사를 했고, 지금은 극단 사무실이었던 판자집을 빌리고 있지만, 월세 마련하는 것이 어렵다.

슬픈 현실들

나는 다시 눈을 감고 생각해 본다. 일본 아이들과 한국 아이들이 행복하게 살고 있는지. 그런데, 지금 그들이 놓여 있는 슬픈 현실에 가슴 아프다. 요즘 일본도 한국도 아이들 문제로 많은 고민을 안고 있다. 바다를 건너 전해지는 일본은 초등학생 살인 사건의 범인이 이웃 중학생이었다는 것에 나라 전체가 충격을 받고 있다. 한국에서는 학생들의 집단 괴롭힘과 여고생 출산 사건 등을 센세이셔널하게 보도하며 아이들의 폭력과 성 문제가 위험 수위를 넘고 있다고 사회가 동요하고 있다. 그러나 내가 정말로 슬프게 느끼는 것은 이러한 사건들을 바라보는 어른들의 태도이다. 아이들이 일으킨 여러 문제를 보도하는 자세는 아이들을 진심으로 걱정하는 모습이라기보다는 하나의 자극적인 화면을 즐기는 것 같다. 일본에서 초등학생 살인범을 찾는 동안 대중매체는 마치 추리 드라마를 보는 듯했으며, 중학생이 저지른 것이라고 보도되자 컴퓨터 통신 속에서는 그 중학생에 대한 정보가 흥미거리로 유포되었다. 한국에서도 학생들의 폭력이 심각해지자 매 맞는 학생 모습을 몰래 카메라로 찍어 뉴스로 보도한 적이 있다. 여고생이 출산한 현장을 찾아 가거나 그 학생의 평소의 모습을 묻는 등의 보도 자세는 과연 문제 해결에 도움이 되는 것인가? 아이들이 황폐해지는 모습을 보고 이해하지 못하는 어른들은 요즘 아이들을 악마 같은 존재로 묘사해 위험이나 공포만을 자극하고 있다. 이러한 어른들의 태도는 남의 불행을 자극적인 게임으로밖에 느낄 수 없는 아이들을 만들고 있으며, 어른들에 대한 아이들의 불신은 더욱 커지고 있다.

내가 만난 새로운 교육 운동을 하는 어른들에게는 공통점이 있었다. 그것은 아이들 문제를 어른 자신의 문제로, 사회의 책임으로 받아들이고 있는 점이다. "어른은 아이들에게 무엇인가를 하도록 강요하거나, 열심히 무엇인가를 해주려고 해도 아이들에게는 흥이 생기지 않는다. 결국 어른은 아이들에게 아무 것도 안하는 것이 최고"라는 말에는 우리가 아이들과 교육 문제를 생각할 때, 많은 힌트가 있는 것 같다. 아이들의 가능성을 믿고 그 성장을 지켜봐 주어야 할 어른들이 오히려 아이들을 통제하고 그 가능성마저 없애 버리지는 않았는가? 아이들은 학교가 많은 문제를 안고 있다고 여러 형태의 신호를 보내고 있다. 그러나 어른들 사이에서는 그 신호를 너무나 쉽게 무시하는 학교 지상주의가 아직도 뿌리 깊게 살아 있다. 프리 스쿨이나 프리 스페이스의 새로운 시도들을 보면 아이들이 원하는 환경이 학교에는 없다는 슬픈 현실을 뼈아프게 느낀다. 학교 밖에서 지내는 아이들이 너무나 힘있고 매력적이기 때문이다.

■ 글쓴이 다바타가야는 일본에서 대학을 나온 후 한국으로 건너왔다. 이화여대 대학원 여성학과에서 "일제시대 조선에서 살았던 일본 여성"에 관한 논문을 썼고, 지금도 연구를 계속하고 있다. 한국에서 산 지가 6년이 되었고, 아시아 여성학 센터 프로젝트 연구원으로 일하고 있다. 특히 한일간 여성 교류에 기대와 관심을 갖고 있다.

프랑스
청소년의 삶

프랑스와 뒤베

청소년기는 경쟁과 시장의
자유주의와, 개인주의적 문화의
자유주의가 서로 부딪히고
대립하는 인생의 한 시기다.

머리말

프랑스의 경우 18세까지는 거의 100%가, 20세까지도 2/3이상이 학교를 다니고
있는 상황에서, '청소년 사회학'이 '학교 사회학'으로 대체되는 건 필연적이라
하겠다. 그렇다고 해서 청소년들을 더 이상 사회의 한 구성원으로 정의하지 않
겠다는 건 아니다. 여기서 내가 말하려는 건 청소년이 학교에서 차지하는 위치
가 청소년기의 경험을 형성하는 데 근본적인 요소의 하나가 되었다는 것이다.

청소년들이 학교와 불가분의 관계에 있는 건 두 가지 주된 이유에서이다.

첫째는 청소년기의 연장 자체가 교육 제도와 연관되기 때문이다. 학교에 가
지 않거나 직업 교육도 받지 않는 학생들이 상당수인 건 사실이나, 청소년들이
실사회 생활에 들어가는 시기와 방식을 결정하는 건 여전히 학교라는 것이다.

둘째는 학교가 청소년들을 모아들여 그들로 하여금 스스로 청소년임을 경험
하게 하는 장이면서 동시에, 청소년들에게 자격과 사회적 위치를 분배함으로써
그들을 여러 층으로 분리시키기 때문이다. 다시 말해 청소년들로 하여금 동일

한 연령 집단에 속한다는 소속감과 그런 공동체를 빠져 나와 개인의 목표와 전략을 실현하기 위해 전력투구해야 하는 당위성 사이에서 팽팽한 긴장감을 느끼게 하는 것도 바로 학교라는 것이다.

그런 청소년 공동체로의 소속과 개인적 목표의 실현 사이에서 느끼는 긴장감은 교육 제도의 수준과 학교의 분배 체계에 의해 제공되는 기회에 따라서 그 형태와 양상이 달라진다. 즉 출신 성분보다는 학교라는 교육 제도 안에서 차지하는 위치가 '청소년들 사이'의 차별화를 결정짓는 가장 중요한 변수가 되고 있다. 이와 같은 학교의 지배력은 사회화의 양상에도 영향을 미친다.

제도적 사회화

1960년대 중반 부르디외 P. Bourdieu와 빠쓰롱 J. C. Passeron은 대학 교육이 대중화되면서부터 이미 한물 간데다 변두리로 밀려나 버린 '상속자'라는 청소년의 '이념형'을 구축하였다.1) 그들의 연구에서 상속자란 상류층의 문화와 대학 문화 사이에 연속성이 존재한다는 데 바탕을 두고 있다. 그러나 그런 문화의 연속성은 대학생들 자신에 의해 거부되었다. 학생들은 학교 교육이 부과하는 의무와 제약의 굴레에서 벗어나 지성인으로서 비판적인 사명감을 주장하기 시작했다. 즉 그것은 대학의 궁극적인 가치를 학문 연구의 무보상성 gratuit과 개성을 강조하는 데 두겠다는 것이다. 기능주의 사회학의 표현을 빌면, '상속자'들이 제도의 가치들에서 자신들의 정체성을 찾기 위해 대학 규범들과 대립했다는 말로 대신할 수 있다. 그리하여 연구의 지적 무보상성이 그 동안 대학의 확립 기반이었던 학위의 효율성과 수익성을 보장하는 엘리트 모집만큼이나 중요시되게 되었다. 로버트 머튼 R. K. Merton(1957)은 의과대 학생들에 대한 연구를 통해, 소위 대학 내 엘리트 그룹에 속하는 학생들의 교육 과정에 제도가 전

---

1) '상속자'와 '장학생'이라는 이념형이 그것이다. 상속자가 상류층 자제로 대학에 입학한 사람의 이념형이라면 '장학생'은 가난한 집안 자식으로 장학금을 받고 학교에 다니는 경우를 가리킨다.

권을 장악하고 있다는 사실을 폭로하는 사회화 메카니즘을 밝히고 있다. 이론적 관점은 다르지만 같은 맥락에서, 크니스톤 **Kenneth Kniston(1968)**은 일류대학의 비판적인 학생 인텔리겐챠들을 다루고 있다. 이들 인텔리겐챠들은 대학이 갖는 보편적이고 인본적인 가치들에 사회화되어, 그런 가치들을 무시하고 왜곡하는 제도에 대항해 나갔다.

위에서 언급한 세 연구는 비록 이론상으로는 서로 다르지만 한 가지 공통점을 가지고 있다. 그것은 학생들의 문화적 사회적 특성들을 강력하게 좌지우지하며, 나아가 그런 특성들 중에서 학생들의 비판과 이탈도 사회화의 모델 자체로 삼는 하나의 사회화 기관으로 대학을 보고 있다는 점이다. 이들 세 분석은 모두 좋은 의미에서든 나쁜 의미에서든 '사명감'이란 대목을 강조하고 있으며, 또한 대학 입학시 경쟁 시험 내지는 극소수에 해당하는 부유층 자제 입학으로 이미 선발이 이루어진 데 따른 대학 내 경쟁력과 경합심의 약화를 강조하고 있다. 그런 관점에서 볼 때, 대학생들의 청소년기 경험은 대체로 일치한다고 할 수 있다. 다시 말해 비록 그들이 자신의 진로 계획 내지 장래 목표, 지적 교육적 관심, 개인적인 취향 등에 따라 서로 구분되기는 하지만, 행동인으로서 그들의 사회적 관심이 분리되어 있지 않다는 점에서 그렇다는 것이다. 상속자들의 '환상'은 바로 그런 자신들의 사회적 관심을 실현하는 게 아무런 대가를 바라지 않는 하나의 사명을 완수하는 거라고 믿는 데 있다. 그러나 그것은 바로 하나의 제도, 즉 가치를 규범으로, 규범을 '개성'으로 바꿀 수 있는 하나의 수단이 담당하는 사회화의 속성이기도 하다. 그런 사회화 과정에 필수불가결한 조건들 중하나는 그 제도 및 대중의 요구에 한발 앞서서 미리 적절한 조정이 되어 있어야 한다는 점이다.

이와 똑같은 논리가 대학생보다는 특권이 적은 일반 청소년들에게도 적용될 수 있다. 보통 직업 학교는 노동자 자녀들의 학교이다. 이곳에서의 직업 교육역시 사회적 교육적 엘리트들의 경우와 마찬가지로 문화적 사회적 연속성 위에 바탕을 두고 있다. 그런 노동자 계급의 사회문화적 연속성은 실습장 혹은 직업 학교같이 고참 노동자들에 의해 직업이 전수되는 장소에서 찾아볼 수 있다(Grignon, 1971; Ramé, 1994). 그곳에는 직업 교육 과정과 노동자 계급 문화 내지 직업 환경에로의 통합 과정이 뚜렷하게 구분되지 않고 함께 존재한다. 견습생들이 교육 과정에서 보이는 저항들은 노동자라는 직업과 노동자 공동체의 가치를 부정하는 것이 아니다. 오히려 그 반대로 그 가치들을 더욱 확고히 하는 것이다. 그건 바로 '지성인으로서 사명감'을 내세우는 대학생들이 대학에 대해 비판하면서 거기서 자신들의 정체성을 발견하는 것과 마찬가지이다. 개개인은 자신이 속한 교육 방식 안에서 주어진 운명을 현실로 받아들이게 된다. 근본적으로 사회적인 중대한 구분을 하는 건 사회화 기관이 아니기 때문이다.

교육의 대중화 : 경쟁과 청소년 공동체 사이에서

교육의 대중화는 프랑스의 경우 아주 빠르게 진행되어서 사회화 과정의 성격 자체를 바꾸어 놓았다.2) 이제 청소년들은 우리가 앞에서 분석했던 것같이 '제도적' 방식에 의해 사회화되지 않는다. 비록 궁극적으로는 학교가 불평등을 재생산하는 기구로 나타난다 할지라도, 교육의 대중화는 교육 제도 안에서 사회적 분배 과정을 가능하게 한다. 이제 자격의 분배는 학교에 들어오기 전에 이미 이루어지는 것이 아니라, 학교 내에서 시험들을 통해 결정된다. '출신 성분'은 하나의 '핸티캡'일 뿐 더 이상 장애물이 되지는 않는다. 그리하여 학교는 각 개인이 자신의 능력과 적성에 따라 밟아야 할 단계와 교과 과정들을 등급 매겨 놓은 하나의 '시장'과도 같게 된다. 개인의 교육 과정은 이제 타고난 운명보다는 교차로와도 같은 여러 단계의 시험들을 통해 결정된다. 모든 청소년들은 자신들을 한데 모았다가 또다시 여러 방향으로 갈라지게 하는 하나의 역사(驛舍) 안에 들어와 있는 셈이다. 그렇게 되면 개인의 방향 설정은 종종 시험에서의

---

2) 개략적인 예를 제시하면, 동일 연령 집단의 바칼로레아 취득률이 1960년대 중반에 15% 정도였던 것이 지금은 60%에 달하고 있다. 대학생 숫자도 같은 기간 동안에 40만에서 200만 명으로 증가하였다.

성패에 따라 좌우되기 때문에 학생들은 졸업장과 자격증의 시장에서 전략꾼들처럼 행동하지 않을 수 없게 된다.

교육이 대중화되면서 생겨난 이러한 경쟁은 전략과 행로를 개인화시키고 승자와 패자로 갈라 놓는다. 그리하여 경쟁에서 낙오된 패자는 형식적으로는 모두에게 평등한 기회가 보장된 개방적인 교육 제도 하에서 스스로를 탓할 수밖에 없게 된다. 이러한 교육 제도의 변화는 이제는 더 이상 고전적인 의미에서의 기관이 아닌 학교를 통한 사회화의 양상마저도 바꾸어 버린다. 개개인의 경쟁 논리와 각자의 손익 계산 논리가 가치와 모델을 전수하는 논리를 앞서 버렸기 때문이다. 이는 특히 사회적인 관심과 개인적인 취향들을 분리시킴으로써, 지성인으로서 사명감이라는 모델과 직업적 사회화라는 모델을 현저하게 약화시켜 버리는 결과를 초래한다. 이제 각자는 자기에게 가장 이익이 됨직한 것만을 선택하고, 또한 부정적 선택 원리에 따라 움직이게 된다. 그 한 예로 앞으로 노동자는 운명으로 결정되는 것이 아니라, 일련의 학업 실패로 인해 직업 학교를 선택할 수밖에 없는 상황에서 그 길로 들어서게 되는 것이다. 이런 메카니즘은 비단 직업 교육에만 국한되는 것이 아니라, 거의 모든 교육 과정에 적용되고 있다(Dubet, 1991; Dubet 외, 1994; Dubet, Martucelli, 1996).

이러한 경쟁과 성취의 논리 외에도, 청소년들에게는 또래 집단 내지는 자기들만의 문화 안에서 정체성을 찾으려는 논리도 있다. 중고등학교는 물론이고 대중화된 대학 내에서, 청소년들은 자신들의 사회성을 키우고 삶의 방식을 만들어 간다. 청소년기는 사랑과, 우정과, 가족으로부터의 독립과, '배 고픈' 시기이며, 숱한 제약들로부터 잠시 유예되어 있는 기간이다. 따라서 청소년기의 경험은 이들 두 가지 행위들이 서로 팽팽하게 맞서기도 하고 적절하게 조화를 이뤄내기도 하는 과정에서 형성된다. 하나는 또래 집단 및 또래 문화에 소속되려는 행위이고, 다른 하나는 더 나은 미래를 위해 전략적 능력을 키우려는 행위이다. 교육의 대중화가 진행되고 청소년들의 자율성이 증가할수록, 청소년기는 점점 더 바로 그런 사회를 경험하는 두 가지 행위를 결합하는 방식들로 정의될 것이다. 청소년기는 현대 사회에서 볼 수 있는 자유주의의 두 양상이 서로 부딪히고 대립하는 인생의 한 시기다. '이기심'과 전략적 능력을 부추기는 경쟁과 시장의 자유주의와, 개개인으로 하여금 자신만의 개성과 자기다움을 만들어 가도록 부추기는 개인주의적 문화의 자유주의가(Lasch, 1980 ; Taylor, 1989).

청소년들의 초상

통합형

청소년들이 초등학교에서 그랑제꼴로 이어지는 학교 체계의 '최고봉'에 근접할수록 청소년기 경험을 특징지우는 두 측면이 통합될 가능성이 매우 커진다. 한편으론 그들의 청소년 문화가 쉽게 '교육 자본'으로 전환된다. 이 경우에 속하는 중고등학생이나 대학생은 자신이 경험하는 두 가지 영역을 관리하는 데 뛰어난 능력을 발휘한다. 이런 유형의 청소년들에게 있어 비판력은 타고난다. 다른 한편으론 프랑스의 경우 매우 엄격하게 선발되는 엘리트 교육은 교육 기관들의 강한 책임 의식과 맞물려져 있다. 교육 과정의 밀도, 집단 의식, 자기 집단만의 독특한 '풍속'의 유지 등등. 엘리트 교육 제도에 들어간 청소년들은 '내부 지향적 성격'을 형성하기 쉬운 교육 형태와 사회화 과정을 밟게 된다. 이 경우에 청소년기와 사회화는 하나의 연속선상에 놓이게 된다.

병렬형

학교 체계의 중간 정도에 위치한 청소년들은 학업 및 직업적인 전략들과 청소년으로서의 개인적 삶이라는 두 가지 논리를 병렬시키는 이원성을 보인다. 대개의 경우 중고등학생, 대학생, 젊은 직업인들은 그러한 이원성을 관리하는 법을 배운다. 예를 들어 대학이나 중고등학교에서, 취미나 여가 혹은 삶의 방식들은 '개성'이 들어갈 여지가 전혀 없는 제한된 합리성에 따라 이루어지는 공부와는 아무런 관련이 없다. 공부 및 직업 준비의 세계와 청소년기의 교제, 갖가지 시도, 사랑과 우정, 가족으로부터의 점차적 독립 등으로 이뤄지는 '삶'의 세계

사이에는 분명한 경계선이 그어져 있다. 대중화된 대학과 중고등학교에는 공부의 세계와 개인적인 삶의 세계가 병렬적으로 존재하고 있어서, 학교가 그 두 세계를 제도적 논리에 따라 통합시키지 못하고 있다. 그 한 예로 대학생에 대한 일련의 연구들을 보면 '이주자'라 불리는 유형의 대학생들에 많은 비중을 할애하고 있다. '이주자'란 일주일 중 일부는 학생으로 지내고, 나머지 시간은 공부와 전혀 상관없이 일하고 친구를 만나는데, 요컨대 대학 생활과는 거리가 먼 또 다른 삶을 사는 학생들을 말한다(Dubet 외, 1994). 그렇게 해서 중간층에 속하며 중간 수준의 학문을 쌓고 있고 앞으로 중간 계층에 속할 확률이 높은 청소년들은 다니엘 벨 Daniel Bell이 언급했던 자본주의의 근본적인 '모순들' 중 하나를 터득해 가게 된다(Bell, 1979). 이들에게 있어서 개인적인 경험은 합리적이고 수단적인 행동 논리와, 표현과 사회적 통합과 의사 소통을 지향하는 또 다른 논리 사이에서 합일점을 못 찾고 갈팡질팡한다. 어떤 의미에서 청소년들은 자신들의 공부에 대해서 '이방인'과 같다. 그러면서도 그들은 공부를 위해 보다 많은 시간과 노력을 바치고 있다. 이따금 그런 이원성의 경험은 공부 내지 직업이 아무런 쓸모가 없다고 느껴질 때 혹은 학교가 최소한의 통합마저 보장해 주지 못할 때 후퇴와 포기 같은 행동들로 나타나기도 한다(Lapeyronnie 외, 1992). 그런 행동은 특히 부모 세대가 학교 교육을 받지 못한 새로운 교육 대중의 경우에 더욱 빈번하게 일어난다. 그들은 학교와 자연스럽게 관계를 맺지 못한다. 거기다 상대적으로 질이 떨어지는 교육을 받을 수밖에 없게 된다. 그러다 보니 그들은 학교에 진정으로 투자하기보다는 그저 형식적이고 마지못해서 학교를 다닌다. 이들에게 있어서 '진짜 삶'은 학교 밖의 청소년 세계나 장차 노동 시장에 진입하기 위한 발판이 되는 '자잘한 일자리' 세계에서 이루어진다.

모순형

청소년기의 두 가지 경험 세계는 학교 내 경쟁에서 패자가 된 청소년들에게는 모순적인 두 세계가 된다. 자신의 실패를 자인하게 하는 학교 내 경쟁 논리는 학업에서 실패한 청소년들로 하여금 그런 상처를 치유할 수 있는 방법으로 학교 밖으로의 '탈출'을 선택할 수밖에 없게 하거나, 학교에 '반항하는' 청소년 문화와 사회성을 유발하는 데로 나갈 수밖에 없게 한다(Cohen, 1955; Willis, 1977). 중간층에서 보여지는 평화로운 이원성은 이 경우에 와서는 갈등을 일으키고, 나아가 학교 세계와 청소년 세계를 대립시킨다. 그런 청소년들은 자신의 손상된 자존심을 지킬 수 있게 해주는 영역과 집단 내에서 자신의 사회성을 구축해 간다(Dubet, Matucelli, 1996).

그러나 그런 갈등이 단순히 계층간의 갈등을 학교 안으로 옮겨 놓은 것으로 볼 수는 없다. 실제로 청소년 집단의 가치들은 '부르주아적'인 교육 모델의 지배에 저항하는 노동자 공동체의 가치들과는 더 이상 동일시될 수 없다. 점차 산업사회에서 후기산업사회로 진입함에 따라, 계층간의 전통적인 관계는 조금씩 통합과 배제의 관계로 바뀌어 가고, 도시 문제가 서서히 사회 문제를 대신해 간다. 나아가 프랑스의 경우, 시카고 학파의 보고들이 노동과 생산에 집중된 마르크스주의 분석보다 더 잘 현실을 설명해 주고 있다(Dubet, 1987).

청소년기 경험상의 특징은 계층간의 구분을 파괴하고 노동운동의 모델들 내지 유토피아들을 깨부수는 데 있다. 청소년들이 벌이는 폭동과 저항은 계층 갈등 때문이라기보다는 자신들이 경험하는 소외화를 거부하려는 데서 기인하고 있다. 계층간의 구분은 점차 그것이 인종에 따른 것이든 아니든 영토 구분에 자리를 내주고 있다. '스킨헤드족'은 자기 집단이나 구역의 최고 방어자로 스스로를 인식하고 싶어하는 젊은이들을 사로잡고 있는 인종적 방어의 한 양상에 지나지 않는다. 프랑스 변두리 지역들에서 주기적으로 발생하는 폭동이며, 젊은이들이 그 대변인임을 자처하는 '인종성' 집회도 같은 맥락에서 설명된다.

청소년은 사회적 행위자인가?

최근 프랑스에서는 수십, 수백만에 달하는 대학생과 중고등학생들이 거리로 뛰쳐나와 시위하는 모습을 보지 않고 지난 적이 한 해도 없을 정도이다. 그리고 그런 도시 폭동에는 빈곤층에 속하는 청소년들이 맨 앞장을 서왔다. 따라서 여기서는 청소년들이 집단적으로 행동하는지 어떤지를 문제삼는 것이 아니라, 그런 행동들이 갖는 다양한 속성들에 대해 알아보고자 하는 것이다. 나아가 그들이 과연 청소년으로서 움직이는지 아니면 그런 집회들에서 청소년이란 대목 자체는 빠져 있는지를 밝혀 보고자 한다.

세대로서의 운동

세대란 동일한 역사적 경험을 공유하는 데서 오는 공통성과 연령의 유사성이 사회적인 차이를 뛰어넘어 하나의 문화적인 동질성으로까지 이어지는 집단을 통틀어서 지칭하는 말이다(Mannheim, 1991). 몇몇 집회들은 바로 그런 논리에서 나왔는데, 청소년이란 하나의 단어에 불과하다고 주장하는 사람들이 청소년은 엄밀히 말해서 자신들의 이익이나 사회적 목적을 보호하기 위해 자발적으로 동원되었다고 보이지 않는 한, 사회 행위자가 아니라고 못박는 건 타당하다고 본다. 어떤 조직도 '청소년'이란 이름으로 주장하거나 행동하지 못했고 또 못하고 있다. 이제까지 동원된 청소년들을 보면 단순히 하나의 연령 집단으로 보기엔 지극히 한정된 범주에 속하는 아주 구체적인 집단이다. 다시 말해 대학생, 이탈 청소년, 고등학생 등등이지 하나의 집합체로서 청소년이 동원된 것은 아니라는 것이다.

그러나 이 연령층이 하나의 사회적 행위자는 아니라 하더라도, 한 세대가 문화적 근대화로 하나가 되어가는 기간 동안에는 하나의 문화적 행위자로 간주할 수 있다. 다시 말해 진정한 사회 행위자는 되지 않지만, 오로지 세대라는 이름으로 다른 세대들과 구분시켜 주는 하나의 역사적 경험과 공통된 지표들이 있다면 그들을 문화적 행위자로 정의할 수 있다는 것이다. 바로 그런 점 때문에, 한 사회의 새로운 세대가 기성 세대와 구별되는 가치와 모델들을 자기 것으로 내세울 때 세대간의 갈등이라는 주제가 현실적인 문제로 대두되기도 한다. 2차대전 직후 태어난 '베이비붐' 세대가 청소년기에 도달한 1960년대 중반에,

이들 세대가 기존 문화 및 교육 형태들에서 자신들을 구분지우면서, 기존 모델들 대신에 근대화와 새로움의 가치들을 내세웠을 때 세대 갈등이란 표현을 실감할 수 있었다.

대부분의 청소년들이 옷 입는 스타일, 음악적 취향, 일체감을 보여주는 상징물들, 젊은이가 중심이 되는 집회 등을 통하여 자신이 청소년 세대에 속한다는 걸 느낀다는 게 결코 터무니 없거나 '이데올로기적'인 말만은 아니다. 바로 그럴 때 청소년들은 경직되고 낡아빠져 보이는 기존의 사회 형식들에 반대하는 새로운 변화의 물결을 탔다는 점에서 하나의 문화적 행위자가 되는 것이다. 반(反)문화라는 비판적 운동은 모든 젊은이들의 운동은 아니었다. 그러나 반문화운동은 거의 대부분의 젊은이들을 사로잡았으며, 숱한 교육 제도들을 변화시켰고, 한 세대에 속한다는 느낌을 갖게 하는 새로운 스타일의 삶을 만들어 냈다. 예를 들어 마르쿠제(Marcuse, 1969)가 주장했던 청소년 계층이란 대목을 받아들일 수는 없다 하더라도, 특히 1960년대의 엄청난 문화적 변동을 고려한다면 그것도 결코 무의미한 주장만은 아닐 것이다. 그 이후론, 자기 세대만이 갖는 그런 스타일들이 많이 줄어들었고 그다지 사람들의 이목을 끌지도 못했다. 그러나 일례로 영국에서 록큰롤 무대가 변화해 가는 데서도 알 수 있듯이, 복식의 변천사 내지 유행 음악의 역사는 결코 무시해서는 안된다.

정치적 참여에서 지위의 방어에로

조직화된 집단 행동에 가장 확실하게, 가장 빈번히 모습을 드러내는 젊은이들은 바로 대학생과 고등학생들이다. 1968년 5월운동에서 오늘에 이르기까지, 그런 학생 운동들은 사회 비판에서 학위 수호에로 성격 변화를 겪었다. 1968년 5월 이후 10여년은 정치적 참여와 체제에 대한 급진적인 비판이 지배적이었다. 오랫동안 학생 운동은 체제의 전면적인 거부에 '참여'하는 학생 인텔리겐챠들에 의해 주도되었다. 이들 학생 인텔리겐챠들은 극좌적 혁명주의와 새로운 삶의 양식을 새로운 사회운동으로 구현하자는 호소를 내걸었다(Touraine 외, 1978).

그러나 역설적이게도 대학이 주체가 된 이들 학생운동들은 교육 제도에 대한 진정한 비판에로는 나아가지 못하고, 그저 혁명적인 거부 대상들 중 하나로만 간주했을 뿐이었다.

대학 교육은 대중화되고 경제 상황은 악화되면서, 1986년부터 대학 입학 선발 과정에 대해 항의하는 학생운동이 다시 등장하였다. 그 운동을 주동한 것은 이번에는 대학생 인텔리겐챠가 아니라, 학위 시장에서 가장 약한 처지에 있는 학생들이었다. 비록 몇몇 소규모 정치그룹들이 학생들을 동원하는 과정에서 활발하게 움직이긴 했지만, 참여 양상은 지극히 소극적이었다. 따라서 그 운동은 행진에 참여한 시위자들이 수십만에 달한 데서도 알 수 있듯이 아주 강력하면서도 지극히 자발적으로 동원이 이루어지긴 했지만, 다른 한편으론 정치적이고 조합적인 성격이 미약했을 뿐만 아니라 대안이나 심지어 정치적 이상조차 제시하지 않았다는, 조금은 극단적인 두 양상을 연출했다고 할 수 있다. 이런 집회를 부르짖는 도덕적인 근거로 평등과 나아가 민주적인 감성을 내세웠지만, 하나의 조직화된 기획으로 나가지는 못했다. 시위는 우익뿐만 아니라 좌익에도 똑같이 반대하면서 전개되었다. 1994년 3월 '직업 편입 계약'에 반대하는 대규모 집회는 그런 성격들이 더욱 두드러졌다. 그 운동에는 특히 직업 교육을 받고 있는 학생들과 학위의 평가절하로 인해 직접적으로 위협받고 있는 학생들이 대거 참여하였다. 지방의 작은 대학 학생들이 파리의 큰 대학 학생들보다 훨씬 더 적극적이었음은 두말할 것도 없다. 지난 20여 년간 학생운동을 돌이켜보면, '사르트르적'인 정치적 참여와 비판적인 분위기에서 점차 진정한 사회운동보다는 막강한 집단적 폭발에 가까운 집회 쪽으로 옮아가고 있음을 알 수 있다. 한 세대이자 청소년층에 속한다는 감정이 주관적 연대를 이루게 한 건 사실이지만, 그렇다고 그것이 사회운동을 일으킨 핵심 요소는 결코 아니다.

배제된 청소년

1994년 3월 대학생과 고등학생들의 시위가 보여준 특징 가운데 하나는 경찰이나 시위 진압반과의 한판 대결을 시도한 '과격분자'의 등장이다. '과격분자'의 대다수는 가장 빈곤한 변두리 지역들에서 사는 청소년들이다. 그들 가운데는 대학생이나 고등학생들도 있지만 젊은 실업자들이 대부분이다. 이따금 소외된 주거 지역에서도 폭동이 발생하곤 한다. 두말할 것도 없이 그 젊은이들은 '의식화되고 조직적인' 행위자라기보다는, 19세기에 '위험한 부류들'이라고 불렀던 축에 더 가깝다(Chevalier, 1978; Dubet, 1987). 1981년 여름 리용시 교외에서 일어난 폭동 이후, 배제된 청소년들 특히 이민 노동자 자녀들이 대개 사법적으로는 경범죄에 속하지만 쉽사리 경범죄로 처리할 수 없는 항의 행동들을 벌이고 있다.

청소년의 그런 행동들은 과거 젊은 노동자들이 보여준 '전통적인' 이탈과는 확연히 구분되며 미국 대도시에서 흑인 게토들이 일으킨 폭동들과 여러가지 점에서 비슷하다. 그런 폭동들은 거의 언제나 경찰과의 사소한 충돌에서 시작된다. 그리고 폭동은 주거 지역, 나아가 인종이나 공동체와 연결되어 막강한 동원력을 보인다. 폭동은 범죄와 항의가 적대자나 경찰들 자신뿐만 아니라 그들이 거주하는 지역 자체에 대한 분노의 감정과 한데 어우러져 분출된다. 폭동은 권력 당국으로 하여금 협상 상대자를 찾도록 하기 때문에 정치적 효력이 전혀 없는 건 아니지만, 정치적으로 통제되거나 움직이지 못한다. 그런 폭동들은 두 가지 논리로 움직이게 되는데, 개개인은 그 두 가지 논리 즉 공동체적 동질성에 대한 확인이냐 아니면 보다 보편적인 국가적 모델 속에 통합되려는 욕구냐를 놓고 선택의 기로에 서게 된다(Lapeyronnie, 1993).

몇년 전부터 프랑스에서 학교 폭력은 현저하게 증가하고 있다. 그렇다고 사회 폭력이 학교로 옮아온 건 결코 아니다. 학교 폭력은 멸시와 좌절감과 죄책감으로 억누르는 학교 내 상황 자체에서 비롯된다. 학교의 문이 열리고 경쟁적이 될수록, 개인의 미래가 학교에 의해서 좌우될수록, 학교 안에서의 실패는 더욱 견딜 수 없는 것이 된다. 그리하여 청소년들은 학교의 정상적 상황 자체를 깨뜨리기도 하고, 교사에게 폭력을 가하기도 하고, 학업 실패의 상흔에 얽매이기를 거부하기도 하면서 학교 내 '상징적 폭력'에 저항하는 것이다. 이런 학교 폭력은 어쩌면 아직은 어린 학생들의 문화 내에서 청소년적인 측면과 인종적인 측면 때문에 심해질지도 모른다. 또한 학교 폭력은 그들과 교사들 사이에 놓여 있는 엄청난 사회적 문화적 거리감 때문에도 더욱 심해질 것이다.

맺는 말

청소년은 항상 이중적인 속성으로 정의되기에, 긴장감 속에서 형성되어 간다고 하겠다. 그런 긴장감은 역사적 문화적 경험들을 공유하는 집단으로 간주되는 세대라는 점과, 사회 구조 안에 개인을 위치시키는 분배 메카니즘과 연루된 사회적인 도박이 팽팽하게 맞서는 데서 비롯된다. 그것은 청소년을 사회적이면서 동시에 역사적인 대상으로 만든다. 청소년을 정의하는 그 두 가지 논리의 접점은 문화적 변화들과 사회구조적 변동들을 이어주는 일련의 상황들에 의해 밝혀지기 때문이다. 청소년은 그 두 가지 논리 사이에 놓여 있는 민감한 판막과도 같아서, 제도의 주된 역할이 행위자들의 경험을 통합시키는 데 있다는 믿음이 없으면 청소년은 언제나 그 이원성에서 벗어날 수가 없게 된다. 그런 까닭에 청소년의 단일성과 다양성, 청소년의 '실상'과 '가상'에 대한 공방들이 계속해서 되풀이되고 있는 것이다. 학교는 근본적으로 현대 사회를 지배하는 이중적인 논리를 피할 수 없다. 다시 말해 한편으로 학교는 점점 경쟁이 지배하는 시장과 닮아가고 있고, 다른 한편으로 학교는 옷이든 살아가는 방식에서든 자신만의 개성을 추구하며, 자기대로 자유롭게 선택하려는 개인들을 받아들이고 있다. 최고급 교육기관에서는 지극히 미미했던 이런 긴장도 밑으로 내려갈수록 서로 융화되지 못하여 심지어 폭력을 일으킬 정도로 심해지기도 한다. 청소년 문제는 이러한 이중의 특성들에 대한 고려 없이 파악되기는 어려울 것이다.

도움받은 글

D. Bell, *Les contradictions culturelles du capitalisme*, Paris, PUF, 1979.

R. Boudon, *L'inégalité des chances. La mobilité sociale dans les sociétés industrielles*, Paris, A. Colin, 1973.

P. Bourdieu, J. C. Passeron, *Les héritiers. Les étudiants et la culture*, Paris, Ed de Minuit, 1964.

L. Chevalier, *Classes laborieuses et classes dangereuses*, Paris, UGE, 1978.

A. K. Cohen, *Delinquant Boys, The Culture of the Gang*, New York, The Free Press, 1995.

F. Dubet, A. Jazouli, D. Lapeyronnie, *L'Etat et les jeunes*, Paris, Ed Ouvrières, 1985.

F. Dubet, *La galère, jeunes en survie*, Paris, Fayard, 1987.

F. Dubet, *Les lycéens*, Paris Ed du Seuil, 1991.

F. Dubet, D. Filatre, X. Merrien, A. Sauvage, *Universités et villes*, Paris, L'Harmattan, 1994.

F. Dubet, D. Martuccelli, *A l'école. Sociologie de l'expérience scolaire*, Paris, Ed du Seuil, 1996.

INSEE, *Economie et statistique*, 283-284, 1995.

D. Lapeyronnie, J. L. Marie, *Campus blues*, Paris, Ed du Seuil, 1992.

H. Marcuse, *Vers la libération*, Paris, Ed de Minuit, 1969.

R. K. Merton, G. G. Reader, P. L. Kendall, (ed), *The Student Physician. Introductory Studies in the Sociology of Medical Education*, Cambrige Mass, Harvard University Press, 1957.

R. K. Merton, "Structure sociale, anomie et déviance," *Eléments de théorie et de méthode sociologique*, Paris, Plon, 1965.

T. Parsons, G. M. Platt, "Age, social structure and socialization in Higher Education," *Sociology of Education*, Winter 1970.

S. Ramé, *L'apprentissage dans les pays de Loire*, Université de Nantes, 1994.

A. Touraine et al, *Lutte étudiante*, Paris, Ed de Seuil, 1978.

P. Willis, Learning to Labor, *How Working Class Lads get Working Class Jobs*, Farnborough, England saxon house, 1977.

■ 글쓴이 프랑스와 뒤베 François Dubet는 프랑스 보르도 대학에서 사회학을 가르치고 있으며 『가족과 학교 사이의 오해』(1997)를 비롯하여 다수의 청소년 관계 서적을 썼다. 이 글은 정수복, 김희숙이 우리말로 옮겼다. 이 글은 1997년 9월 26 - 27일, 크리스챤 아카데미 주최 한불 포럼 「스스로 만들어 가는 청소년 문화: 프랑스 청소년 문화의 사례」에서 발표된 내용이다.

창작과 평

영화「닫힌 교문을 열며」중에서

어쩔 수
없잖아!

박혜란

나중에 가서 애들이, 그때
엄마가 바보같이 굴어서 우리
인생만 엉망됐다고 원망하는 거
아냐? 그럼 어떡허지. 아이구,
골아파. 지금 와서 그럼
어쩌란 말이야.

엄마를 위한 변명

그럼 잘 다녀 오세요, 일찍 오시구요. 아이구, 다리야.
날마다 이게 웬 전쟁인지. 어머, 이게 누구 물병이지?
내 정신 좀 봐. 윤이 녀석이 또 빠뜨렸네. 하고한날 도
시락을 네 개씩이나 챙겨야 하니 빠뜨리지 않는 게 이
상하지. 우리 어렸을 땐 수돗물을 그냥 마시고도 아무
탈 없었는데. 어떻게 자기가 먹을 물까지 싸갖고 다니
는 세상이 됐는지. 물이 문제인지, 애들이 문제인지. 물
병 씻는 일도 이게 보통일이 아니라니까. 하긴 어떤 일
이 보통일이겠어. 도시락 싸는 일 끝나자 내 인생 끝날
텐데. 큰 놈 국민학교 3학년 때부터였으니까, 벌써 십년
째잖아… 아이구, 웬만한 일에 한 십년 매달려 보라지,
당장 프로 소리 들을 텐데. 이건 어찌된 노릇이 날이

갈수록 더 힘들고 괴롭기만 한지 몰라. 도시락 반찬 생각만 하면 머리가 지끈지끈하다니까. 아무리 머리를 짜내도 거기가 거기이니. 요즘 젊은 엄마들은 좋겠어. 학교에서 급식을 해준다니. 엄마들 일, 반은 덜어 주는 거잖아. 뭐, 영양상 문제일지도 모르고, 애들이 싫증을 낼지 몰라서 걱정이라는 여자들도 많다고. 야, 정말 웃긴다, 웃겨. 집에서 챙겨 주는 건 뭐 그리 새록새록 맛있다고.

큰 놈처럼 도시락을 두 개씩 싸갖고 다녀 보라지. 낮에는 그래도 괜찮다 쳐, 저녁에는 찬밥을 꾸역꾸역 우겨 넣어야 하니 무슨 맛이겠어. 학교 앞에 웬만한 식당이라도 있으면 오죽 좋아. 그걸 음식이라고 팔면서, 값이나 싸면… 아이구, 빨리 대학인지 뭔지 들어가야 애들도 편하고 나도 살지, 이러다 대한민국 엄마들, 다 제 명에 못 죽고 말지.

아니, 이거 내가 또 혼자 군시렁거리고 있잖아. 이쯤 되면 중증이야, 중증. 어제도 둘째가 암만 봐도 우리 엄마 노인 증상이랬는데. 못된 녀석. 제 에미 노인 만들어 놓고 무슨 덕을 보자고. 옛날 엄마들은 아버지한테 못하는 소리를 설거지하면서 혼자 군시렁거리더니만, 그런데 내가 언제부터 이렇게 됐지?

(전화 벨)

여보세요? 응, 미숙이구나. 그럼, 다 나갔지. 훈이는 벌써 여섯시도 안돼서 나갔지. 준이가 여섯시 반, 윤이가 일곱시. 응, 이이는 금방, 여덟시 오분 전에. 누가 아니래니, 한꺼번에 나가면 오죽 좋아. 이건 아침마다 전쟁이다, 전쟁.

왜. 걱정? 뭐가. 아, 교육 대개혁이란 거? 그거, 노상 하던 소리 아냐? 이번 고3은 상관없댄다. 니네 준석이 때부터 바뀐대잖아. 그래. 나도 자세히는 모르겠더라. 말로는 뭐 혁명적인 변화래지만 현실적으로는 어려울 거라던데. 응, 다들 그러더라. 돈이 엄청 든대잖아, 나라에서 순순히 그 돈을 내놓겠니? 누구는 4, 5천억씩 꿍쳐 넣기도 하더라만… 돈 쓰고 표 안나는 일 하려는 정치가 봤니? 다 서민들 주머니 털어낼 생각이나 하지… 얘, 걱정도 팔자다. 닥치면 다 되게 돼 있어. 종합생활기록부? 그래 그걸 어떻게 믿니. 응, 가뜩이나 뻗질나게 치맛자락 휘날리던 여편네들이 뻔하지 뭐. 야, 그 꼴 보기 싫으면, 너도 그 대열에 끼면 되잖아. 아예 제일 앞장을 서는 게 제일 속 편한 일이잖니. 얘, 그 돈 됐다 관에 넣어 갈래? 있을 때 써라, 응… 나야 쓰고 싶어도 쓸 게 없는 몸 아니냐. 이럴 때 남편이란 사람이 자, 그 동안 꿍쳐 두었던 비자금 여깄소, 하고 몇 억 아니 몇 백이라도 내놓으면 내가 업어 주겠다.

그래, 누가 아니래니. 제도가 바뀌면 뭘하냐. 사람 속이 바뀌어야지. 응, 그래 도 일년 남았으니까, 좀 두고 보렴. 어쩌면 그새 또 바뀔 줄 알아? 그래 우리 훈이가 문제이지. 아니, 얜 왜 이렇게 제자리걸음이니. 공부하는 척 하면서 노 상 딴 데 머리 굴리나 봐. 그렇다고 속시원히 야단이나 칠 수 있냐고. 그러다 베란다에서 떨어지면 어떡해. 응, 수학이지 뭐, 과외선생 바꼈는데도 그 타령이 야. 넷이 한꺼번에 배우는데도 오십만 원씩이나 받아. 싸다고? 얘, 그것만이니? 아이구 이러다가 길에 나앉는 것 아닌지 모르겠다. 이이는 나보고 쓰임새가 헤 프다고 신경질이란다. 응, 요즘 중소기업들 다 그렇잖아. 나이는 들고 자식 공 부시키는 데는 점점 더 돈이 들고… 생각하면 이이도 불쌍하지 뭐. 글쎄 말이 야, 자식이 뭔지. 그놈의 대학은 안 가면 안되나… 응, 어떻게서든 4년제에만 들여보내면 내 할 일은 끝이지 뭐… 그래 끊어.

기집애. 돈 있는 티를 꼭 그렇게 내야 속이 시원한가 보지. 둘씩이나 돈을 쳐 들어 과외를 시키는 주제에 뭐가 걱정이야. 아침부터 열받게 만들고 있어.

(전화 벨)

여보세요. 아, 형님이세요. 웬일이세요, 이 아침에. 네, 그렇죠 뭐, 좀 있다 나 가려던 참이에요. 동창회에요. 아, 네, 강남 사는 동창들이요. 저야, 학교에 잘 안 찾아가니까 이런 데서나 정보를 얻어 듣는 거죠… 네. 병원비요. 네? 얼마나 나왔는데요? 그렇게 많이요? 네… 저흰 이번에 좀 빼주세요. 아뇨, 도저히 못하 겠어요. 네, 안돼요. 못된 며느리라는 소리 들어도 할 수 없어요. 애들 과외비가 얼만데요. 막내 고모보고 좀 내라고 그러세요. 아니, 요즘 딸은 자식 아닌가요? 네, 아무튼 저흰 안돼요. 죄송해도 할 수 없어요. 과외비만 없으면야 저흰들 왜 안 내겠어요… 아니, 형님, 어떻게 그런 말씀을 할 수 있어요? 남들 다 시키는 걸 안 시켰다가 나중에 무슨 원망을 들으라고. 형님도, 입장을 한 번 바꿔 생각해 보세요. 할 수 있는 데까진 해봐야 되는 거 아니예요, 부모 입장에서. 네, 죄송해요.

정말 내가 미친다고, 미쳐. 아니, 저는 애들 과외 안 시켰나? 그땐 과외 금지 시대인데도 비밀로 시켰으면서… 그러니까 둘 다 대학 들어갔지, 그렇지 않았으면 그 돌대가리들이 대학 문전 구경이나 해봤겠어. 과외는 왜 풀어 놔 갖고… 풀어 놨는데도 안 시켜 봐. 계모라는 소리 듣기 딱 좋지.

(신문을 펼친다.)

그런데 도대체 어떻게 바뀐다는 거야. 인간교육? 좋아하시네. 그럼 이제까진 다 동물교육 시켰다는 거야, 뭐야. 이 봉사점수라는 건 또 뭐야. 미국에서 쓰는 제도면 무조건 다 좋은 건가… 우리나라에 봉사할 데가 어디 있어. 아이들 공부하기도 바빠 죽겠는데 왜 이렇게 부담만 늘리는지 모르겠네. 저희들은 다 공부 죽어라 한 덕에 미국 유학까지 갔다 와서는 교수다 뭐다 목에 힘주고 살면서 애들은 공부 공부 하지 말고, 뭐, 봉사하라고. 무슨 인간교육 하자고?

인간교육 한답시고 애들 대학 떨어지면 그땐 어쩌자는 거야. 대학 안 나오면 사람 취급도 안하면서. 뭐, 임금 차이가 점점 적어지는 사회로 간다고. 아니, 돈이 전부야? 사람 대접도 못받으면서 돈만 벌면 되는 거야? 이렇게 세상 모르는 사람들이 지도층입네 하고 떠들고 다니니 이 나라가 요모양 요꼴이지 뭐. 다 남들 탓만 한다니까.

그리고 솔직히, 애들에게 공부 공부 안하면 그 남는 시간에 또 뭐하고 살아? 요즘 애들이 뭐하고 돌아다니는지 엄마들이 어떻게 아냐고. 연애질을 하는지 마리화나를 피는지 어떻게 일일이 따라다니며 간섭을 하냔 말야. 어렸을 때 잡념 안 들게 하는 데는 그저 책상머리에 붙잡아 놓는 게 제일이지 뭐. 적성? 적성이 어딨어, 이 세상에 공부처럼 쉬운 게 또 어딨는데. 어렸을 때부터 하기 싫은 거 참고 하는 버릇 들여 놓지 않으면 나중에 건달밖에 더 되겠어.

세계화 시대라며. 또 경쟁력을 길러야 된다며. 아니 인간교육 시키면 세계화 경쟁력이 저절로 된대? 도대체 무슨 개소린지 알 수가 있어야지. 아무튼 높으신 양반님네들은 인간교육 시키시유, 난 그저 이대로 살래유.

거, 생각할수록 괘씸하네. 뭐 엄마들을 입시병에서 해방시켜 줘야 한다구. 이이들이 도대체 뭘 몰라도 유분수지. 아니, 그 많은 여자들이 무슨 재미로 사는데. 애들 공부시키는 데 신경 안 쓰면 엄마들은 그 시간을 어떻게 채우란 말야. 엄마들이, 입시 때문에, 과외 때문에 못살겠다 못살겠다 하니까 정말 못살겠는 줄 아나 보지. 그게 다 잘 해보자는 소린 걸 정말 몰라서 그러는 거야, 아니면 알면서 모르는 척 하는 거야. 여자들 사는 게 원래 그런 거지. 애들 키우는 맛이지 딴 거 또 있어? 애들 준비물 챙겨 주고, 도시락 싸 주고, 성적표 받아 보고, 대학 들여 보내고… 그러다 보면 한 세상 가는 거지, 뭐 똑 부러진 수가 있을라고. 아니, 뭐 자기 일을 가져야 한다구? 그렇다면 주부 노릇은 자기 일이 아니란 말야? 여자가 암만 출세해 봐, 애들 제대로 공부도 못시키면서 출세하면 뭐해. 다 헛거야 헛거. 애들은 엄마 하기 나름인데….

인간교육 시키겠다고 하면 엄마들이 좋아할 줄 알았나부지? 기가 막혀. 누가 그런 걱정 해달랬나. 엄마들이야 그저 애들이 다 좋은 대학 들어가면 장땡이지 다른 욕심 없습니다… 네,네,네. 애들도 그렇지, 지네 엄마가 새벽밥 지으면서 뼈빠지게 과외시킨 줄이라도 알아야 나중에 찾아 오지, 요즘 애들이 얼마나 이악스럽다고. 그렇지 않으면, 엄마로서 당신이 나한테 해준 게 뭐냐고 뻣뻣하게 나올 게 뻔하지. 남편이란 사람도 그렇지. 가뜩이나 여편네는 집에서 노는 사람인 줄 아는 판에 애들에게 들이는 공도 없으면 날 뭘로 보겠어.

아마 집집이 난리굿일 거야. 애들은 애들대로 밖으로만 나돌 테고. 애들 공부 빼놓으면 부부간에 할 얘기가 뭐 그리 많겠어. 그러니 남편이란 사람들도 집에 대한 의무가 약해질 건 뻔하지. 아이구, 골아파. 그냥 이대로 냅둬유 제발.

아니야, 혹시 내가 뭘 모르고 이렇게 생각하는 거 아닐까? 진짜 뭐가 변하긴 변하는 것 같기도 한데. 이러다가 우리 애들만 뒤떨어지는 건지도 모르잖아. 나중에 가서 애들이, 그때 엄마가 바보같이 굴어서 우리 인생만 엉망됐다고 원망하는 거 아냐? 그럼 어떡허지. 아이구, 골아파. 지금 와서 그럼 어쩌란 말이야, 어쩔 수 없잖아. 그냥 이대로 냅둬유, 제발.

■ 글쓴이 박혜란은 초등학교 4학년까지 농촌 아이였다가, 서울의 세칭 일류 중고등학교를 6년 다니면서, 권위주의와 엘리트주의에 질렸다. 중학교 때는 배구반, 고등학교 때는 신문반 활동에 온몸을 바쳤다. '신문 만든다'며 곧잘 수업을 빼먹고 극장을 드나들었으며(신영균, 폴 뉴먼, 말론 브란도의 팬이었음), 편집실 골방에서 두꺼비를 땄던 삐딱한 아이. 그러나 오십 평생을 뒤돌아보면 무지무지 모범생으로 산 것 같다. 이 글은 1996년 2월 29일 서울 장충동 경동교회 예배당에서 「교육 개혁과 교육 자치를 위한 시민회의」와 동아일보사 주최로 대학에 진학하지 않은 청소년과 그 가족들을 위해 '3분의 2에게 희망을'이라는 주제로 한 이벤트가 열렸을 때 공연된, 요즘 보통 학부모들을 대변한 모노드라마의 대본이다. 교육민회의 참여 단체인 인간교육실현 학부모연대의 공동대표 자격으로 박혜란이 쓰고 출연했다.

아줌마 조직

이은성

명심하세요. 이 나라에 살려면
아이를 꼭 특권 집단 연결망 속에
넣어야 합니다. 갈수록 세상
살기가 힘들어질 터이니,
더욱 노력을 해야 합니다.

안녕하세요? 저는 아들을 남들 모두 부러워하는 S대 법대에 보낸 엄마입니다. 모두들 제 소개에 귀가 솔깃해지시겠네요. 모두 절 부러워하는 것을 보니 제가 아들을 잘 키웠나 봅니다. 어떻게 하면 그렇게 아들을 훌륭하게 만들 수 있는지를 많이들 묻곤 하지요. 하기야 매일 아침 TV에서 떠드는 내용이 다 그런 거 아닙니까? 근데 정부나 미디어에서 하는 말을 절대 믿지 말아요. 이랬다 저랬다 하는 꼴이 그냥 맡겼다가는 아이를 망치기 꼭 좋은 짓만 하지요. 아이의 미래는 엄마 일에 달려 있습니다. 아이 장래 설계를 이미 오래 전에 마련해 놓았습니다. 이제 적어도 절반은 실현한 듯합니다.

제 아들은 대단히 머리가 좋은 아이인데 그리 성적이 좋지는 않았습니다. 그래서 주위에서 정보 수집을 하고 전략을 수립했습니다. 아이가 중학교 다닐 무렵 아이의 진로에 대한 청사진을 완성했습니다. 중 3때 고등학교 1학년 과정의 수학과 2학년 수준의 영어, 그리고 고교 물리, 화학 과외를 시켰습니다. 물론 그냥 시킨다고 되는 것은 아니지요. 중요한 것은 분위기 조성입니다. 우선 대학 입학 때까지 같이 경쟁하고 발전할 팀을 구성해 주는 것입니다. 팀은 몇 년이 지속될 것인 만큼 구성원을 고를 때 특히 조심해야 합니다. 먼저 공부 외에 딴 곳을 기웃거릴 아이는 절대 배제시켜야 합니다.

예를 들어, 음악이나 미술에 특기가 있다거나 서클 활동을 열심히 한다거나 조금이라도 날라리가 될 기질이 엿보인다면 가차없이 빼야 합니다. 저는 첫눈에 이런 아이를 구별하는 안목을 지니고 있습니다. 기생 오래비처럼 생겨서 폼 잡는 애들은 특히 조심해야 해요. 여자 문제에 관심을 갖게 하는 분위기를 만들거든요. 다방면에 관심 있는 아이도 빼야 합니다. 그런데 당신의 자제분이 그런 부류라고요? 그럴 때는 아니라고 우기면 됩니다. 뭐, 제 아들도 다방면에 타고난 소질이 있지만, 저는 아니라고 믿도록 만들었습니다. 성적은 매우 좋으나 주먹이 세거나 인간 관계가 좋고, 아주 지도력이 있는 아이도 위험합니다. 그런 아이는 학생 회장이 되거나 해서 주변 아이들의 마음을 산란하게 하죠.

다음으로 중요한 것은 학원 선택입니다. 학원은 절대 아무 데나 가서는 안됩니다. 우선 명성 있는 강사를 물색해야 하는데 대중 강의를 통해 보통 학생들에게 알려진 강사는 사실 별로입니다. 성적이 좋았던 졸업생을 둔 엄마의 힌트에 귀를 기울이십시오. 정보를 수집한 후 선정한 강사를 직접 만나봐야 합니다. 무슨 말을 해야 하는지는 잠시 뒤에 얘기하기로 하겠습니다. 과외는 이미 팀을 짠 그대로 소수 정예로 굴러가야 합니다. 이는 수준 맞는 강의로 효율성을 높이고, 수강료 분담으로 경제적 부담을 줄이면서 중간에 이탈자가 생기지 않게 하기 위함이지요. 강사에게는 잊지 말고 우리 아이들이 얼마나 뛰어난지를 못박아야 합니다. 그래야 강사가 뻣뻣하게 굴지 않고 때로 수강료도 싸게 해줍니다. 강사도 우수한 학생이 있어 입시 성적이 좋아야 학생들이 몰릴 것 아닙니까?

다음으로 아이에게 다짐을 해야 합니다. 중3이 얼마나 중요한 지에 대해서 설명하는 것입니다. 계속적인 자극으로 아이가 약간 불안감을 가지면서 스스로 기초를 다지겠다는 생각을 갖게 유도해야 합니다. 고등학교에 가게 될 즈음에는 팀을 조정해야 할 일이 생깁니다. 특수 목적고라는 것 다 아시죠? 우리나라에서 최고의 학과는 어딘가요? 누구나 거리낌 없이 법대와 의대를 선택하겠지요. 근데 특목고에서 보내 주나요? 물론 거기에서 가는 사람이 많은 건 사실인데, 거기서 중간하는 것보다 강남에서 손가락 안에 드는 게 낫거든요. 어쨌든 저랑 생각이 다른 사람들이 아이를 과학고나 외고로 보내면 팀을 다시 정비해야 하는 거지요. 물론 특목고를 간 아이의 어머니들과 연락은 긴밀히 유지해야 합니다. 우리 아이들은 수십만 명 중에서 경쟁하는 것이 아니라 최상위권 수백 명끼리 경쟁하는 것이라는 점을 잊어서는 안됩니다.

다시 말하면 근방과 과학고, 외고의 성적 우수자의 성적은 한 사람 한 사람 다 알아두어야 한다는 것이죠. 중요한 게 정보 아니겠습니까? 일단 중3에서 길을 잡아주면 고등학교에 간 아이에게는 자율권을 주어도 됩니다. 우리 애들은 단과 학원에 팀 전체로 등록을 하는데 공부 잘하는 팀이라고 하면 아무리 대형 학원이라 해도 청강이 가능합니다. 수업을 듣다가 맘에 들지 않으면 다같이 일어나 당당히 나간다고 하더군요. 워낙 똑똑하다 보니 스스로 판단을 내리는 거지요. 분명히 거기서 미련하게 계속 듣고 있는 아이들과는 다릅니다. 자율적 행동과 그를 통해 심어지는 주체 의식이 실은 아이들에게 보다 큰 자신감과 자부심을 심어주기도 합니다. 도랑 치고 가재 잡는 격이죠. 아이들이 유명해지다 보니 이 아이들의 행보가 주목을 끕니다. 한 분은 우리 애들이 J학원을 그만두니 도미노처럼 그 학원이 어려움에 처했었대요. 마치 기관 투자가의 움직임에 따라 왔다갔다 하는 소액 투자가들 모양 같죠. 1학년이 끝나갈 때쯤이면 강남구에 우리 아이들의 이름이 대충 알려지지요. 한 번 들른 정도였던 학원에서도 우리 애들 이름을 팔고 있더군요.

이때쯤 해서 다시 그룹을 재편성해야 합니다. 문과와 이과를 나누기 때문입니다. 참, 앞으로는 구별을 안한다지요. 어쨌든 다른 그룹들과의 접촉을 늘여가야 합니다. 수준을 높이는 방법의 일환이지요. 팀을 갱신할 경우라도 국어나 영어 같은 공통 과목은 기존 팀을 유지하는 것이 좋습니다. 마치 운동선수가 평시에는 각자의 팀에서 있지만 국제 대회가 있을 경우 우수한 선수는 국가 대표

차출이 되는 것과 같은 이치입니다. 그리고 자신의 각각의 팀에서는 팀의 리더로서 활동하는 것이지요. 이렇게 알려진 팀들은 '철수네 팀'이라 하여 가장 뛰어난 학생의 이름으로 불리게 됩니다.

이쯤되는 시점에서 서울 지역 성적 우수자가 거의 파악되게 됩니다. 2학년부터는 입시와 직결되는 공부를 해야 하기에 강사료가 오르지요. 중요한 수학의 경우는 소수의 강력한 팀을 유지해야 합니다. 그러나 사회, 과학의 경우 과목이 10여 개나 되어 조금 큰 팀을 만들어야 합니다. 한 15명 내외가 적당합니다. 경제성 때문이지요. 수가 많다 보면 어중이 떠중이가 몇 명은 끼기 마련이지만 별로 신경 쓸 일은 아닙니다.

여기서 중요한 것은 엘리트 의식입니다. 서로 엘리트 의식을 부추겨 주면서 잘 어울려야 합니다. 공부뿐 아니라 놀 때도 같이 놀아야 해요. 그러면 쟤네는 놀기도 잘한다는 소리를 들을 수 있지요. 인간 관계에 문제가 있거나 너무 건방진 아이가 들어오면 팀이 혼란스러워지니까 조심해야 하지요. 단결을 해칠 위험성이 있는 아이를 받아서 일어난 사건을 하나 말씀 드리죠. 제가 팀을 확장하다 적격이라 생각되는 아이가 나타나 선뜻 팀에 넣었습니다. 새로 나타난 떠오르는 별이라 일컬어지는 아이였습니다. 갑자기 전교 수위권으로 올라선 아이인데 첫인상이 괜찮았어요. 근데 걔가 응원단이라는 서클에 속해 있다는 것을 나중에 알게 되었습니다. 서클을 하면 영어회화 같은 걸 하면 모르겠으나 응원단이라는 것이 맨날 야구다 농구다 해서 따라다니고, 딴따라 흉내나 내고, 여학교에서 팬레터 왔다고 호들갑을 떠는 것 아닙니까? 전 당장 빼고 싶었으나 엄마들이 얘기하길 그애는 책도 많이 읽어서 아는 것도 많고, 말도 잘한다면서 함께 하자고 했어요. 그래서 한마디 했죠. "그런 거 대학만 잘가면 누구나 하는 겁니다." 학원에서 강사가 못가르친다는 소리가 있어 바꾸려고 했더니 그애가 잘 가르친다고 우기면서 바꾸지 말자고 반대를 했다는 말을 전해 들었죠. 또 통합을 해친다는 말이 들려서 야단을 쳐야겠다고 마음을 먹고 그 애를 학원에서 보기로 했습니다. 아주 똑똑하기는 합디다. 어린 것이 똑바로 쳐다보며 꼬박꼬박

말대꾸를 하는 거예요. 한다는 말이 그런 걸로 협동심을 해친다 어쩐다 말이 나오는 데서는 나오겠다는 겁니다. 그날은 제가 도리어 칭찬해 주었습니다만 집에서 생각해 보니 그 아이가 옳다고 생각되지 않더군요. 그래서 주위 어머니들께 전화를 걸었죠. 위험 인물인 그애를 빼자구요. 애들 면학 분위기를 깨지 않기 위해 빼자는 거죠. 그런지도 모르고 중간고사 끝났다고 제 아이를 불러내서 영화 보러 가자고 하는 그 애는 참 어리숙한 거지요. 수능시험을 쳤고, 물론 제 아들은 성적이 잘 나왔습니다.

제 큰애는 E대 법과를 다니는데 4수를 시키고 있습니다. 살아가면서 E대 가지고는 안될 것 같거든요. 똑똑한 부모의 예를 들어보죠. 쌍둥이를 한 명은 S대 법대, 나머지는 같은 학교 의대에 합격시킨 집입니다. 강남 지역에서 고액 과외로 유명했던 집이죠. 그 엄마는 얼마 전 TV 인터뷰에 나갔더군요 그런데 그 자리에서 집안 형편상 과외를 마음대로 못시켜 두 아들에게 미안하다고 해서 전 속으로 웃었죠. 연극도 잘 하시네. 그 어머니는 지금은 과외 소개를 시켜주고 소개비를 받는 부업을 하고 있습니다.

제 아들은 지금 자유를 만끽하는 중입니다. 앉은 자리에서 담배 한갑을 다 피기도, 집에 들어오지 않는 날도 많습니다. 속상하냐고요? 천만에요 앞으로 1년 후에 그가 시작해야 할 일이 있기 때문입니다. 곧 고시 공부를 시작해야 하니까 지금은 마냥 놀리고 있는 중입니다. 그리고 이젠 저도 휴식이 필요해요. 다 동의하시겠지만 엄마로서 최선의 역할은 자식의 미래를 보장하는 최고의 교육을 받을 수 있도록 하는 것입니다. 능력 있으면 살고, 없으면 죽는 세상이란 것은 변함 없는 진리입니다. 특권층에 끼면 살고 끼지 못하면 낙오자가 됩니다. 인간 교육이니 평등이니 하면서 아이를 동정하고 아이에게 끌려 다니는 엄마들 나는 그들이 제대로 자식 사랑할 줄 모르는 한심한 사람들로 보입니다. 내게야 그런 사람이 많을수록 좋지만요.

이제 뭘 할 거냐고요? 좀 쉬다가 다시 작전을 짜야 하죠. 당장 군대 문제가 있죠. 이모씨를 왜 욕합니까? 능력 있는 부모라면 당연히 아이를 군대 같은 곳에 보내서 병신 만들 짓은 안해야 합니다. 모두 연줄과 정보 없이는 안되는 일입니다. K여고 동창 중에 잘나가는 분들 자식들을 보면 현실이 어떤지 알게 될 것입니다. 그 다음에 장가 보내기, 승진 시키기 등등 내 머리를 필요로 하는 일이 계속 쌓여 있습니다. 한마디 덧붙이자면 저는 남들처럼 학교 가서 치맛바람이나 날리고 그러지 않았습니다. 학교 가서 그런다고 누가 대학 보내 준답니까? 뭘 모르는 학부모들이나 하는 짓이죠. 치밀한 정보망 속에서 완벽한 계획을 세우고 추진하는 어머니들의 조직망에 끼느냐 못 끼느냐가 관건입니다.

명심하세요. 이 나라에 살려면 아이를 꼭 특권 집단 연결망 속에 넣어야 합니다. 갈수록 세상 살기가 힘들어질 터이니, 더욱 노력을 해야 합니다. 아이들을 진정으로 사랑하는 어머니들 더욱 힘내십시요.

S대 법대에 아들을 보낸 ○○○ 올림

■ 글쓴이 이은성은 아직까지 산 너머에 뭐가 있는지 몰라서 정상을 향해 무조건 가고 있는 어린아이입니다. 산을 오르는 게 벅차고, 길을 잘못 들 때도 있지요. 혹시 산 너머에 아무 것도 없지 않은지 걱정을 하다가도 무언가에 이끌려 나아간답니다.

교육 개혁의 새 길라잡이

박복선

조혜정의 『학교를거부하는
아이아이 를거부하는사회』는
바로 교육 개혁 담론의
장에 새로운 의제 설정을
요구하는 긴급동의안이다.

가뜩이나 좁은 책상에 「학교생활기록부 기록 요령」, 「특별활동 기록부」, 「봉사
활동 기록부」, 「세부능력 및 특기사항 기록부」, 「출석부」를 잔뜩 쌓아 놓고 담
임 교사들이 새 학교생활기록부를 기재하기에 정신이 없다. 간간이 툴툴거리는
소리도 들린다. 교사들의 얼굴엔 짜증이 가득하다. 그런가 하면 난로 주변에서
는 '요즘 학생들'에 대한 성토가 끊이질 않는다. 서로 무용담을 늘어 놓듯 자신
이 아이들에게 얼마나 심하게 당했는지(?)를 경쟁적으로 털어 놓는다. 더 이상
선생 노릇 못하겠다는 소리가 여기저기서 터져 나온다.

　교육 개혁을 외치는 소리가 어느 때보다 높은 요즈음의 교무실 풍경이다. 요
란하게 발표되는 개혁 프로그램에 대해 교사들은 극히 냉담하다. 누구보다 교
육 현실의 처참함을 잘 알고 있는 교사들이 교육 개혁을 외면하는 이유는 무엇
일까? 변화 자체를 싫어하는 교사도 있고, 월급을 올리지 않아서 투덜대는 교
사도 있지만 근원적인 이유는 개혁이 현실과 너무 동떨어져 있기 때문이다. 그
것은 너무나 사치롭고 한가롭다. 다 죽어가는 환자에게 썩은 이를 뽑고 금니를

박으로고 한다.

지금 학교는 문자 그대로 다 죽어가고 있다. 아이들은 아침이면 우루루 교실로 몰려든다. 일단 수용이 완료되면 학교는 아주 평온한 것처럼 보인다. 그러나 교실 속을 보면 이러한 평온이 '죽음'의 전조라는 것을 알 수 있다. 널부려져 자는 아이, 이어폰을 꽂고 음악을 듣는 아이, 만화책을 보는 아이, 그냥 멍하게 앉아 있는 아이… 아이들에게 학교는 그저 낮 시간을 보내는 곳일 뿐이다.

이러한 현실을 애써 외면하는 교육 개혁 논의는 겉돌 수밖에 없다. 모처럼 시작한 개혁 논의의 말길을 지금이라도 바로잡는 일이 시급하다. 세계화, 정보화, 다원화… 이런 것은 분명 그 자체로는 의미 있는 것들이고 우리 교육이 지향해야 할 바이긴 하지만 이런 논의들이 담론의 장에서는 처참한 학교 현실을 은폐거나 왜곡하는 경향이 있다. 조혜정의 『학교를거부하는아이아이 를거부하는사회』는 바로 교육 개혁 담론의 장에 새로운 의제 설정을 요구하는 긴급 동의안이다. 의제 설정 자체가 이미 논의의 방향을 포함하고 있다면 그것은 또한 교육 개혁 담론이 어디에서 시작하여 어디로 갈 것인가를 제시하는 길라잡이다.

이 책은 청소년의 삶에서부터 이야기를 시작하고 있다. 아이들은 학교를 거부한다. 어떤 아이들은 과감하게 학교를 떠난다. 어쩔 수 없이 학교를 다니는 많은 아이들도 시간만 때우고 있다. 그러나, 학교를 떠난 아이들도 갈 데가 없다. 사회는 그들을 받아들일 준비가 전혀 되어 있지 않기 때문이다. 학교는 가기 싫은데, 학교를 나와도 마땅히 할 일이 없는, 그래서 점점 무기력해지고 마침내 시간이나 때우는 아이들. 이 아이들을 어찌할 것인가? 이것이 조혜정이 제기하는 질문이다.

이에 대한 답을 찾기 위해서는 무엇보다 학교 밖의 아이들이 문제라는 생각을 바꾸어야 한다. 이 책에 소개되어 있는 학교 밖 아이들의 이야기는 이러한 변화가 정당한 것임을 주장한다.

주유소에서 뼈빠지게 일했습니다. 그러나 아르바이트를 끝내고 돈을 받으려고 하니까 절반도 주지 않았습니다. 친구들과 선생님의 도움으로 결국 받아 내기는 했지만 세상이 무섭다는 것을 이제야 알았습니다. 그때 받은 돈은 지금도 내 저금통에 있습니다. 정말 한푼도 쓰지 않고 있습니다. 부모님이 주신 용돈은 함부로 썼지만 그 돈만은 절대 쓸 수 없습니다. 그 돈을 쓰고 나면 저의 존재에 대한 허무를 느낄 것만 같고 든든한 그 무엇이 사라질 것만 같으니까요.

학교 밖에서 아르바이트를 한 적이 있는 학생의 글이다. 자신의 노동을 통해서 세상을 배우는 모습이 생생하게 드러나 있다. 이 학생이 문제아인가? "오히려 집을 나가지 않고 사는 아이들 중에 공연히 남을 미워하고 계속 어머니를 속여서 잡비를 타내고 거짓말을 하는 아이들이 많다"는 말을 경청해야 한다. 정말 문제아는 아무 것도 안하고, 하려는 의지조차 없는 아이들이다. 그리고 그런 아이들은 점점 많아지고 있다.

지금 당장 우리는 교육 문제의 패러다임을 바꾸어야 한다. 시대도 변하고, 아이들도 변했다. 이제 아이들에게 3년만 참으라는 말은 더 이상 설득력이 없다. 3년을 버틸 힘이 없는 것이다.

이제 교육 문제의 핵심은 경쟁에서 이기는 아이를 기르는 것이 아니라 자포자기하지 않고 세상을 버티며 살아가는 아이를 길러 내는 데 있다. 탈근대적 흐트러짐 속에서 자기를 존중하며 살아갈 수 있는 사람을 기르는 데 있다.

한마디로 청소년들이 자신의 삶을 스스로 가꿀 수 있는 최소한의 능력을 길러 주는 것이 교육의 목표가 되어야 한다. 그리고 이 목표를 어떻게 이루어 낼 수 있을지 고민해야 한다. 바로 이것이 교육 개혁 담론의 내용이 되어야 한다. 아마 그것의 골자는 학교 안팎에서 청소년들이 다양한 경험과 자기 실현을 할 기회를 부여하는 것이 될 것이다. 그 과정을 통해 청소년 나름의 건강한 하위문화를 형성하도록 하는 것이 될 것이다.

이를 구체화하는 프로그램이 백화점식 나열이 되지 않으려면 세부 항목들의 우선 순위와 상호 연관성, 그리고 정책에 구현시키기 위한 힘의 형성, 현장 적용 가능성을 면밀히 고려해야 하는데, 이것은 고도의 상상력을 필요로 한다. 아마 이것은 다양한 실험과 토론을 통해 지혜를 모아서 해결할 문제일 것이다. 조혜정의 다음과 같은 제안은 조금만 창의력을 발휘한다면 당장 실현이 가능할 뿐만 아니라 매우 유력한 효과를 볼 수 있는 것이다.

> 다양한 교과과정이 개발되어 학생들이 선택할 것이 많아져야 할 것이다. 특별활동이 많아서 정규 수업에서 자신을 발휘하지 못하더라도 자신의 관심사를 살려 나갈 수 있어야 한다. 예를 들어, 많은 록 그룹이 생겨야 하고 신문이 만들어져야 하며 영상반도 만들어져야 할 것이다. 이성 교제가 삶의 중심적 주제가 되고 있는 문화적 상황에서 남녀가 자연스럽게 상호 만남을 할 수 있게 하는 것도 중요하다. … 중략 … 학교에 노래방과 비디오방이 설치될 필요가 있다. 문제는 좋은 소프트웨어를 만들어내는 것인데, 공간이 마련되면 청소년 자신들이 좋은 소프트웨어 제작자가 될 것이다. 여행과 아르바이트를 통한 사회 경험 역시 교과과정이나 특활로 이어져야 할 것이다.

이러한 제안이 더 강력한 힘을 발휘하려면 대학 입시에 어떤 방식으로든 반영되도록 하는 것이다. 최근 대학들이 전형 방법을 다양하게 마련하는 것은 바람직하다. 농어촌 출신에 대한 특별 전형, 논술 고사 특차, 문예 백일장 수상자 특별 전형… 대학이 '무기력한 범생이가 탈진한 상태에서 짜낸 능력보다는 자기 세계를 가꾸어 본 경험이 있는 사람의 숨겨진 힘이 더 크다'는 판단을 한다면 선발의 방법은 더욱 다양해질 것이고, 그것은 큰 효과를 볼 것이다.

사실상 우리 사회에서는 학교에 노래방을 만들거나 비디오방을 만드는 데도 엄청난 각오가 필요하다. 대학이 '선발의 철학'을 바꾸는 것 역시 매우 모험적인 일이다. 그러나 그런 각오와 모험마저 하지 않는다면 우리는 완전히 학교 교육에 대한 마지막 희망을 포기해야 할 것이다.

이것이 교육개혁 담론의 장에 조혜정이 제기한 긴급 동의이다. 솔직하게 말하자면, 나는 이 동의안이 채택되리라고 기대하지는 않는다. 그러나 이것이 그나마 이 시점에서 교육 개혁에 대한 생산적 논의를 하도록 이끄는 가장 훌륭한 길라잡이라는 것은 확실하다.

지금 당장 이 제안이 채택되지 않더라도, 우선 담론 형성의 전략을 세울 필요가 있다. 조혜정이 보여주듯, 아직 적은 수이긴 하지만 학교 밖에서 성공적으로 자신의 삶을 가꾸어 가는 청소년들의 이야기를 많이 소개하는 작업을 열심히 해야 한다. 아직 적은 수이긴 하지만, 청소년들이 건강하게 놀고 자기를 실현하는 학교 안팎의 공간도 발굴해서 소개해야 한다. 달라진 청소년들에 맞는 학급 경영이나 교과 지도 사례를 널리 소개하여 절망하는 교사들에게 길을 열어 주어야 할 것이다.

특히 기성 세대들은 조혜정의 말처럼 "의사소통이 붕괴한 상태를 인정하고 세대간의 벌어진 거리를 메울 말을 한마디씩 배우는" 자세를 지녀야 한다. 이 시대를 살아가기 위해서는 아이들이나 어른들이나 '문화 상대주의자'가 되어야겠지만, 대화의 물꼬를 트는 것은 당연히 어른된 자들의 도리다.

나는 조혜정의 소중한 작업이 '초등학교와 중학교 학생들의 삶 읽기'로 이어지기를 기대하고 있다. 어떤 의미에서 고등학교 학생들은 이미 망가진 아이들이다. 아이들이 어떻게 망가지는가에 대해서 좀더 정밀한 추적을 해볼 필요가 있을 것이다. 우리는 이러한 작업을 통해 시대의 변화가 어떻게 다른 사람들을 만들어 내는지에 대하여 더 잘알 수 있게 될 것이고, 환자가 중증에 이르기 전에 치료할 수 있는 손쉬운 방법을 찾을 수 있을 것이다.

더 욕심을 내자면, 체계적이고 포괄적인 대안을 내는 일이다. (밝히지 않은 것인지 모르겠지만) 이 책은 문제 의식의 크기에 비해 대안은 수준이나 규모에서 그에 미치지 못한다. 학교는 죽어야만 하는 것인가, 아니면 이 위기를 벗어날 수 있는 것인가? 벗어날 수 있다면 어떻게 해야 하는가?

이러한 질문에 대답을 하기 위해서는 '탈산업사회화, 정보화, 지구촌화 및 지방화'라는 세계사적 흐름이 우리의 삶을 어떻게 만들어 갈 것인지에 대한 섬세한 상상력과 입시 교육, 왜곡된 학교 교육이 만들어 내는 우리 사회의 특수성에 대한 깊은 통찰을 아울러 갖추고 있어야 할 것이다. 결례가 되지 않는다면, 조혜정이 이 두 가지 덕목을 두루 갖춘 적임자라고 말하고 싶다.

■ 글쓴이 박복선은 84년에 교사가 되었다. 교사로서 철이 들 무렵 전교조 결성으로 학교를 떠났고 이때 교육에 대하여 많이 생각할 수 있었다. 이제야말로 멋진 교사가 될 수 있겠다는 꿈을 가지고, 94년에 복직했다. 그리고 3년만에 제 발로 학교를 나와, 현재 『우리교육』 중등부 편집부장으로 활동하고 있다.

『새로 쓰는 청소년
이야기 · 1』을 읽고

김세희/이승하/이중한

이제 우리에게 아이들은 없다,
훈육하고 지도하고 틀에 끼워
맞추어야 하는 아이들은 없고,
서로 이해하고 도움을 주고받아야
하는 사람이 있을 뿐이다.

문제는 청소년이 아닌 바로 너 어른

우리 나라에서 살면서 치러야 하는 '나이값'은 너무 비싸다. 단지 어떤 나이라
는 이유만으로 주어진 틀에 맞춰 살아가야 한다는 것은 정말 무엇을 위해 이런
'값'을 치러야 하나 하는 의문만을 남긴다. 우리가 청소년이라 부르는 사람들도
이런 의문을 가진다는 점에서 예외는 아닐 것이다. 예외가 아닌 정도가 아니라
나이값에 대한 가장 큰 희생자일지 모른다.

내가 이 책을 읽게 된 것은 나라 전체가 관심(?)을 갖고 있는 청소년 문제에
대한 명확한 답을 얻기 위해서였다. 책을 펼치면서 은근히 기대한 것은 청소년
집단에 대한 '과학적인 연구'—그들의 문제가 무엇이며 그들에게 어떤 처방을
주어야 할까—였다.

그러나 이 책에서는 문제의 정답을 주는 외부의 권위적인 목소리가 들리지
않았다. 오히려 문제들이 스스로 나와서 "내가 너희들이 문제라고 부르는 건데,
자 우선 내 애기좀 들어봐" 하면서 제멋대로 이야기하고 있었다. 나는 그들의

재미있는 이야기에 빠져들었고, "그래 맞아" 고개를 끄덕이며 읽은 결과, 내가 도착한 결론은 우습게도 "문제는 내가 아니야. 바로 너를 포함한 어른들이야" 였다.

문제에 대한 답을 얻기 위해 필요한 것은 청소년 집단에 대한 연구 따위가 아니라, 어른이 되어가고 있는 또는 이미 어른이 되어 버렸을지도 모르는 나 자신에 대한 성찰이었다. 내가 청소년기에 치른 나이값에 대해서 까맣게 잊어 버린 건 아닌지, 그 정도의 값은 치러야지 하고 받아들이는 건 아닌지, 내가 그 토록 싫어하던 어른들의 뒤를 그대로 밟고 있는 건 아닌지.

물론 이 책에 실린 글은 나이값을 충분히 치르고도 여분이 남아, 자신이 치른 그 값에 대해 되돌아보고 항의할 여유가 있는 사람들이 썼다. 아직도 주변에는 자기에게 맞지 않은 삶을 살고 있으면서 자신의 목소리를 낼 기회조차 없는 아이들이 더 많다. 꼭 책이라는 통로가 아니더라도 자신을 표현할 수 있는, 자기에게 맞는 '값'을 치를 수 있는 다양한 통로가 필요하다는 얘기는 너무나 당연하다. 하지만 그것이 현실에서는 이루어지지 못하고 있다. 그래서 나는 이 통로를 어떻게 만들고 있는지 또 어떻게 만들 수 있는지, 그 가능성을 보여줄 것을 기대하며 『새로 쓰는 청소년 이야기・2』를 기다리고 있다. 이 책의 타이틀처럼 이제 우리에게 아이들은 없다, 훈육하고 지도하고 틀에 끼워 맞추어야 하는 아이들은 없고, 이 세상을 함께 살아가면서 서로를 이해하고 서로에게 도움을 주고받아야 하는 사람이 있을 뿐이다.

■ 김세희 / 중랑구 면목2동, 『도서신문』 1997년 8월 25일치 「독자의 책 읽기」 난에 실린 글이다.

집에 없는 부모, 교실에 없는 아이

「빨간 마후라」란 제목으로 음란 비디오를 찍은 중학생들에 대한 보도에 경악한 지 얼마 되지 않아 음란・폭력 만화 130만 권을 찍은 업체를 적발한 텔레비전 뉴스에 아연실색한다. 학교 폭력의 실상을 듣고 한숨을 내쉬다가, 사무실을 운영하며 여자 중고생들을 술집에 소개시키고 이들이 손님에게서 받은 접대비의 일부를 가로채온 중학생들에 대한 보도에 진저리를 친다. 해마다 9만 명에 가까운 중고교 학생들이 퇴학과 자퇴로 학교를 떠나고, 열다섯 살부터 스물네 살 사이의 청소년이 사흘에 한 명꼴로 자살한다는 통계에 혀를 찬다. 죄업의 나날이다. 누구를 단죄하고 무엇을 탓해야 할지 모르겠다. 자식에 무관심한 어른들? 물질 만능의 사회 풍조? 입시 위주의 교육? 번창하는 음란 산업?

「또 하나의 문화」 동인들이 열세번째로 펴낸 부정기 간행물의 제목은 『새로 쓰는 청소년 이야기 · 1』이다. 청소년들이 쓴 수기를 십여 편 모아 오늘날 이 땅의 청소년들이 무엇을 고민하고 무엇에 심취해 있는지, 누구를 증오하고 누구를 동경하고 있는지에 대해 접근해 보았는데, 각종 언론 매체에 하루가 멀다고 보도되는 것과 같은 '요즈음 중학생'들과 관련된 충격적인 내용은 없다. 「나쁜 영화」를 보지 않았지만, 소문으로 접한 그 영화의 어떤 장면을 연상케 하는 내용도 없다. 그럼에도 불구하고 책을 읽는 내내 가슴이 답답하여 한숨을 내쉬어야 했던 이유는 어디에 있을까? 아마도 나의 십대가 끊임없이 생각나 나를 괴롭혔기 때문이었을 것이다. 중학교 시절의 내게 있어 어른들은 한마디로 지옥이었다. 나는 내 지금까지의 인생에 있어 가장 훌륭했던 결단은 집을 네 번 뛰쳐나갔던 것과 고등학교를 2개월만 다니고 그만둔 것이라고 생각하고 있다. 문단 말석에 낀 것도 그 덕분이리라.

사소한 잘못을 꼬투리 잡아 발바닥이 퉁퉁 붓도록 때리는 중학교 교사와, 목표 지점을 정해 수차례 뛰어갔다 오게 하면서 등수에 못 든 사람을 계속 뛰게 하는 '선착순'이라는 체벌에 꼴찌를 했다고 쉬는 시간에 운동장 열 바퀴를 더 뛰게 한 고등학교 교사 밑에서 받은 교육은 네 가지 중 하나만을 택하게 하는 획일의 교육, 강압의 교육이었다. 공포 분위기 속에서의 수업과 매끼의 식사. 20여 년의 세월이 흘렀건만 그때의 학교 · 가정과 지금의 학교 · 가정이 거의 달라진 게 없는 듯하다.

지난 주에 있었던 일인데 옆 반 친구가 공부 시간에 편지 쓰다가 ㅇㅇ선생님께 걸렸다고 합니다. 그 친구는 교실 앞으로 끌려 나와 교탁 한 쪽에 얼굴을 댄 상태에서 따귀를 세 대 맞고 복도에 나가 꿇어앉아 있다가 수업이 끝난 후 남교사 휴게실로 불려갔다고 합니다. 이 정도야 늘 있는 일이지만 문제는 남교사 휴게실에서 ○○선생님이 그 친구의 치마를 들추고 손으로 허벅지를 때렸다는 데 있습니다. 그 옆에는 다른 남선생님이 두 분이나 계셨는데 그 선생님들도 가만히 보시기만 하더랍니다.(239쪽)

언제부턴가 티격태격 엄마와 아빠의 싸우는 소리가 들려오기 시작했다. 나도 처음엔 조금 싸우시다가 그만두겠지라고 생각했다. 하지만 날이 갈수록 엄마 아빠의 싸우는 횟수가 잦아졌다. 나는 동생들과 옆방에서 울었다.(…) 엄마는 일을 핑계로 밖으로 매일 나다니고, 아빠는 일이 없다고 집에서 심부름만 시켰다. 밤 12시가 넘어도 안 들어오는 일이 당연한 것처럼 되었고, (…) 중학교 2학년 겨울 방학 때부터 나는 여러 언니들을 만나면서 술도 배우고, 집에도 종종 안 들어가면서 학교도 엄마 아빠 몰래 빠지면서 점점 나쁜 길로 가게 되었다.(48-49쪽)

대한민국 어디에서건 허구한 날 일어나는 일상사이다. 교사는 제자들 때리고, 제자는 교실을 탈출한다. 부모는 자식 앞에서 싸우고(주로 돈 때문에), 자식은 가정을 탈출한다. 아니, 탈옥한다. 해마다 수천, 아니 수만 명이.『새로 쓰는 청소년 이야기·1』에 이런 문제들을 해결할 방안이 제시되어 있지는 않다. 청소년들이 살아가는 모습을 있는 그대로, 다양하게 보여주고 있을 뿐이다. 수기와 연극 대본 및 사진과 만화를 통해. 책의 전체적인 성격과 전혀 맞지 않는 글(한국과학기술대학에 다니면서 컴퓨터 온라인 상에서 하는 게임에 심취한 대학생의 수기)도 있고, 서태지와 아이들에 대한 찬양론도 있고, 영화에 미친 열여섯 살 소녀의 영화 절대 지상주의도 펼쳐진다. 「또 하나의 문화」 제5호『누르는 교육 자라는 아이들』에서 '봉투'(교사에게 건네는 촌지의 다른 표현)에 치를 떤 박혜란 씨가 13호에 와서는 엉뚱하게도 가수 패닉의 일원이 된 아들에 대한 자랑을 은근히 늘어 놓는다. 서울대 사회학과에 들어간 아들이 팬레터가 쇄도하는 유명

가수가 되었으니 자랑스러운 것은 당연한 일이겠지만 글을 좀더 객관적으로 썼더라면 어땠을까? 아무튼 자살하는 아이들, 순결을 우습게 생각하는 아이들, 사이버 스페이스에서 노는 요즈음 아이들… 아이들은 어디엔가 미치지 않을 수 없다. 록에, '서태지와 아이들'에, 영화에, 만화에, 이성에. 이 책에서는 다루지 않았지만 마약에 빠져 허우적거리는 청소년의 수도 엄청나다. 이 모든 아이들은 우리의 아이들이다. 그래서 우리 어른은 이 책을 읽고 자신의 청소년 시절을 회상해 보아야 한다. 그때 우리 어른은 얼마나 지독한 결핍 속에서 성장했던가? 그런데 지금 우리는 청소년들에게 무관심하다. 제자들에게 무관심하며, 자식들에게 무관심하다. 관심을 갖고서 아이들을 '살펴보아야 한다'는, 훌륭한 선생 노릇, 자상한 부모 노릇은 못해 줄지라도 최소한 '관심을 갖고 살펴보기는 해야 한다'는 메시지를 담고 있는「또 하나의 문화」제13호를 이 땅의 모든 부모님과 선생님들께 권한다. 가장 감명 깊게 읽은「책의 풍경 속으로」를 쓴 서동욱 군은 사회학과 학생이지만 작가적 재능이 출중하다. 군의 "학교는 정말 커다란 모순 덩어리였다. 식민지 교육의 전당이었으며"라는 말에 전적으로 동감한다.

■ 이승하(시인),『영풍문고 신간뉴스』1997년 9월호「이달의 서평」이다.

살아가기 힘든 시대의 아이들

또 하나의 문화 13집으로 나온『새로 쓰는 청소년 이야기 · 1 : 아이들이 없다』를 나는 매우 착잡한 심정으로 점검했다. 이 시대에 철저하게 어른들과 분리되어 살아가는 듯 보이는 청소년들. 그러나 또 한쪽에서 보면 그들이 있을 어떤 삶의 공간도 없는 사회에서 아이들은 지금 어떻게 견디고 있는가를 파악해 보려 한 이 앤솔러지의 노력은, 편집자의 애정을 오히려 쓸쓸함으로 뒤집는 분위기를 만들어 내고 있다.

아이들은 물론 그런 대로 살고 있다. 학교, 학원, 가정, 유흥 공간, 대중 문화 공간, 사이버 스페이스에서 살아가고 있다. 그리고 이 공간에서 볼 수 있는 것들—대중 음악, 비디오, 만화, 컴퓨터게임, 사이버 네트워크의 감수성을 익히며 '아무 생각이 없는 철부지'로서가 아니라 미래의 문화 생산자로서 한몫 할 준비들을 하고 있다. 이것이 이 책에 모인 모든 아이들과 이 아이들에게서 긍정적 미래를 찾고자 하는 어른들의 글, 힘겨워 보이는 메시지다. 그렇다 해도 결코 개운치 않다.

왜 개운치 않은가? 그들은 더욱 날카롭게 상업주의화하고 있는 문화 상황의 하부 구조에 있기 때문이다.

일찍이 소크라테스가 말한 적이 있다. "말이 일단 글로 씌여지면, 이것은 사방으로 굴러가며, 글을 아는 사람과 이것에 관심이 없는 사람에게도 대수롭지 않게 찾아오며, 이것이 누구에게 찾아가야 하고 누구에게는 찾아가야 하지 않을지 알지 못한다"— 이 말을 했을 때는 이 문제를 1백 배 이상 더 증가시킨 인쇄된 책이 없었던 때였다.

누구에게 찾아가야 할지 알지 못하는 매체는 그후 TV로 바뀌었다. 미국에서는 70년대 초부터, 한국에서는 80년대 초부터 자라기 시작한 아이들은 흑백 TV도 모르는 세대이다. 그리고 이들은 부모가 밖에 나가 있는 방에서 하루종일 TV를 보면서 성장했다. 상황은 더 나쁘게 전개됐다. TV는 누구를 찾아갈지 모르는 매체로서가 아니라 아예 혼자 있는 어린이들을 끌어들이는 유혹적 경쟁에 나선 매체가 되었다. 그리고 이 끌어들이기 도구로 괴물, 이상하게 생긴 슈퍼 영웅, 값싼 폭력들을 사용했다. 방송사들에게 가장 이익이 많이 남는 시간이 어린이 시간이었다는 분석 자료가 나와 있다. 미국에서 1974년 토요일 낮 시간은 3대 방송사들에게 8,000만 달러 사업이었다. 이것이 80년대 말에 2억 5,000만 달러로 불어났다. 아이들은 이 과정에서 TV 프로보다는 광고에 더 흡수되었고, 그러면서도 그 광고가 거짓말과 별 의미없는 소동치기라는 것도 알게 되었다.

재기발랄한 미디어 생태학자 닐 포스트먼은 80년대에 『아이들이 사라지고 있다』는 책을 썼다. 어른과 아이라는 두 세계를 통합하고 밝혀야 할 비밀 때문에 조성되던 긴장이 TV매체에 의해 해소되면서 경이로움으로 시작되던 아이들의 미분학은 변화했다. 호기심은 냉소로, 더 심한 경우에는 오만으로 대체됐다. 우리의 어린이들은 권위 있는 어른들이 아닌, 아무 곳에서나 들리고 보이는 뉴스에 의존해서 산다. 간단히 말하면 우리에게는 어린이들이 없는 것이다. 이것이 포스트먼의 견해였다.

그리고 드디어 90년대에는 컴퓨터와 그 네트워크라는 혁명적 규모의 매체가 등장했다. 이 매체는 전세계를 순식간에 관통하고, 24시간 상존하며, 시간과 공간의 개념까지 파괴하고 있다. 그래서 나는 이 시대가 '젊은이들이 경험하고 있는 것에 대해 젊은이보다 더 많이 알고 있는 연장자들이 없는 시대'라고 생각한다. 더 심각한 문제는 더 많이 아는 어른들이 없을 뿐 아니라, 폭력이나 외설을 극단화해서 팔고 있는 자극적 문화 상품들이 청소년 시장을 석권해 가고 있다는 것이다.

이 점에서 제대로 있을 곳이 없으면서도 그들 나름대로 자신의 공간에서 무엇인가를 생각하고 만들고 있다는 사랑의 관점에 나는 늘 불안해지고 있다. 이 불안이 이 책을 읽는 나를 착잡하게 하는 것이다.

집 나온 아이들, 자살하려는 아이들, 록가수가 되고 싶은 아이들, 사이버 스페이스로 탈출한 아이들, 삐삐로 견디는 아이들, 서태지와 아이들, 이 모든 아이들이 거짓 없는 이야기를 기록한다. 하지만 이들의 미래를 전망할 능력이 없다는 점에서 이 책 읽기는 상당히 괴롭다.

60년대 미국에서 있었던 청년 문화 운동은 고전적이었다. 새로운 세대가 기성 세대의 삶의 양식을 근본적으로 반성케 하고 새 삶의 양식을 일부나마 성인 세대가 수용하도록까지 이끈 운동이었기 때문이다. 이때 시작된 문화가 곧 자연스러운 삶이었다.

오늘의 젊은 세대는 운동에 나서지 않고 있다. 그저 있는 것에 매몰되고 있는 것 같다. 물론 그 매몰됨이 새로운 환경이며 상품일 수 있다. 더 잘 매몰될수록 상품의 시장은 넓어질 수도 있다.

그러므로 이제 할 일은 이 상황에서 어느 가치가 더 의미가 있는가를 논의하는 일일 것이다. 그것이 무엇이든 질적으로 상승하자는 것은 변화하지 않아도 되는 가치가 아닐까? 그렇다면 오늘의 아이들이 살고, 즐기고, 그 뒤를 쫓을 수밖에 없는 것들이 과연 질적 상승을 뜻하는 것일까? 그 질도 어느 땐가 변하는 것이어서 오늘의 어른의 관점에서 따지는 질이란 별 것이 아닐 수도 있지 않은가? 이런 반문도 있어야 할 것 같다.

이 책의 모든 글들은 이 답을 추구하고 있지는 않다. 결국 이 책 읽기는 어른들의 때아닌 당황스러움을 촉발하기에 충분할 뿐이다.

내일의 삶을 더 잘살도록 도와주는 일이 교육의 목표이다. 이 목표는 이제 불가능해 보인다. 어느 어른도 내일을 사는 데 도움을 줄 능력이 없어지고 있기 때문이다. 그러나 상황을 파악할 의무는 있는 것이 아닐까? 그렇다면 이 책을 읽는 것이 도움이 된다. 하지만 대안이 없으므로 안 읽는 것이 마음은 편할 것이다.

그렇다 해도 교육을 담당하고 있는 사람들은 읽는 게 옳다. 또는 청소년 문제를 다루는 사람들, 청소년 정책을 세우는 사람들도 읽어야 한다.

청소년을 위해 최근 우리는 청소년 보호법을 만들고 7월부터 이 법의 시행에 들어갔다. 청소년 유해 매체를 규제하고, 유흥가 단속에도 다시 한 번 나섰다. 해야 할 일일 것이다. 그러나 이 법으로 할 수 있는 일을 아무리 완전하게 한다 해도 청소년 자신들에게 무엇을 주는 일은 아니다. 그들에게는 단지 그들 생활 주변에 있던 어떤 일부가 조금씩 변한다는 것 이상의 의미는 없다. 공간이든, 물체든, 또는 노트든 장난감이든 무엇인가를 주는 일이 이루어져야 하고 이것을 줄 수 있는 법을 만드는 일이 중요하다.

정보화 사회의 윤곽이 희미하지만 보이고 있다. 무엇보다 마지막 단계의 노동에서도 육체보다는 두뇌를 요구하고 있다는 것이 분명해지고 있다. 생산성은 이제 노동력에 있지 않고 시스템을 바꾸는 아이디어에 있다는 것도 확실해지고 있다. 그래서 창조적 상상력이 새로운 자산이라고 말하게 된다.

아이든 어른이든 창조력을 가져야 하는 세계란, 말이나 개념으로서는 근사해 보이지만 실제로는 살아가기가 점점 더 어려워지고 있다는 것 이상이 아니다. 이 점에서 아이들이 있는가 없는가와 함께 이제 우리는 창조력이 있는가 없는가도 물어야 한다. 그러니 더 착잡해질 수밖에 없다. 여하간 이 시간에는 「또 하나의 문화」의 첫걸음을 고마워하자.

■ 이중한(서울신문 논설위원), 『서평문화』, 1997년 가을호에 실린 글(192-196쪽)이다.

또 하나의 문화 총목차

[또 하나의 문화] 제14호
새로 쓰는 청소년 이야기 · 2
틈새내기

· **초판 발행일**

  1997년 12월 11일
· **6쇄 발행일**

  2009년 6월 11일
· **편집인**

  또 하나의 문화 동인들
· **발행인**

  유승희
· **발행처**

  도서출판 또 하나의 문화 www.tomoon.com
· **주소**

  서울 마포구 동교동 184-6 대재빌라 302호
· **전화**

  02-324-7486
· **팩스**

  02-323-2934
· **이메일**

  tomoon@tomoon.com
· **출판등록번호**

  1987년 12월 29일 제9-129호
· **ISBN**

  89-85635-28-X 03330